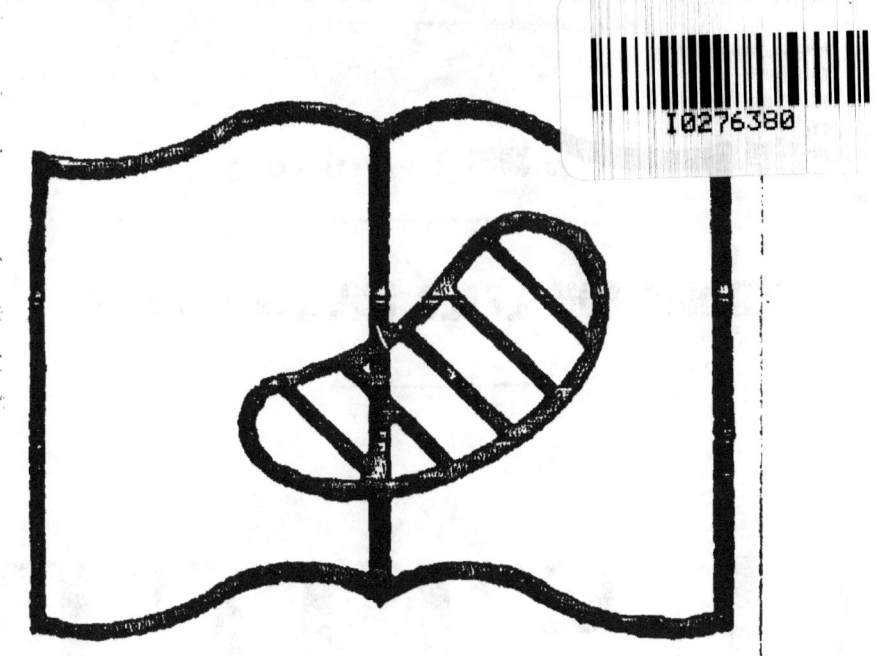

lisibilité partielle

VALABLE POUR TOUT OU PARTIE DU DOCUMENT REPRODUIT

1 fr. 25 le volume

ŒUVRES COMPLÈTES D'HECTOR MALOT

JUSTICE

PARIS
LIBRAIRIE MARPON & FLAMMARION

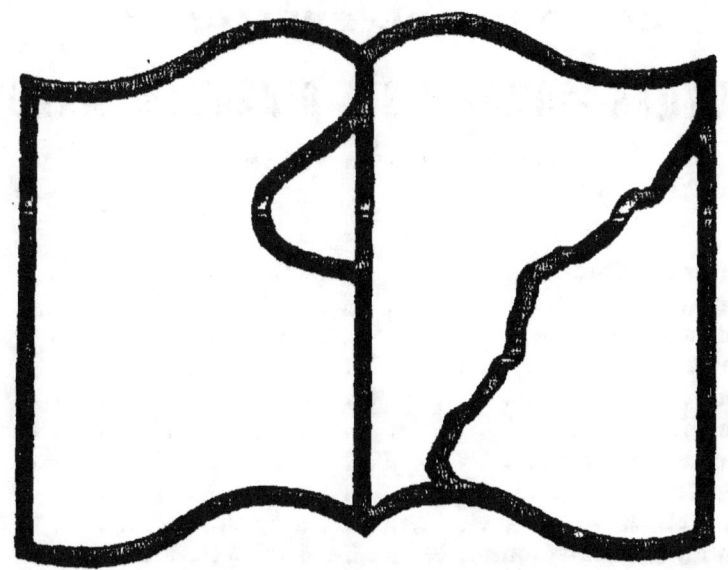

Texte détérioré — reliure défectueuse
NF Z 43-120-11

EN VENTE A LA MÊME LIBRAIRIE

EN COURS DE PUBLICATION
ŒUVRES COMPLÈTES D'HECTOR MALOT
à 1 fr. 25 le volume

Le Lieutenant Bonnet.	1 vol.
Susanne.	1 vol.
Miss Clifton.	1 vol.
Clotilde Martory.	1 vol.
Pompon.	1 vol.
Marichette.	2 vol.
Un Curé de Province.	1 vol.
Un Miracle.	1 vol.
Romain Kalbris.	1 vol.
La Fille de la Comédienne.	1 vol.
L'Héritage d'Arthur.	1 vol.
Le Colonel Chamberlain.	1 vol.
La Marquise de Lucillière.	1 vol.
Ida et Carmelita.	1 vol.
Thérèse.	1 vol.
Le Mariage de Juliette.	1 vol.
Une Belle-Mère.	1 vol.
Séduction.	1 vol.
Paulette.	1 vol.
Bon Jeune homme.	1 vol.
Comte du Pape.	1 vol.
Marié par les Prêtres.	1 vol.
Cara.	1 vol.
Vices Français.	1 vol.
Raphaelle.	1 vol.
Duchesse d'Arvernes.	1 vol.
Corysandre.	1 vol.
Anie.	1 vol.
Les Millions Honteux.	1 vol.
Le docteur Claude.	2 vol.
Le Mari de Charlotte.	
Conscience.	
Justice.	
Les Amants.	1 vol.
Les Époux.	1 vol.
Les Enfants.	1 vol.
Les Amours de Jacques.	1 vol.

JUSTICE

Ouvrages de HECTOR MALOT

COLLECTION GRAND IN-18 JÉSUS

LES VICTIMES D'AMOUR : LES AMANTS, LES ÉPOUX, LES ENFANTS	2 vol.	SANS FAMILLE	2 vol.
LES AMOURS DE JACQUES	1 —	LE DOCTEUR CLAUDE	1 —
ROMAIN KALBRIS	1 —	LA BOHÈME TAPAGEUSE	3 —
UN BEAU-FRÈRE	1 —	UNE FEMME D'ARGENT	1 —
MADAME OBERNIN	1 —	POMPON	1 —
UNE BONNE AFFAIRE	1 —	SÉDUCTION	1 —
UN CURÉ DE PROVINCE	1 —	LES MILLIONS HONTEUX	1 —
UN MIRACLE	1 —	LA PETITE SŒUR	2 —
SOUVENIRS D'UN BLESSÉ : SUZANNE	1 —	PAULETTE	1 —
SOUVENIRS D'UN BLESSÉ : MISS CLIFTON	1 —	LES BESOIGNEUX	2 —
		MARICHETTE	2 —
LA BELLE MADAME DONIS	1 —	MICHELINE	1 —
CLOTILDE MARTORY	1 —	LE SANG BLEU	1 —
UNE BELLE-MÈRE	1 —	LE LIEUTENANT BONNET	1 —
LE MARI DE CHARLOTTE	1 —	BACCARA	1 —
L'HÉRITAGE D'ARTHUR	1 —	ZYTE	1 —
L'AUBERGE DU MONDE : LE COLONEL CHAMBERLAIN, LA MARQUISE DE LUCILLIÈRE	2 —	VICES FRANÇAIS	1 —
		GHISLAINE	1 —
		CONSCIENCE	1 —
		JUSTICE	1 —
L'AUBERGE DU MONDE : IDA ET CARMELITA, THÉRÈSE	2 —	MARIAGE RICHE	1 —
		MONDAINE	1 —
MADAME PRÉTAVOINE	2 —	MÈRE	1 —
CARA	1 —	ANIE	1 —
		COMPLICES	1 —
		EN FAMILLE	2 —

Mme HECTOR MALOT

FOLIE D'AMOUR	1 vol.	LE PRINCE	1 vol.

ÉMILE COLIN — IMPRIMERIE DE LAGNY

JUSTICE

PAR

HECTOR MALOT

———

PARIS
ERNEST FLAMMARION, ÉDITEUR
26, RUE RACINE, PRÈS L'ODÉON
—
Tous droits réservés.

JUSTICE

PREMIÈRE PARTIE

I

Assis dans un bon fauteuil placé entre la fenêtre et le poêle du vestibule, les basques de son habit soigneusement relevées sur ses cuisses, un numéro du *Petit Journal* aux mains, le valet de chambre du docteur Saniel attendait l'arrivée des clients qui venaient à la consultation de son maître.

Quand le timbre sonnait, il se levait tranquillement, posait son journal sur une table et allait ouvrir la porte plus ou moins vite, selon que le bruit des pas sur le palier lui avait appris qui se présentait : un client ordinaire du docteur; un des siens, à lui, ou bien un nouveau venu; et il était rare qu'il se trompât, une longue habitude ayant fait l'éducation de son oreille. Pour les clients de son maître, il procédait avec une lenteur digne et une courte inclinaison de tête ; sans un mot il leur ouvrait la porte du grand salon. Pour les nouveaux venus, la lenteur était telle qu'elle semblait avoir pour but de les exaspérer. Au contraire, pour ses clients à lui, c'est-à-dire pour ceux qu'il protégeait moyennant une juste rémunération, il affectait l'empressement et la bonne grâce : vivement la porte d'entrée était ouverte, et c'était avec son meilleur sourire qu'il s'inclinait respectueusement.

— Beaucoup de monde aujourd'hui ?

Le sourire s'allongeait en prenant une expression de sympathie attristée :

— Le salon est plein ; des nouveaux venus qui exigeront un long examen.

— Je n'ai qu'un mot à dire.

— C'est impossible aujourd'hui ; M. le docteur s'est fâché la dernière fois que j'ai fait passer madame avant son tour.

A la fin cependant, il se laissait attendrir.

Certainement, une personne comme madame ne doit attendre nulle part.

Et si, dans sa main qu'il tenait discrètement recourbée en l'avançant à demi, madame glissait une pièce de cinq francs, il ouvrait la porte de la salle à manger ; si c'était un louis, celle de la bibliothèque.

Le timbre résonna ; mais, déjà avant qu'il eût été tiré, il y avait certitude que ce n'étaient pas des habitués ; des pas légers et incertains dans l'escalier ; sur le palier, de l'hésitation, les chuchotements de plusieurs voix claires ; sans aucun doute, une femme avec des enfants.

La porte ouverte avec une majestueuse lenteur, il vit qu'il ne s'était pas trompé : c'était bien une mère avec ses deux fils ; la mère, en noir, ayant dépassé la trentaine de deux ou trois ans, mais jeune encore de tournure, régulièrement jolie, élégante dans sa toilette en même temps que simple et correcte ; les fils, deux garçons de treize à quatorze ans, se ressemblant comme deux jumeaux : mêmes traits, même allure, mêmes yeux bleus, même carnation blanche et fine, même chevelure blonde et frisée, tombant en longues mèches sur les épaules ; l'aîné mélancolique, le plus jeune enjoué et résolu.

— M. le docteur Saniel ?
— Il n'est pas encore rentré.

Il semblait raisonnable de croire que, si cette nouvelle cliente voyait un moyen pour ne pas attendre, elle le payerait volontiers. Mais combien ? Cinq francs ? Vingt francs ? Il était donc prudent de ne pas escompter l'avenir et de ne pas sacrifier vingt francs pour en avoir cinq. Quand elle aurait appris par expérience ce qu'il y a d'impatiences et d'exaspérations dans ce mot « j'attendrai », que tant de clients prononcent à la légère, elle devinerait toute seule qu'il y avait un chemin plus rapide que celui du salon et saurait se le faire ouvrir, — en passant par la bibliothèque vraisemblablement plutôt que par la salle à manger : cliente à vingt francs, non à cinq.

C'était bien un salon de médecin, celui où elle entra, clair, avec ses trois fenêtres à impostes ouvrant sur la rue des Capucines et de vaste dimension mais banal par sa décoration blanche et son ameublement de velours vert. Certainement, celui qui l'avait choisi avec ce parfait dédain des élégances mondaines n'avait point spéculé sur la collaboration de son tapissier pour éblouir ses clients et, par son luxe étalé plus ou moins artistiquement, justifier l'élévation de ses honoraires. Les gravures accrochées aux murs, les ouvrages en tapisserie qui recouvraient quelques meubles, les bronzes qui encombraient la cheminée, les consoles et les tables, disaient, au contraire, que bien souvent ces honoraires avaient été assez modérés pour imposer aux clients reconnaissants l'obligation de s'acquitter, envers celui qui les avait soignés et guéris, autrement que par de l'argent. L'entassement de ces bronzes, disposés avec aussi peu de goût que possible, au hasard, était tel qu'il faisait penser plutôt à un magasin de Barbedienne ou de Thiébaut qu'à un salon : le *Moïse* en plusieurs exemplaires de toutes grandeurs, le *Penseroso*, le *Pêcheur à la tortue*, le *Chanteur florentin*, le *Gloria Victis*, l'œuvre de Chapu, trois *Jeunesse*, deux *Jeanne d'Arc*.

En entrant, les deux garçons, le plus jeune en tête, s'étaient dirigés vers une table chargée de journaux à images, suivis de leur mère, marchant un peu troublée sous la curiosité des regards qui la dévisageaient; mais il ne leur avait pas fallu longtemps pour se convaincre que leur espérance de distraction ne se réaliserait pas : des numéros dépareillés, de vieux journaux, des albums de ville d'eaux : c'était tout ce qu'on trouvait dans le salon, l'*Illustration*, le *Tour du Monde* et les beaux livres à gravures étant soigneusement réservés pour la bibliothèque; dans le salon il fallait qu'on s'ennuyât ferme.

Se voyant déçus, ils s'étaient tassés dans leurs fauteuils et, les mains croisées, les yeux au plafond, la mine allongée, ils n'avaient pas tardé à se soumettre à cette consigne.

Cependant, de temps en temps, la porte s'ouvrait et de nouveaux venus faisaient leur entrée, secouant pour un moment l'engourdissement des premiers arrivés: puis le silence se rétablissait bien vite, troublé seulement par quelques soupirs d'ennui qui, sans l'observation des convenances, eussent été des bâillements, et aussi par le vague murmure des conversations engagées à mi-voix entre ceux qui se connaissaient.

Au bout d'une demi-heure, le plus jeune des garçons, qui, à plusieurs reprises, avait donné des marques d'impatience, se pencha vers sa mère et, doucement, en enfant gâté:

— Tu sais, maman, que je n'en peux plus; est-ce que nous en avons encore pour longtemps?

Elle regarda à sa montre:

— Il n'est pas deux heures, et nous ne sommes pas les premiers.

— Alors, allons-nous-en; dis, veux-tu?

— Puisque nous avons fait le voyage, utilisons-le.

— Nous serons encore là ce soir.

— Moi, je tombe de sommeil, dit l'aîné, intervenant à son tour.

— Comment! Calixte, tu n'es pas plus raisonnable que Valérien?

Ce ne fut pas sur un ton bien ferme qu'elle fit cette réponse, mais sur celui de la gronderie affectueuse.

Derrière elle, un entretien venait de s'engager qui l'intéressait parce qu'il roulait sur Saniel.

— Vous venez consulter Saniel ?

— Je viens demander à Saniel de présider la séance annuelle de la Société des nourrisseurs-laitiers de l'Auvergne dont je suis le vice-président.

— Elle est bien bonne.

— Pourquoi ? Saniel est Auvergnat.

— C'est possible ; mais il est aussi médecin des hôpitaux, professeur à la Faculté de médecine, membre de l'Académie de médecine, président de je ne sais combien de sociétés savantes ou de bienfaisance, et je ne vois pas ce que ces titres scientifiques ont affaire dans la Société des nourrisseurs-laitiers.

— Il est décoratif.

— C'est une raison.

— La meilleure de toutes ; et, d'autre part, il ne refuse jamais une occasion de se mettre en avant.

— Entre nous — la voix baissa — cela m'étonne, car c'est le propre de la médiocrité de vouloir être tout et de tout, et la médiocrité n'est pas le cas de Saniel.

— Oui, mais sa situation, pour belle qu'elle soit, n'est pas cependant à la hauteur de son ambition, et, par conséquent, elle ne lui donne pas la supériorité à laquelle il croit avoir droit. La vie lui a été dure ; il n'a fait sa place dans la mêlée qu'à coups de poing, et, s'il en a distribué bon nombre, il en a reçu plus encore. Forcés de reconnaître son mérite, ses confrères ne l'aiment point ; ceux qui ne le jalousent pas le détestent, et l'histoire de ses succès serait curieuse à étudier, surtout dans les luttes qu'il a eu à soutenir. Le tapage qu'on lui reproche de rechercher pourrait bien être, de sa part, une riposte : « Vous voyez que tout le monde n'est pas comme vous. »

— Comment, avec tout cela, Saniel, qui sous tant de rapports est un homme supérieur incontestablement, tombe-t-il dans des travers indignes de lui ? Vous savez que nous nous sommes connus lors de son arrivée à Paris ; il était alors étudiant en médecine, moi, j'étais commis dans une maison d'édition ; tous deux, nous habitions l'*hôtel du Sénat* ; j'ai pu, à ce moment, lui rendre certains services en lui faisant obtenir la revision et le commentaire de livres classiques dont il a vécu pendant plusieurs années. De là sont nées entre nous des relations de camaraderie qui ont été jusqu'aux abords de l'amitié, non seulement avec moi, mais encore avec ma femme. Moins solidement bâtie que moi, ma femme a eu assez souvent besoin d'un médecin, et ce médecin, tout naturellement, a été Saniel, qu'elle a pris l'habitude de consulter pour un oui ou pour un non : un mal de tête, une mauvaise digestion, elle met un chapeau, un manteau tels quels, et vient faire une station de deux ou trois heures dans ce salon. A un certain moment, elle s'est aperçue que Saniel la recevait froidement. Elle s'inquiéta, chercha les raisons de cette froideur, mais sans les trouver. A la fin, voyant sans doute qu'elle ne les devinerait jamais, Saniel les lui donna : « Pourquoi ne portait-elle pas des toilettes plus coquettes lorsqu'elle venait à sa consultation ? »

Une porte qui s'ouvrit coupa l'entretien : dans le cadre venait d'apparaître un homme de haute taille, tenant une carte de visite à la main ; d'une voix ferme il appela :

— M. le docteur Ceriset !

Un mouvement s'était produit dans le salon, et deux femmes s'étaient levées, espérant entrer les premières puisqu'elles étaient arrivées les premières ; mais le médecin que Saniel venait d'appeler passa devant elles, suivi du client qu'il accompagnait. Quand, au bout d'un quart d'heure, la porte se rouvrit, elles se levèrent encore, mais de nouveau Saniel jeta le nom d'un autre médecin.

II

A la longue, les deux garçons, qui avaient longtemps lutté en regardant leur mère d'un œil désespéré, avaient fini par s'endormir, sans qu'elle osât les éveiller, bien que visiblement fâchée de ce manquement aux convenances : ils étaient si jolis dans leurs fauteuils, la tête abaissée sur leurs cols blancs, le visage caché sous les mèches blondes des cheveux tombés en avant.

Mais, quand ce fut à son tour de passer dans le cabinet de consultation, dont Saniel venait d'ouvrir la porte, elle leur effleura l'épaule d'une main caressante, et aussitôt ils furent sur pied, comprenant ce qu'on leur demandait.

Entrés dans le cabinet, ils restèrent un peu effarés sous le regard de Saniel qui les déshabillait.

— C'est pour l'un de ces jeunes garçons que vous désirez me consulter? dit-il.

— Oui, monsieur: pour les deux.

Elle tira de son carnet une lettre.

— Voici une lettre de M. Héline, notaire à Senlis, qui vous expliquera dans quelles conditions.

— Il va bien, Héline?

— Un coup de pied de cheval qu'il a reçu, il y a quelques jours, l'empêche de marcher, sans quoi il nous aurait accompagnés, comme nous en étions convenus; je n'ai pas cru pouvoir attendre son rétablissement.

Sa question posée sans attendre la réponse, Saniel avait ouvert la lettre et la lisait:

« Mon vieux camarade,

» Je t'adresse une de mes clientes, madame Ran-
» son, qui veut te consulter pour ses fils: c'est une
» mère tendre, passionnément tendre, qui s'inquiète
» facilement. A-t-elle raison, a-t-elle tort?
» Veuve d'un riche industriel qui a gagné une

« grosse fortune dans l'exploitation des pétroles de
» Bakou — mets une vingtaine de millions et tu se-
» ras au-dessous du vrai — elle est venue habiter
» les environs de Senlis à la mort de son mari. Sa
» fortune faite au Caucase, M. Ranson avait voulu
» en jouir dans son village natal, et en mon étude
» — c'est ainsi que nous nous sommes connus —
» il a acheté le château dans le parc duquel était en-
» clavé le moulin de son père.

» Ce château est celui de Venette, c'est-à-dire
» de la Vénerie ; sans doute, cette remarque étymo-
» logique est inutile pour un latiniste tel que toi ;
» je la fais cependant pour appeler ton attention sur
« sa situation en plein pays de chasse, adossé à la
» forêt d'Halatte, qui le défend contre les vents du
» nord, et ayant en face, en plein midi, au delà du
» cours de la Nonette, qu'il domine de cinquante ou
» soixante mètres, les forêts de Chantilly et de Pon-
» tarmé ; — tu verras tout à l'heure pourquoi j'entre
» dans ces détails topographiques.

» C'est il y a quatre ans que M. Ranson fit son ac-
» quisition ; mais le château, délabré, depuis long-
» temps, avait besoin de réparations importantes.
» Elles durèrent deux ans, et, au moment où M. Ran-
» son se préparait à revenir en France avec sa femme
» et ses fils, il mourut au Caucase.

» De quelle maladie ? Madame Ranson, sur le dire
» des médecins russes qui ont soigné son mari, croit
» à la phtisie pulmonaire. C'est possible, et je n'ai
» pas la prétention d'être compétent en médecine ;
» cependant je dois te faire remarquer qu'aucun des

» Ranson que je connais ou que j'ai connus aux en-
» virons de Senlis, à Courteuil, à Chamant, à Au-
» mont, n'est mort ou n'est atteint de maladie de
» poitrine ; ce sont de bons paysans, tous solides,
» et, si M. Ranson a été tué par la tuberculose, elle
» ne devait pas être héréditaire : son père est mort
» d'une attaque d'apoplexie à soixante-quinze ans;
» sa mère a été emportée à soixante-dix, par une
» péritonite à la suite d'une blessure.

» Quoi qu'il en soit, madame Ranson croit à la
» phtisie, et, depuis la mort de son mari, la peur de
» la tuberculose pour ses enfants hante sa tendresse
» et ne lui laisse pas un instant de repos. Ils sont les
» fils de leur père, ces enfants, bien plus que de leur
» mère, et cela est vrai, j'en conviens : ils sont déli-
» cats, ils s'enrhument facilement, ils s'enrouent
» plus facilement encore ; enfin, tu vois quelles
» peuvent être les craintes d'une mère un peu affolée.

» Son mari mort, elle voulait revenir immédiate-
» ment en France et fuir le Caucase, qu'elle a en
» horreur; mais des intérêts importants la retenaient:
» partir, c'était les compromettre, et, quoiqu'elle
» ne soit guère femme d'affaires, elle dut rester là-
» bas près de deux ans, entraînée de retard en
» retard.

» Aussitôt arrivée à Venette, elle me fit appeler
» et, en me confiant ses intérêts matériels, elle me
» communiqua ses craintes sur la santé de ses en-
» fants, en même temps qu'elle me consulta sur le
» genre de vie qu'elle doit leur faire suivre : elle n'a
» que des parents éloignés dans le Midi, et, ceux de

» son mari ne sont, je te l'ai dit, que de bons pay-
» sans, de qui elle ne peut rien attendre en un pareil
» sujet.

» Je ne sais ce qu'ils auraient répondu si elle les
» avait consultés; pour moi, je me suis récusé, en
» lui donnant le conseil de s'adresser à toi; car la
» question qui prime toutes les autres est celle de la
» santé, et c'est ce que sont ces enfants — tuber-
» culeux ou non tuberculeux, — qui doit décider ce
» qu'ils seront et ce qu'ils feront.

» A toi donc de décider après les avoir examinés;
» si tu crois qu'il serait mauvais pour eux d'entrer
» dans un de ces collèges qui font tant d'infirmes
» chaque année, tu sais, par ce que je viens de te
» dire, qu'à Venette, ils se trouveront dans les meil-
» leures conditions de vie matérielle. Madame Ran-
» son, suivra scrupuleusement ton avis.

» Sans une blessure à la jambe, j'aurais été te dire
» tout cela de vive voix, heureux de te serrer la
» main.

» J. HÉLINE. »

Pendant la lecture de cette lettre, les deux garçons étaient restés debout près de leur mère, l'un
à sa droite, l'autre à sa gauche, ne quittant Saniel
des yeux que pour échanger un rapide regard entre
eux et se communiquer leurs impressions.

Quand, la lettre achevée, Saniel les regarda de
nouveau, ils restèrent immobiles, les yeux baissés.

— Quel âge ont ces jeunes gens ? demanda Saniel.

Ce fut la mère qui répondit :

— L'aîné, Calixte, quatorze ans et demi ; le jeune, Valérien, un an de moins que son frère.

— Héline me dit que vous désirez que je les examine pour savoir si la vie de collège ne doit pas leur être mauvaise.

— Oui, monsieur. Leur père...

Saniel lui coupa la parole ; se levant, il ouvrit une porte opposée à celle du salon et, s'adressant aux enfants :

— Entrez ici, dit-il, et déshabillez-vous ; il y a du feu, vous n'aurez pas froid.

Il referma la porte lorsqu'ils qu'ils furent entrés, abaissa une lourde portière et revenant à madame Ranson :

— Il est inutile de parler de leur père devant eux, dit-il à mi-voix, j'entends de la maladie dont celui-ci est mort. Héline m'écrit que c'est de phtisie pulmonaire, mais il ajoute qu'aucun des membres de la famille Ranson, qu'il connaît, n'est mort ou n'est atteint de maladie de poitrine ; il se peut donc, si l'on admet la phtisie, qu'elle soit accidentelle, non constitutionnelle. Quelle était la santé de M. Ranson depuis votre mariage ?

— Bonne dans les premières années ; dans les dernières, mauvaise : il avait maigri ; la plus petite fatigue l'épuisait, les brusques changements de température, si fréquents au Caucase, lui étaient contraires ; aussi voulait-il revenir en France : la mort l'en a empêché ; il était déjà trop tard ; en trois mois, la phtisie galopante nous l'a enlevé... Vous concevez quelles sont mes craintes pour mes enfants.

— Nous allons voir.

Relevant la portière, il fit passer madame Ranson devant lui et ils entrèrent dans la pièce où les enfants s'étaient déshabillés : en manches de chemise et n'ayant gardé que leur pantalon, ils s'amusaient à regarder les fioles, les tubes, les flacons à effilure verticale et horizontale, les matras qui encombraient les tables de cette pièce, — laboratoire beaucoup plus que cabinet de consultation.

Saniel commença l'examen de l'aîné : des quatre doigts réunis de sa main droite, il frappa sur sa main gauche, qu'il lui avait posée à plat sur l'épaule; puis après avoir exploré par la percussion le côté droit de la poitrine, il explora de la même manière le côté gauche.

Appuyée sur son plus jeune fils, collé contre elle, madame Ranson suivait cet examen avec une angoisse qui se trahissait dans un tremblement dont l'enfant était secoué; mais ni elle ni lui ne se regardaient, et, tous deux, ils retenaient leur respiration; on n'entendait dans le silence que les coups mats frappés par Saniel.

Il venait d'appliquer son oreille sur la poitrine de Calixte.

— Respirez longuement, dit-il, la bouche ouverte, comme si vous étiez essoufflé... Ne respirez plus... Respirez...

Quand Saniel se redressa, madame Ranson voulut l'interroger du regard, mais elle ne trouva qu'un visage impassible et des yeux voilés qui ne disaient rien, ni bon, ni mauvais. D'ailleurs, elle ne put pas le regarder longtemps : il avait fait se coucher Calixte sur un divan et, penché sur lui, il continuait son examen.

Lorsqu'il en eut fini avec l'aîné, sans rien dire, tout de suite, il passa au jeune, et les mots qui avaient si cruellement angoissé la mère résonnèrent de nouveau dans son cœur serré : « Respirez... ne respirez plus... » Car elle les aimait également, ces deux enfants, et ses craintes pour l'un étaient les mêmes que pour l'autre ; n'étaient-ils pas les fils du même père ?

— Habillez-vous, dit Saniel, son examen terminé, et, quand vous serez prêts, frappez à la porte.

Il fit passer madame Ranson dans son cabinet, et tout de suite il rendit l'arrêt qu'elle attendait, défaillante :

— Je ne trouve rien qui justifie vos craintes, et je vous affirme que ni chez l'un ni chez l'autre de ces enfants il n'y a trace de tuberculose... en ce moment.

Elle laissa échapper un profond soupir, et deux larmes, qu'elle se hâta d'essuyer, coulèrent de ses yeux riants.

— Ah ! monsieur, murmura-t-elle.

Elle ne trouva pas d'autres mots pour traduire sa joie et témoigner à Saniel la reconnaissance qu'elle éprouvait, comme s'il venait de les arracher à la mort.

Saniel, qui remarqua ce trouble, ne voulut pas

qu'elle donnât à ses paroles une portée qu'elles n'avaient pas :

— Je ne parle que du moment présent, reprit-il ; mais je ne dis point que nous ne nous trouvons pas en face d'un terrain préparé, ni même qu'il ne soit pas déjà ensemencé ; au cas où il le serait, ce que j'ignore, nous devons donc prendre nos précautions pour que la graine ne germe pas.

Deux coups discrètement frappés à la porte l'interrompirent ; les enfants rentrèrent et reprirent place à côté de leur mère.

— Que voulez-vous faire de ces jeunes gens ? demanda Saniel.

— Avant tout, des hommes solides : leur fortune leur permettra de choisir le genre de vie qu'ils voudront ; l'instruction ne doit donc pas, pour eux, passer avant la santé. Mon désir serait que le développement des deux suivît une marche égale, de façon qu'ils fussent dignes, par l'intelligence, de la situation que la fortune leur donnera dans le monde ; mais, si l'une doit être sacrifiée à l'autre, que ce ne soit pas la santé.

— Elles peuvent ne l'être ni l'une ni l'autre. Je vous demandais tout à l'heure ce que vous vouliez faire de ces jeunes gens ; permettez-moi de vous demander maintenant quelles sont vos intentions quant à votre habitation : voulez-vous habiter Paris et la campagne, ou seulement la campagne ?

— Je veux ce qui sera utile à mes enfants : ma vie leur appartient.

— Alors je vous conseille de vous fixer dans votre

château de Venette, qui, d'après ce que me dit Héline, me paraît se trouver dans les meilleures conditions hygiéniques. Vous donnerez à ces jeunes gens les chambres les plus vastes du château, à l'exposition du midi, sans alcôve, sans rideaux ; ils ne les occuperont que pour dormir ; le jour, les fenêtres en resteront constamment ouvertes ; la nuit, l'air en sera renouvelé par une porte donnant sur une autre pièce en communication avec l'extérieur au moyen d'un vasistas ou de carreaux en lames de verre imbriquées. Voilà pour la nuit. Le jour, vous n'emploierez pas moins de six heures en exercices physiques : deux heures à monter à cheval, deux heures à jardiner, bêcher, râtisser, arroser à l'arrosoir, non à la lance : pour cela, ils prendront un jardin qui leur appartiendra en propre et qu'ils soigneront ; enfin les deux qui restent, à scier du bois.

Valérien se mit à rire.

— Je parle sérieusement, continua Saniel ; je ne connais pas de meilleur exercice pour vous, et je tiens à ce que vous l'exécutiez régulièrement, sans y manquer jamais. Vous remarquerez que je n'ai pris que six heures de vos journées ; il vous en reste donc autant. Celles-ci seront données à l'étude, qui comprendra aussi peu que possible de devoirs écrits et de leçons apprises par cœur. Sans doute, il faut pour cette éducation un précepteur qui s'élève au-dessus de la routine ; mais je ne crois pas qu'il soit introuvable. Héline pourra vous le chercher, et j'espère qu'il le trouvera parmi nos anciens camarades : au reste, je lui écrirai à ce sujet.

Saniel se leva et, comme les garçons se tenaient debout près de leur mère, il passa ses doigts dans leurs cheveux frisés :

— Il faudra couper cela, dit-il ; sans doute vous perdrez deux jolies filles, mais elles seront remplacées par deux solides garçons.

III

— Eh bien ! êtes-vous contents ? demanda madame Ranson quand elle fut descendue dans la rue.

— Contents de quoi ? répondit Calixte.

— De ne pas aller au collège.

— Si tu crois que nous avions peur d'aller au collège, continua Valérien, tu te trompes joliment ; mais tu ne le crois pas.

— Parce que ?

— Parce que les parents qui aiment leurs enfants ne les mettent pas au collège, quand ils peuvent faire autrement, et, toi, tu peux faire autrement.

Ils étaient arrivés au boulevard ; madame Ranson qui marchait entre ses deux fils, leva la tête en regardant sur la chaussée.

— Qu'est-ce que tu cherches ?

— Une voiture.

— Pourquoi faire, une voiture ?

— Pour aller à la gare.

— Nous n'avons pas envie de prendre le train.
— Vous voulez rester à Paris?
— Justement.
— Pourquoi ne m'en avez-vous pas parlé?
— Ce n'était pas possible avant la visite au médecin.

— Parce que?
— Il faut tout te dire.

Calixte, qui avait jusque-là répondu, se tourna vers son frère :

— Dis-le, toi, Valérien.
— C'est toujours à moi. Eh bien voilà : avant la visite du médecin, nous ne pouvions pas te dire que nous voulions nous amuser, parce que, s'il avait trouvé que nous étions malades... enfin, malades comme papa...

— Quelle idée avez-vous d'imaginer que vous pouvez être malades comme votre père!... murmura madame Ranson, que l'émotion étouffait.

— Enfin, c'était possible, n'est-ce pas? Eh bien, si cela s'était trouvé, tu n'aurais pas été en disposition de t'amuser.

— Ni nous non plus, continua Calixte.
— C'est pour cela qu'il ne fallait rien te dire; mais maintenant nous pouvons te donner notre programme. Valérien et moi, nous avons arrangé...

— C'est-à-dire, toi et Valérien, interrompit Valérien.

— Enfin tous les deux, moi et lui, lui et moi, nous avons arrangé une partie. Si les choses se passaient...

comme elles se sont passées, en sortant de chez le médecin nous te demandions de nous conduire au Panthéon.

— Au Panthéon ? Pourquoi faire?

— Pour voir Paris, que nous ne connaissons pas : papa disait que du Panthéon on a une très belle vue d'ensemble.

— Je ne demande pas mieux.

— Valérien, appelle un cocher, vite.

L'invitation était inutile; déjà Valérien avait fait un signe et une voiture découverte se rangeait le long du trottoir.

— Vous annonciez un programme, dit-elle lorsqu'elle fut assise dans la voiture, avec Calixte à côté d'elle et Valérien en face.

— Si tu crois que tu vas en être quitte pour le Panthéon.

— Après le Panthéon?

— Nous allons dîner au restaurant.

— A la *Maison d'or*; pas dans un cabinet, dans la salle commune.

— Pourquoi dans la salle commune?

— Parce que c'est plus amusant; tu veux toujours t'enfermer : c'est comme si nous dînions à la maison.

— Tu sais, interrompit Valérien, c'est très gentil, une maman qui offre à dîner à ses deux garçons; et puis c'est agréable pour les garçons de dîner avec leur maman, qui est assez belle pour qu'on la regarde, et qu'on s'étonne de la voir si jeune avec des fils si grands; moi, dans notre voyage, ça me rendait fier, mais la fierté de l'étranger, ça n'est pas très *chic*, c'est une fierté de Paris que je veux.

— Et après le dîner, est-ce qu'il y a encore quelque chose sur le programme?

— Il y a soirée au Théâtre-Français, pour voir *Monsieur de Pourceaugnac*.

— Et comment rentrer?

— C'est prévu : Nous allons arrêter au premier bureau télégraphique que nous verrons et tu enverras une dépêche pour dire qu'on vienne nous attendre à la gare de Chantilly à une heure trente-six.

— Savez-vous seulement si on joue *Monsieur de Pourceaugnac*, ce soir, dit-elle en essayant de se défendre.

— Et toi, répondit Valérien, sais-tu pourquoi c'est aujourd'hui que nous sommes venus à Paris?

— Parce que c'est aujourd'hui jour de consultation du docteur Saniel.

— Parce que c'est aujourd'hui jour de représentation de *Monsieur de Pourceaugnac*. Mardi aussi, c'était jour de consultation du docteur Saniel, et tu voulais venir mardi; mais mardi on ne jouait pas *Pourceaugnac*, et alors Calixte a été souffrant; ce qui nous a retenus.

— Vous êtes des diables.

— Alors, c'est entendu! Cocher, au Théâtre-Français!

— Je n'ai rien à vous refuser...

Elle allait ajouter: « aujourd'hui »; mais elle retint à temps cette parole qui, en disant sa joie, aurait trahi les angoisses qui l'oppressaient avant la consultation de Saniel : ils n'en savaient déjà que trop, ainsi que le prouvait le mot de Valérien « malades comme papa » ; ce n'était pas à elle d'ouvrir imprudemment la porte à des réflexions qui allaient si loin.

La voiture ne tarda pas à s'arrêter devant le Théâtre-Français ; alors ils tinrent à aller avec leur mère au bureau de location afin d'être bien certains de se faire donner les places qu'ils voulaient : « Une bonne première loge où la maman serait sur le devant, en belle vue, avec Calixte », disait Valérien ; puis, quand on leur eut délivré leur coupon, ils traversèrent la place pour expédier une dépêche et commander la voiture qui viendrait les attendre le soir à Chantilly ; et ils se remirent en route pour le Panthéon.

— Eh bien, maintenant, dit madame Ranson, voulez-vous répondre à la question que je vous adressais : êtes-vous contents ?

— Contents de toi ? Oh ! je crois bien, dit Calixte.

— Comment peux-tu demander ça, continua Valérien ; est-ce que tu ne fais pas tout pour nous rendre heureux ?

Et, lui prenant la main, il lui embrassa le bras au-dessus du poignet, tandis que Calixte se serrait contre elle tendrement.

— Ce n'est pas de moi que je parle ; c'est de la direction que cette consultation va donner à notre vie, à la vôtre comme à la mienne, en assurant notre réunion sans séparation, jusqu'à ce que vous soyez de grands jeunes gens.

— Tu crois donc que je te quitterai quand je serai un grand jeune gens ? demanda Valérien.

— J'entends, quand vous vous marierez, quand vous aurez des enfants.

— Est-ce que le château n'est pas assez grand pour que nous vivions tous ensemble : toi, la femme de Calixte, la mienne, nos enfants ? Tu ne sais donc pas qu'il est convenu, avec Calixte, que nous ne nous séparerons jamais ?

— Alors, vous avez dû vous réjouir en entendant M. Saniel organiser notre vie comme si vous lui aviez soufflé ses paroles.

— Si je l'avais soufflé, je t'assure, dit Calixte, qu'il aurait parlé autrement.

— Moi aussi, appuya Valérien.

Elle les regarda, surprise :

— Que trouvez-vous de gênant ou de pénible dans ce qu'il a ordonné ?

— Voilà qu'il veut que nous couchions la nuit avec des vasistas ouverts ou des lames de verre... mécaniquées.

— C'est pour vous aguerrir.

— En nous enrhumant.

— Et ces deux heures de sciage de bois ! Trouves-tu drôle de faire de tes fils des bûcherons ?

— Voilà qui sera amusant, de scier pendant deux heures !

— Il ne s'inquiète pas de ce qui sera ou ne sera pas amusant...

— Précisément.

— ... Mais de ce qui sera bon pour vous fortifier; et l'on comprend très bien qu'il n'y ait pas de meilleur exercice que celui-là pour développer les poumons.

— Si tu veux, répliqua Valérien; mais nous couper les cheveux, à quoi cela peut-il servir? Comme ce n'est pas Calixte qui coupera les miens, et comme je ne couperai pas ceux de Calixte, ce n'est pas un exercice qui nous développera les poumons.

— Vas-tu avoir la coquetterie d'une femme?

— Je n'ai pas de coquetterie pour moi, et je ne me demande pas si je serai mieux tondu que frisé; mais j'ai bien le droit d'en avoir pour Calixte, n'est-ce pas? Eh bien! Calixte est très joli avec ses longs cheveux frisés qui lui font une tête que tout le monde admire, toi plus que personne. Comment sera-t-il rasé?

— Qui est-ce qui les peigne, le matin et le soir, nos cheveux? demanda Calixte.

— Moi, répondit madame Ranson.

— Et, d'aussi loin que je me souvienne, ç'a toujours été toi, même quand papa était très malade et que tu ne le quittais pas.

— Ça, c'est bien, interrompit Valérien, devançant par la pensée les paroles de son frère.

— Et qu'est-ce qui se passe pendant que tu nous peignes?

— Je vous peigne, répondit madame Ranson, comme si elle voulait couper court, tout simplement.

— Tu nous interroges sur ce que tu veux savoir,

dit Valérien ; nous te demandons ce que nous désirons ; nous causons, nous t'embrassons ; tu nous caresses, comme si nous étions encore des petits enfants ; c'est le meilleur temps de la journée.

— Et ton médecin veut nous priver de ces bonnes heures là !

— Et tu veux que nous soyons contents.

— Je veux que vous reconnaissiez ce qu'il y a de bon, pour nous tous, dans sa prescription : pour notre réunion, notre intimité ; pour votre santé, pour votre éducation, dont le développement marchera parallèlement à votre développement physique, sans que l'un nuise à l'autre, de façon à faire de vous des hommes complets, cultivés pour l'intelligence, solides pour le corps. Je veux que vous soyez heureux d'avoir rencontré, pour diriger votre vie, un homme remarquable comme le docteur Saniel, au coup d'œil si sûr, à la raison si haute, à qui l'on peut remettre sa vie et celle des siens avec pleine confiance. Nous ne remercierons jamais assez M. Héline de nous avoir adressés à lui.

— Comme tu en parles ! dit Calixte.

— Avec l'émotion de la reconnaissance.

Valérien les interrompit : en ce moment ils montaient une rue sombre, bordée de grands bâtiments noirs, délabrés et lugubres, qui avaient tout l'air d'une prison, car leur cocher, qui n'aimait pas les rails des tramways, au lieu de prendre le boulevard Saint-Michel, avait pris la rue Saint-Jacques, et, en arrivant sur une petite place, Valérien avait lu au-dessus d'une grande porte : « Lycée Louis le Grand. »

— Et tu veux nous faire croire, dit-il, que tu nous aurais mis là-dedans ? Tu sais, l'âge est passé pour nous d'avoir peur de Croquemitaine.

IV

Madame Ranson avait décidé d'aller, dès le lendemain matin, à Senlis chez le notaire Héline, pour le prier de chercher un précepteur ; mais ce matin-là on se leva tard et la toilette des enfants, toujours longue parce qu'elle était entrecoupée de bavardages et de jeux, menaça de ne pas finir.

La soirée de la veille leur avait donné la fièvre ; en wagon, au retour, ils n'avaient parlé que de *Monsieur de Pourceaugnac* qui était la première pièce qu'ils eussent vue ; et, aussitôt levés, ils s'étaient mis en tête de répéter les scènes qui les avaient le plus vivement frappés. C'était même en jouant celle de l'apothicaire que Valérien avait éveillé son frère : ceint d'un tablier blanc, coiffé d'un mouchoir blanc, un rouleau de papier à la main simulant une seringue, il s'était à pas étouffés approché du lit de Calixte et, d'une voix flûtée, il lui avait dit à l'oreille :

— Monsieur, voici un petit remède, un petit remède qu'il vous faut prendre, s'il vous plaît, s'il vous plaît.

Calixte, étonné, avait ouvert les yeux ; puis, reconnaissant son frère et entrant aussitôt dans la farce, il s'était écrié :

— Comment ! je n'ai que faire de cela.

Les rires mêlés aux cris de l'apothicaire voulant donner son petit remède, et de M. de Pourceaugnac se défendant pour ne pas le prendre, avaient appelé madame Ranson, qui s'était arrêtée stupéfaite à la porte :

— C'est un petit clystère, bénin, bénin, criait Valérien, là, prenez, prenez, monsieur : c'est pour déterger, déterger.

Se sauvant par la chambre, Calixte, poursuivi, criait non moins fort :

— Je n'ai que faire de cela !

Ils étaient si drôles que leur mère se mit à rire avec eux ; alors ils vinrent à elle pour l'embrasser chacun de son côté :

— Bonjour, maman.

— As-tu bien dormi, maman ?

Mais ils n'en avaient pas assez de *Monsieur de Pourceaugnac* ; ils voulurent passer à une autre scène, celle de Lucette contrefaisant une Languedocienne.

— Moi, je suis Lucette, dit Valérien ; Calixte est Pourceaugnac ; et toi, maman, comme tu es de Nîmes, tu corriges mon accent s'il est mauvais.

Se campant le poing sur la hanche en marchant à petits pas comme une femme :

— Ah ! tu es assi, et a la fi yeu te trobi.

— Qu'est-ce que veut cette femme-là ?

— Que te boli, infame ! Tu fas semblan de non

pas me connouisse, et non rougisses pas, impudent...

— *Impudint*, reprit madame Ranson, avec le vrai accent du Midi.

— *Impudint*, cria Valérien, comme c'est ça, je ne le dirai jamais aussi bien que toi ; ah ! maman, si tu voulais jouer Lucette, moi je ferais Oronte.

— Non, continue de faire Lucette, tu t'en acquittes très bien.

— Tu ne rougisses pas de me beyre ? reprit Valérien...

La règle de la maison était que le déjeuner fût servi à onze heures, et, comme les enfants avaient ordinairement bon appétit, ils ne se faisaient jamais attendre ; ce jour-là, midi sonnait au moment où l'on se mit à table, et il était près de deux heures quand la voiture de madame Ranson s'arrêta sur le parvis de la cathédrale de Senlis, devant la vieille porte à ogive trilobée, au-dessus de laquelle brillaient les panonceaux du notaire Héline.

Madame Ranson n'était pas une cliente qu'on fait attendre : elle fut tout de suite introduite auprès du notaire, encore étendu sur une chaise-longue ; mais, avant qu'il fût question du précepteur, elle voulut le remercier, ce qui fut long, car à chaque mot de remerciement celui-ci répondait par un fait justificatif à l'honneur de Saniel: ils avaient été camarades ; ils avaient vécu de la même vie au quartier Latin ; ils avaient travaillé, lutté à côté l'un de l'autre, tous deux pauvres, sans relations, sans appui ; parler de Saniel, c'était parler de soi avec la complaisance et la prolixité qu'on met volontiers à des souvenirs personnels ; et, écouter l'éloge que madame Ranson faisait de Saniel, c'était en quelque sorte écouter le sien : n'avaient-ils pas déployé les mêmes qualités d'intelligence, de volonté, de courage ?

— N'est-ce pas ? disait-il à chaque instant ; je suis fier de voir que tout de suite vous l'avez apprécié à sa valeur : un maître, non seulement comme médecin, mais encore comme homme ; et pourtant il n'est pas heureux.

— Ah !

— Il y a de grandes tristesses dans sa vie.

Évidemment madame Ranson eût voulu que le notaire s'expliquât, mais il en resta là, au grand soulagement de Calixte et de Valérien, que cet éloge de Saniel ennuyait et qui, pour passer le temps, lisaient les affiches d'adjudications placardées sur les murs du cabinet.

Enfin, madame Ranson arriva au précepteur, et le notaire, tout à l'heure si abondant, si expansif, se fit grave et réservé :

— Voilà un choix sérieux à faire, et qui comporte de lourdes responsabilités, dit-il.

— C'est pourquoi nous réclamons votre intervention et vos conseils.

— Permettez.

Audacieux et même aventureux dans sa jeunesse, au point d'acheter son étude sans un sou de patrimoine et sans savoir où et comment il trouverait les deux cent mille francs qu'il lui fallait, il était de venu le plus prudent des notaires, le plus sage et le plus timoré le jour où un mariage inespéré lui avait apporté, avec la fortune, la peur des responsabilités. Prêt à tout entreprendre pour lui comme pour les autres, sans tenir compte des obstacles ou du danger quand il n'avait rien à risquer, assis sur la fortune de sa femme, il était instantanément devenu l'homme des objections, des avertissements et des réserves ; sa solidité lui avait du jour au lendemain donné la timidité ; et rares étaient les circonstances où sa première phrase ne commençait pas par « Permettez... »

Ce fut ce qui arriva avec madame Ranson : l'éloge de Saniel, c'était théorique, il n'avait qu'à le répéter en chœur : certainement, Saniel, le Saniel de maintenant, l'homme arrivé, considéré, admiré, le membre de l'Académie de médecine, le professeur de la Faculté, l'officier de la Légion d'honneur, ne donnerait jamais un démenti compromettant à ce qu'on pouvait dire de lui ; mais se prononcer sur le choix d'un précepteur, aider à ce choix, c'était une autre affaire et pratique, celle-là.

— Permettez, madame, que je fasse mes réserves : le précepteur que vous voulez n'est pas un simple répétiteur dont la mission consiste à surveiller les études et la conduite de vos enfants en suivant la direction donnée par les professeurs ; celui-là, je crois, je le trouverais parmi nos anciens camarades ; mais celui que Saniel vous conseille est tout autre : c'est un homme qui forme des hommes en imprimant lui-même une direction supérieure aux professeurs qu'il choisit; en un mot, c'est un père, dont la mission est plus délicate et plus difficile que celle du vrai père : car le père fonde son autorité sur la tendresse, ce qui rend l'obéissance et la docilité faciles; tandis que lui, maître, ne peut établir la sienne que sur une influence morale, et il doit la faire accepter non seulement par ses élèves, mais par leur mère. J'ignore si je me fais bien comprendre...

— Parfaitement.

— Alors vous voyez quelle place importante ce précepteur, cet étranger va prendre dans votre maison, auprès de vos enfants et auprès de vous-même, qui allez être obligée d'abdiquer jusqu'à un certain point votre puissance maternelle pour l'en investir.

— Je le vois parce que vous me le montrez; mais j'avoue que je n'avais pas envisagé la question à ce point de vue.

— Voilà pourquoi je me permets de vous présenter ces observations ; c'est à une femme que je parle, non à un homme; vous êtes mère, non père, et par cela seul la situation offre une gravité qu'elle n'aurait pas si ce précepteur devait rencontrer une autorité qui ferait contrepoids à la sienne, celle d'un homme, pouvant discuter avec lui et ayant qualité pour imposer finalement sa volonté.

Ce n'était pas la première fois que madame Planson sentait sur ses épaules le poids de la responsabilité dont la mort de son mari l'avait chargée, mais jamais elle n'avait pesé la lourdeur de ce poids comme en écoutant le notaire, qui lui faisait toucher du doigt ce que, jusqu'à ce moment, elle n'avait que vaguement pressenti.

— Il est vrai, dit-elle avec émoi ; mais c'est la fatalité de notre situation qu'il en soit ainsi.

— Evidemment, et c'est ce qui dicte mes observations. D'un autre côté, c'est-à-dire du côté de ce précepteur lui-même, se présentent aussi des difficultés. Un homme comme celui que nous voulons n'est pas le premier venu ; il a, par l'intelligence et par le caractère, une valeur propre qui a dû lui permettre de faire sa vie, sans attendre sur le pavé qu'un hasard bienheureux lui donnât une position ; si une bonne chance pour nous veut qu'il n'ait pas cette position, il aura le droit, n'est-ce pas, de se montrer exigeant, car ce seront de longues années qu'il devra consacrer à vos fils.

— Croyez que je saurai largement reconnaître ces sacrifices.

— J'en suis certain ; aussi je n'entre dans ces détails que pour dégager ma responsabilité. Trouver un mari pour une jeune fille, ou une femme pour un mari, cela est pour moi, jusqu'à un certain point, professionnel ; mais un précepteur, c'est une autre affaire ; il faudra que Saniel, dont les relations sont autrement étendues que les miennes, veuille bien m'aider : il demande mon concours, je lui demanderai le sien, et il me l'accordera actif, dévoué, puissant ; à l'œuvre, vous verrez quel homme il est.

Madame Ranson, qui était entrée chez le notaire

croyant que tout de suite elle allait trouver le précepteur qu'elle voulait, sortit désappointée, un peu inquiète et surtout fâchée contre elle-même : n'aurait-elle pas dû savoir tout cela ; n'aurait-elle pas dû se le dire à l'avance ?

Le précepteur n'ayant rien à voir dans les exercices physiques prescrits par Saniel, elle put toujours les organiser en attendant.

Des chevaux de selle furent achetés ; le régiment de cavalerie en garnison à Senlis fournit un maître d'équitation ; deux carrés furent distraits du potager et attribués à Calixte et à Valérien, ainsi qu'une pelouse et des massifs du jardin anglais ; enfin une remise fut approvisionnée de bois de sciage : des chevalets furent achetés.

Pour l'équitation, elle n'avait rencontré que du bon vouloir chez ses fils.

C'était un plaisir de monter à cheval ; un plaisir aussi de jardiner. Le printemps était doux, sans fortes chaleurs comme sans froids et sans hâles. Travailler n'était pas fatigant. Ce qu'ils mettaient en terre, graines ou plantes, germait ou poussait aussitôt. Quand ils arrachaient n'importe où un pied de primevères, de pensées, de violettes, de narcisses, de myosotis, de pâquerettes, pour les transplanter dans leur jardin, ces fleurs ne souffraient en rien de ce changement ; et quand ils semaient une planche de pois ou de radis, ils la voyaient verdir sans attente et sans déception. Tout d'abord, ils voulaient n'avoir qu'un seul et même jardin, indivis entre eux ; mais, après discussion, ils avaient décidé d'en avoir deux leur appartenant en propre : dans celui de Calixte, Valérien travaillerait le lundi sous la direction de son aîné, et dans celui de Valérien, ce serait Calixte qui serait l'aide de son frère le mardi.

Mais pour le sciage du bois, il n'en avait point été ainsi, et madame Ranson s'était heurtée à une résistance aussi vive chez Calixte que chez Valérien, qui l'avait désolée.

V

Très exacts pour monter à cheval, pleins d'ardeur pour le travail du jardin, Calixte et Valérien n'étaient jamais prêts quand arrivait l'heure du sciage; c'étaient chaque fois des prétextes pour se dispenser de cette corvée, et toujours des protestations nouvelles quand, adroitement leur mère les avait enfin amenés elle-même dans la remise.

A la longue, ils finissaient par se mettre au travail et, penchés sur leurs chevalets, ils poussaient et ramenaient leurs scies tristement; dans ces secousses, leurs cheveux, qu'ils avaient obtenu de ne pas couper encore, leur tombaient sur le visage en leur donnant un air pitoyable.

Et leur mère, qui les regardait à la dérobée, se demandait, émue et attendrie, si elle n'était pas réellement cruelle de leur imposer un pareil labeur;

anxieuse, elle écoutait leur respiration essoufflée, et il lui fallait toute sa raison, toute sa foi dans la médecine pour ne pas aller essuyer la sueur qui du front leur tombait sur les bras. Le plus souvent, la pitié était la plus forte et, allant au tas de bois, elle choisissait les morceaux qu'elle jugeait les moins durs et les leur apportait.

— Oh! maman, disait Valérien, d'une voix haletante, faut-il que tu sois ensorcelée par ce gredin de médecin!

Alors des inquiétudes la prenaient et même des remords : si ses fils, ordinairement dociles, protestaient avec obstination contre cette tâche, n'avaient-ils pas raison, et elle, par conséquent, n'avait-elle pas tort de persister à la leur imposer quand même.

Mais aussitôt elle se disait qu'un homme comme Saniel ne peut pas se tromper, et qu'elle serait coupable de douter de lui : il n'avait pas parlé à la légère; jamais elle n'avait vu un médecin se livrer à un examen plus approfondi, mieux fait pour inspirer confiance; elle devait donc, quoi qu'il lui en coûtât, tenir la main à ce que son ordonnance fût régulièrement suivie.

Cependant elle crut pouvoir se permettre d'apporter quelques ménagements à son exécution : les deux heures prescrites par Saniel furent réduites à une, et cette heure fut coupée de nombreux repos; quand ils auraient acquis l'endurance, peu à peu ils travailleraient davantage.

Mais ce ne fut pas l'endurance qui se produisit, au

moins pour Valérien, qui chaque jour se plaignait un peu plus :

— Tu verras que ton grand médecin nous rendra malades, disait-il souvent.

Alors elle le questionnait : qu'avait-il? où, de quoi souffrait-il?

Il parlait de lassitude générale, de maux de tête, de maux de cœur, de mauvais sommeil.

Bien qu'il y eût eu naïveté pour elle à ne pas faire une part au mécontentement et à la résistance d'enfants contrariés, dans ces plaintes, elle écrivit à Saniel, qui répondit que ces symptômes n'avaient rien d'inquiétant, mais que cependant, s'ils continuaient, surtout s'ils s'accentuaient, il convenait de faire examiner l'enfant par un médecin : un de ses anciens internes, le docteur Morche, depuis peu établi à Senlis, offrait toutes les garanties pour qu'on s'adressât à lui avec confiance; en tout cas il fallait, pour Valérien, réduire les exercices corporels à ce qu'il demanderait lui-même.

Entre la lettre de madame Ranson et la réponse de Saniel, un certain temps s'était écoulé, et les malaises de Valérien, au lieu de diminuer, avaient augmenté : le mal de tête était plus marqué, des vomissements étaient survenus et la fièvre s'était déclarée. Madame Ranson, qui, pendant plusieurs années, avait soigné son mari, savait observer les malades; elle avait pris la température de son fils et elle avait été effrayée de trouver 40 degrés; quand elle approchait sa main de lui, à une petite distance, elle sentait sa chaleur.

Un domestique, envoyé en toute hâte à Senlis, ramena le docteur Morche qui, en apprenant que la riche madame Ranson le faisait appeler sur la recommandation de son maître Saniel, avait tout quitté pour venir à Venette.

Peut-être s'agissait-il d'une scarlatine, peut-être d'une simple courbature à la suite d'un coup de froid : il fallait voir ; mais, en attendant, il importait de séparer les deux frères et de maintenir un isolement rigoureux, sans que les domestiques qui serviraient le malade eussent aucun contact avec le bien portant.

Le lendemain, le doute n'était plus possible : aux symptômes existants s'étaient joints une douleur au fond de la gorge, et, sur le cou ainsi que sur la poitrine, une éruption de larges plaques rouges non saillantes, tendant à s'unir par leurs bords : c'était bien la scarlatine. La température s'était élevée d'un degré ; la nuit avait été mauvaise, avec une agitation qui, par moments, allait jusqu'au délire.

Son fils atteint d'une maladie grave, madame Ranson ne pouvait pas être rassurée par ce que Saniel lui avait dit de son ancien interne ; pour elle, ce jeune homme, si intelligent qu'il fût, n'était qu'un élève, et elle voulait les plus grands maîtres de la Faculté, en tout cas celui qui a ses yeux les valait tous, — Saniel.

Elle demanda donc une consultation de Saniel, et, bien que Morche eût désiré, pour sa réputation, être le médecin en titre de la famille Ranson, ce qui eût établi son influence dans ce pays où il arrivait et où il avait à lutter contre de vieux confrères, il ne put pas la refuser. Dans sa position, il ne lui convenait pas de paraître n'avoir besoin de personne, surtout de son maître; et d'ailleurs, à un autre point de vue, son intérêt immédiat le lui défendait : sa visite à Venette était payée cent sous, une consultation le serait cent francs; et cette considération, qui fait que les médecins de la banlieue parisienne ont la modestie si facile pour proposer eux-mêmes d'appeler une lumière de la Faculté, ne pouvait le laisser indifférent : elle ne serait probablement pas unique, cette consultation; avec une mère inquiète, on pouvait compter sur plusieurs, qui s'additionneraient et qui, de plus, permettraient de placer utilement le nom de Saniel : « Pardonnez-moi si je ne viens pas dans la soirée, mais j'ai consultation au château de Venette avec mon maître, M. le professeur Saniel. — Il y a quelqu'un de malade dans la famille Ranson ? — Oui, le plus jeune des fils : une scarlatine. »

A la lettre que Morche écrivit à son maître, madame Ranson en joignit une autre qui était une prière adressée à une divinité bienfaisante — la supplication d'une croyante fervente à un saint guérisseur.

La dépêche de Saniel fut prompte : il annonçait son arrivée pour six heures à Chantilly, et demandait qu'on envoyât une voiture le chercher. Quand madame Ranson reçut cette dépêche, elle considéra Valérien comme sauvé : fallut-il un miracle, Saniel le ferait; et, bien que l'enfant fût dans un violent accès de fièvre, elle oublia ses angoisses.

— M. Saniel sera ici à six heures et demie ; il va te guérir.

— Il aurait mieux fait de ne pas me rendre malade.

Et comme la fièvre l'agitait, il continua à se plaindre, sans vouloir écouter les tendres paroles de sa mère qui se désolait.

— Est-ce que tu vas obliger Calixte à continuer de scier du bois ?

— Nous demanderons à M. Saniel.

— Ce n'est donc pas assez de moi ; tu n'as donc plus de volonté ?

Le cocher qui devait aller à Chantilly attendre Saniel avait l'ordre de revenir à toute vitesse ; comme la demie de six heures sonnait, madame Ranson entendit le coup de cloche du concierge, et presque aussitôt le roulement d'une voiture qui, d'une allure rapide, montait la grande allée. Valérien était assoupi.

— C'est M. Saniel, dit-elle en courant à la fenêtre.

Mais Valérien parut insensible à cette bonne nouvelle, donnée d'une voix si pleine de confiance.

En arrivant à la fenêtre, elle aperçut Saniel qui, le dos voûté, montait de son grand pas les marches du perron en s'entretenant avec Morche; presque aussitôt, la porte de la chambre fut ouverte et il entra.

Les politesses furent brèves ; il alla au lit de Valérien :

— Eh bien, mon jeune ami, comment ce malaise vous a-t-il pris ?

— En sciant du bois, comme vous nous l'aviez ordonné.

Madame Ranson voulut expliquer ces paroles qui la suffoquaient ; mais en souriant, il lui demanda de laisser l'enfant répondre, et doucement il interrogea celui-ci, qui parlait à regret.

L'examen fut complet, mais sans se perdre cependant dans des détails oiseux ; quand il fut terminé, Saniel passa avec Morche dans une pièce voisine. Ils n'y restèrent pas longtemps. Bientôt madame Ranson, que l'angoisse dévorait, fut appelée. Elle entra pâle, les lèvres décolorées, tremblante, et Saniel, qui vit son trouble, s'empressa de la rassurer.

— C'est une scarlatine simple, dit-il, sans aucuns symptômes malins, et qui vraisemblablement doit suivre une marche régulière ; s'il ne survient pas de complications que rien en ce moment ne fait redouter, je ne reviendrai même pas.

— Mais...

— Je dis : s'il ne survient pas de complications ; mais, au cas où le mieux auquel nous croyons ne se produirait pas, vous pouvez compter sur moi, je suis à votre disposition.

L'espoir et la confiance détendirent les nerfs et desserrèrent le cœur de madame Ranson ; il était si parfaitement sûr de sa parole, il s'exprimait avec tant d'autorité et, en même temps, de mesure, qu'il semblait maître de la maladie : elle serait ce qu'il lui commanderait d'être, sans qu'elle pût s'écarter de la marche qu'il lui traçait.

En rentrant dans la chambre, il adressa quelques

mots affectueux à Valérien, le consulta sur ce qu'il voulait boire et manger, et le quitta en lui assurant qu'il serait bientôt guéri.

Cependant ce fut une aggravation qui se produisit, l'éruption pâlit, la fièvre augmenta, la température s'éleva de deux degrés.

— Tu vois, ton grand médecin, qui devait me guérir, dit Valérien à sa mère éperdue.

Elle le fut bien plus encore quand Morche, de lui-même, proposa d'appeler Saniel : était-il donc perdu, le cher petit ?

Comme la première fois, Saniel arriva dans la soirée. Après avoir examiné le malade, il demanda une baignoire et trois seaux d'eau. Stupéfaite, madame Ranson le regarda, comme si elle ne comprenait pas.

— Il faut obtenir un abaissement de la température, dit-il ; c'est à cela que vont servir les affusions d'eau froide ; vous me ferez monter aussi une bouteille de vieille eau-de-vie, dont une cuillerée le relèvera s'il y a collapsus.

Quand Valérien se vit tout nu dans la baignoire et comprit qu'on allait jeter ces seaux d'eau froide sur lui, il tourna vers sa mère un regard qui disait clairement :

— Tu vas donc me laisser tuer ?

Cependant ce ne fut pas un mort qu'on mit dans le lit.

— Veuillez faire dételer les chevaux, dit Saniel à madame Ranson ; il est probable que nous serons obligés de recommencer ces affusions, et comme je ne peux pas revenir demain, je passerai la nuit ici.

En effet, il les recommença plusieurs fois, et le matin, quand il fut sur le point de partir, l'abaissement de la température était obtenu, les troubles cérébraux avaient cessé, l'éruption qui avait pâli s'était ranimée, et Valérien éprouvait un grand bien-être.

— Il est bien, dit Saniel à madame Ranson, très bien.

Dans son trouble de joie, elle ne trouva pas de mots, répétant :

— Vous l'avez sauvé ! vous l'avez sauvé !

Au bout de quelques jours commença la période de convalescence ; mais bientôt une complication survint qui en entrava la marche régulière ; une néphrite se produisit, avec des convulsions et de l'hématurie. Cependant il ne fut pas nécessaire d'appeler Saniel ; bientôt elle céda aux soins de Morche, et alors l'état général se rétablit, avec reprise d'appétit et d'entrain.

VI

La maladie de Valérien avait arrêté les recherches d'Héline : avant de trouver un précepteur, il fallait voir ce qu'il adviendrait de l'élève ; mais, quand la convalescence s'était prononcée, il les avait reprises. Plusieurs fois il était venu s'en entretenir à Venette avec madame Ranson, et plusieurs fois il avait vu

Saniel à Paris; mais, comme il n'avait pas de temps à perdre, il arrangeait ses affaires pour aller l'attendre à la sortie de la séance de l'Académie de médecine.

Un mardi, vers quatre heures et demie, Saniel le trouva se promenant sur le trottoir de la rue des Saints-Pères.

— Tes courses sont-elles terminées? demanda Saniel en lui serrant la main.

— Oui; quand nous aurons causé, je retourne à Senlis.

— Eh bien, monte en voiture avec moi; je vais à Saint-Denis, je te déposerai en passant à la gare du Nord.

Mais, avant que Saniel pût lui faire place dans son coupé, il fallut un certain temps, car c'était une bibliothèque roulante, ce coupé, et, pour que Héline pût s'asseoir, il y avait à abaisser la tablette à écrire et à faire entrer dans les poches ainsi que dans les soufflets les livres, les brochures, les papiers qui encombraient le coussin et le tapis.

— Est-ce qu'il y a du nouveau? demanda Saniel lorsque la portière fut fermée.

— Une idée qui m'est venue... inspirée par mon amitié pour toi et par l'intérêt que je porte à madame Ranson.

Surpris, Saniel se tourna vers lui.

— Pourquoi n'épouserais-tu pas madame Ranson?

— Tu sais bien que je suis marié.

— Si peu que ça ne compte pas.

— Ma femme est vivante.

— Le divorce a été inventé pour rendre la liberté aux époux mal mariés, et tu es dans cette catégorie, puisque tu vis séparé de ta femme, ou que ta femme vit séparée de toi, ce qui est tout un. Pourquoi ne pas convertir un divorce de fait en un divorce légal?

Le cocher avait pris le boulevard Saint-Germain pour gagner le boulevard Saint-Michel, et sur le macadam le coupé filait vite, sans le tapage assourdissant des rues pavées.

— Le lendemain du jour où tu as vu madame Ranson pour la première fois, elle est venue m'entretenir du précepteur que tu lui avais conseillé de prendre. Je trouvai une femme enthousiasmée.

— Enthousiasmée?

— A la lettre. Non une névrosée toquée d'un caprice pour un homme qui lui a plu, mais une femme de sens rassis qui a subi une forte impression en face d'un homme supérieur, et qui est pénétrée de reconnaissance pour l'accueil qu'on lui a fait.

— Eh bien, après?

— Il n'y aurait que cela, que je n'en parlerais pas; je comprends que tu sois habitué à ce qu'une femme subisse le prestige du talent et l'autorité du nom; mais ce n'est pas tout. Ce point de départ nous amène, sous la pression de circonstances en quelque sorte fatales ou, si tu aimes mieux, providentielles, à d'autres sentiments qui, analysés, me font te dire que, si tu veux épouser madame Ranson, ce mariage est fait.

— J'aimerais mieux que tu me disses comment cette idée t'est venue de me marier.

— C'est justement ce que je suis en train de t'expliquer. Nous partons, n'est-ce pas, de ce point, que tu as produit sur madame Ranson une impression profonde : elle t'admire, elle a foi en toi; tu es pour elle un grand médecin, et, de plus, par les conseils que tu lui as donnés, par la façon dont tu lui as parlé, un homme supérieur. Te jugeant tel, subissant ton influence, elle me demande de lui trouver un précepteur, et je lui réponds en lui montrant la responsabilité dont elle me charge : ce précepteur va prendre une place considérable dans sa maison, auprès de ses enfants, comme auprès d'elle qui va être obligée d'abdiquer sa puissance maternelle pour l'en investir; il va former le cœur et le caractère de ses fils; les diriger dans le sens qu'il voudra sans qu'elle puisse intervenir avec une autorité respectée, elle qui n'est qu'une femme, une mère, non un père. Et voilà que pour la première fois, je le crois bien, elle sent le poids de sa tâche et en est écrasée; elle comprend la responsabilité qu'elle me demande d'assumer, surtout elle pèse la sienne : comment dominera-t-elle ce précepteur et le maintiendra-t-elle dans la ligne qu'elle veut voir suivre par ses fils? Sa main ne sera-t-elle pas trop faible? Ce serait celle d'un père qu'il faudrait, ou tout au moins, puisque le père est mort, celle d'un homme tenant à ces enfants par un lien de parenté et ayant autorité ainsi que qualité pour se faire obéir. Quel peut être cet homme? Ses parents, à elle, habitent le Midi; ceux des enfants ne sont que des paysans. Nous cherchons le précepteur, nous ne le trouvons pas, et chaque jour elle comprend davantage combien il est difficile à une veuve d'élever des fils. Nous voilà arrivés au second point, et tu vois comme moi le travail qui s'est fait en elle.

— Pas précisément comme toi.

— Passons au troisième; nous discuterons plus tard, s'il y a lieu. Pendant que nous nous occupons du précepteur sans mettre la main sur l'oiseau rare qu'il nous faut, le plus jeune des fils tombe malade. Tu arrives; l'état est grave, désespéré...

— Grave !

— Enfin, il s'aggrave encore, tu reviens et cette fois, par une médication énergique, hardie, tu sauves l'enfant; comme un petit médecin qui n'aurait rien de mieux à faire, tu passes la nuit auprès de ton malade.

— C'est bien naturel.

— Pour toi peut-être; mais pour la mère ? Crois-tu qu'à ses yeux, disposée comme elle l'est, ton dévouement ne soit pas extraordinaire, et ton sauvetage, crois-tu qu'il ne soit pas providentiel? Elle a prié, tu l'as exaucée; tu es venu et tu as vaincu la maladie; ton intervention a été miraculeuse, divine; tu as été le bon Dieu.

— Ça nous arrive quelquefois, et c'est là un des bons côtés de la médecine. Quand on est jeune, on fait de la science pour la science; plus tard, on est sensible aux services qu'elle peut rendre.

— Je t'assure que, dans l'espèce, on l'a été à celui que ta science avait rendu. Quelle mère tendre et passionnée est madame Ranson, tu l'as vu : je n'ai pas à insister là-dessus. Quelle femme est-elle ? Quelle a été sa vie ? Sur ces points, tu n'es guère renseigné, je suppose.

— Comment le serais-je ?

— Précisément ; il est donc bon que je les éclaire dans la mesure de ce que je sais. De la femme même, je n'ai rien à t'apprendre, tu l'as vue ; comme moi, mieux que moi, tu sais ce qu'elle vaut : elle a de la beauté et de la santé ; on peut même dire qu'elle respire la santé ; c'est une considération qui, me semble-t-il, doit avoir sa valeur pour un médecin, car elle n'a que trente-trois ans, cette aimable veuve, et celui qui l'épousera est en droit d'avoir d'elle des enfants, des enfants beaux et solides.

— Trouves-tu que ses fils soient des modèles de solidité ?

— Les fils tiennent de leur père ; et de ce père nous parlerons tout à l'heure, si tu veux bien ; n'anticipons pas. Ce que je sais de madame Ranson et ce que tu dois ignorer, c'est qu'elle est d'une très bonne famille qui, à Nîmes, jouit d'un renom incontesté d'honorabilité...

— Ah !

— D'austères protestants appartenant à la magistrature depuis plusieurs générations. Je note tout de suite, en passant, que madame Ranson n'a pris à sa famille que l'honnêteté et qu'elle lui a laissé l'austérité : ni bégueule, ni bigote, honnête femme simplement. Et la preuve, c'est qu'elle a fait bon ménage avec son mari qui, lui, menait une vie plus que légère ; elle lui passait tout et, je crois, par indulgence plutôt que par indifférence. Il a si bien fait qu'il en est mort.

— Oh! oh!

— Je répète ce que j'ai entendu dire; tu comprends que je ne sais pas moi-même ce qui s'est passé à Bakou, et madame Ranson ne m'a pas fait ses confidences sur ce point délicat. Quand elle me parle de son mari, c'est décemment, avec une juste mesure; sa mort ne l'a pas jetée dans un désespoir inconsolable, pas plus qu'il n'a été un soulagement pour elle; ses regrets s'adressent au père de ses enfants et ils sont sincères; c'est à eux qu'il manque plus qu'à elle, car, si j'en crois ce que M. Ranson lui-même me racontait complaisamment lorsque nous avons été en relations pour l'acquisition de son château, elle l'avait bien peu à elle: il l'estimait, il lui reconnaissait toutes les qualités, toutes les vertus, il parlait d'elle avec respect, mais elle était sa femme. Je n'ai point épousé une veuve; cependant, si le hasard m'en avait offert une, j'aurais voulu que précisément elle eût vécu dans les mêmes conditions que madame Ranson : ni trop heureuse, parce que le bonheur parfait inspire des exigences irréalisables dans le train ordinaire des choses; ni trop malheureuse, parce que le malheur aigrit le caractère.

Le coupé, qui filait vite, mené grand train par un bon cocher, avait passé devant la gare de Strasbourg, et maintenant, d'une allure ralentie, il montait la pente du faubourg Saint-Denis.

— Veux-tu que nous arrêtions à la gare du Nord? demanda Saniel.

— Je vais jusqu'à Saint-Denis ; je ne suis pas à moitié de ce que j'ai à te dire ; et maintenant que je t'ai expliqué les raisons qui, selon moi, font que madame Ranson serait heureuse de devenir ta femme, je veux te dire celles qui me paraissent devoir rendre ce mariage désirable pour toi, sans quoi je serais inexcusable de m'être ainsi occupé d'une affaire dont ni l'une, ni l'autre des deux parties ne m'a chargé.

— C'est ton métier de faire des contrats de mariage.

— Il y a plus que l'habitude du métier dans mon intervention ; il y a, je te le répète, l'amitié. Quand dans ses années de jeunesse on a eu la chance de rencontrer un camarade, avec qui on a été en étroite communion de travail, d'idées, d'espérances, de luttes, on le suit dans la vie et, s'il s'élève à un rang supérieur, tandis que soi-même on reste plongé dans la médiocrité...

— *Aurea.*

— Dorée ou pas dorée, peu importe ! — on s'intéresse à lui, à ses succès, dont on triomphe un peu soi-même : « Nous avons été amis ! » C'est mon cas avec toi. Jamais je ne vois ton nom dans les journaux, ou ne lis, dans le compte rendu de l'Académie de médecine, les discussions auxquelles tu prends part, sans me reporter à nos années de camaraderie, à nos entretiens, le soir, quand je rentrais et te trouvais travaillant ; à nos promenades dans le Luxembourg, toujours écourtées par quelque besogne à laquelle il fallait courir ; à nos séances à l'*Hôtel des Médicis*, dans notre parlotte, sous l'œil paternel de ce brave Crozat, et sous la présidence autoritaire de Brigard. En avons-nous remué là, des idées, quand Brigard voulait nous réunir en groupe afin de nous affirmer plus sûrement. Je me rappelle encore, comme si elle était d'hier, la dernière séance à laquelle j'ai assisté avant de quitter Paris pour Senlis : Brigard voulait établir le dogme de la conscience, et tu l'as joliment collé en lui prouvant que la conscience n'existe pas comme instrument de précision propre à qualifier ou à peser nos actions. Je vois l'indignation de Brigard et les regards furieux dont te poursuivaient Glady et Nougarède, pour ton irrévérence envers le maître.

— Ils avaient raison : c'était là un paradoxe.

— Évidemment! aussi n'auraient-ils pas dû se fâcher. Donc, pour en revenir à notre sujet, ces souvenirs d'autrefois me font te suivre comme si nous entretenions encore des relations régulières : ce que tu es, ce que tu veux être, je le sais comme si tu me faisais tes confidences. Ce que tu es? ambitieux; ce que tu veux être? secrétaire perpétuel de votre Académie.

— Tu as fait bavarder Morche.

— Bien sûr, et je l'ai pu d'autant mieux que Morche a pour son maître une admiration respectueuse qui s'accorde avec la fierté que m'inspirent les succès de mon ancien camarade. Car je suis vraiment fier de te voir ambitieux: tu l'es pour moi. Que veux-tu que soit l'ambition d'un notaire de province quand il a été président de sa chambre, qu'il a gagné une fortune décente, et qu'il jouit de la considération publique?

— C'est quelque chose, il me semble, que cette considération.

— Et je m'en contente, ou, pour vrai dire, je m'en fais gloire ; l'honorabilité, c'est mon panache. Comme je m'étonnais que tu n'eusses pas en vue la présidence de votre Académie, Morche m'a expliqué que le vrai directeur de l'Académie était le secrétaire perpétuel, par cela seul qu'il est perpétuel, tandis que le président n'est qu'annuel, et en plus par toute sorte d'autres raisons de boutique. Seras-tu élu quand la place deviendra vacante ? Il y a contre toi ton mérite, l'autorité que tu as conquise par la lutte, les jalousies que tu as suscitées par tes succès, et les inimitiés que tu as récoltées par ton dédain de certaines conventions, en un mot ta supériorité ; tandis que ton adversaire a pour lui sa médiocrité, qui ne gêne personne, et son amabilité, qui plaît à tous : on le voit partout, c'est un habitué des premières, il accepte les invitations, dîne, cause, débite des galanteries aux femmes, des gauloiseries aux hommes... Toi, on ne te voit que là où tu as affaire, tu ne causes pas...

— Je n'ai pas le temps. Tu ne réfléchis pas que ce mariage me donnerait une supériorité que je n'ai certes pas, celle de la fortune.

— La seule qu'on subisse sans révolte, et même la seule devant laquelle on se prosterne. Est-ce que les Académies échappent à cette loi ? Est-ce que dans une élection leur choix ne va pas toujours à celui des concurrents qui a la fortune ou la naissance, de préférence à celui qui n'a que le talent ? C'est en partant de ce principe que l'idée m'est venue de te faire épouser madame Ranson, qui te donne cette fortune. Remariée, elle apporte à son mari le revenu de dix millions et la jouissance du château de Venette, ce qui suffit à celui-ci, n'est-ce pas ? pour faire figure dans le monde. De plus, elle t'enrichit des qualités qui te manquent : la politesse, l'urbanité, la bonne grâce mises au service des indifférents que tu bouscules parce qu'ils t'ennuyent. De l'ours que tu es, elle fait un homme du monde ; tu as ta loge à l'Opéra, dont tu offres libéralement le coupon ; tu as ta chasse de Venette, où tu invites non moins libéralement, et qui te fournit d'innombrables bourriches de gibier que la reconnaissance te paie largement le jour de l'élection.

— Comme tu vas ! interrompit Saniel, en riant.

— Comme il convient ; c'est rigoureusement réglé.

— Sans faire entrer mon mariage en ligne.

— Tu vas comprendre que je ne l'ai pas oublié. Je n'ai eu le plaisir de voir ta femme qu'une fois, à votre mariage précisément, ce qui fait que je ne peux pas ignorer que tu es marié. Elle m'a paru fort jolie, avec sa taille svelte, ses beaux yeux sombres, ses dents superbes, sa physionomie vive et gracieuse, son élégance native ; j'ai très bien admis que tu te sois pris d'amour pour elle, moins que tu l'aies épousée. En l'examinant autant que les convenances le permettaient, j'ai été frappé de la tendresse de son regard, et de cette tendresse ainsi que d'autres remarques j'ai conclu qu'elle était sentimentale et passionnée. Me suis-je trompé?

— Ta conclusion était juste : sentimentale, en effet.

— Alors ça ne pouvait pas aller. C'était une femme, n'est-ce pas? qui mettait la vie tout entière dans l'amour, tandis que toi tu la mettais dans autre chose. De là, des exigences de son côté, du tien des résistances qui, en fin de compte, devaient aboutir à une séparation. Quel accord possible entre une femme qui vit par le cœur et un homme qui vit par la tête? Je ne te demande pas de confidence, mais je suis sûr qu'elle t'a assommé; tandis que toi, de ton côté, tu la martyrisais.

Sans demander des confidences, le notaire attendait une réponse. Saniel ne lui en fit point. Après un moment de silence, ne voyant rien venir, Héline poursuivit :

— Je vais aborder un sujet délicat, mais j'espère que tu me le pardonneras, bien convaincu à l'avance qu'il ne peut pas y avoir de curiosité mauvaise dans mes paroles, et que je ne le fais que pour te montrer comment j'ai été amené à l'idée d'un divorce possible; c'est à ce malheureux garçon que je veux faire allusion...

— Florentin! s'écria Saniel.

— Je me rappelle ta déposition aux assises, et, si un acquittement avait été possible, tu l'aurais enlevé. Ne l'ayant pas obtenu, tu n'as pas craint de donner ton nom à une femme dont le frère venait d'être condamné pour assassinat. Toi, médecin, tu n'admets point, n'est-ce pas? le mariage d'un homme bien portant avec une femme atteinte d'une tare constitutionnelle; eh bien, moi notaire, moi imbu des principes d'une morale bourgeoise, moi « empli jusqu'au goulot de préjugés bourgeois », je n'admets pas le mariage d'un homme dans ta position avec une femme qui a pour frère un condamné aux travaux forcés, et je soutiens que ce mariage, qui ne pouvait que donner le malheur aux deux époux, étant rompu de fait, doit l'être légalement; de même je soutiens aussi que, si jamais divorce — moi qui suis l'adversaire du divorce — fut nécessaire et à tous les points de vue légitime, c'est le vôtre. Qu'il n'ait pas encore été prononcé, tu m'en vois stupéfié.

— Il faut des raisons pour divorcer.

— On a toujours des raisons; quand on en manque, c'est l'affaire de l'avoué d'en trouver, et, s'il est habile, il en trouve. Je t'en donnerai un habile. Au reste, dans les conditions où vous vivez, rien ne doit être plus facile. Quand nous avons commencé cet entretien, tu ne voulais pas me permettre de parler de divorce; mais, au point où nous en sommes arrivés, refuseras-tu d'aller jusqu'au bout et de me dire comment vous vous êtes séparés?

— Un jour, ma femme m'a écrit que la vie commune était impossible et qu'elle partait pour ne plus revenir.

— Tu ne l'as pas revue?

— Non.

— Qu'est-elle devenue?

— Elle habite les Ternes; elle a repris son nom ;

Philis Cormier, sous lequel elle a obtenu quelques succès comme peintre.

— Si tu lui demandais de reprendre la vie commune, accepterait-elle?

— Je n'en ai jamais eu la pensée.

— Enfin, si tu lui adressais cette proposition, la repousserait-elle?

— Je le crois.

— Eh bien! la voilà, cette cause de divorce que tu disais ne pas avoir; tu fais faire sommation à ta femme de réintégrer le domicile conjugal : elle refuse, ce qui est une injure grave; l'avoué arrange les choses, les corse, et le divorce est prononcé. Ça n'est pas plus difficile que ça. Ta liberté recouvrée, tu épouses madame Ranson, tu deviens secrétaire perpétuel de l'Académie de médecine, membre de l'Académie des sciences, commandeur de la Légion d'honneur, sénateur, ministre de l'instruction publique, tout ce que ton ambition peut rêver. D'un autre côté, ta seconde femme te donne un intérieur agréable, t'assure la vie de famille sans les exigences ou les enfantillages d'une névrosée; et comme elle est jeune encore, belle, d'une santé parfaite, elle te fait père d'un ou deux enfants solides qui sont la joie de ta vieillesse. Voilà mon rêve, à moi, — un rêve basé sur la raison et la sagesse, — celui d'un parfait notaire. Penses-y. Mais aujourd'hui ne me réponds pas. Nous en reparlerons. D'ailleurs, nous voilà à Saint-Denis; dis à ton cocher de me déposer à la gare.

VII

Héline ne laissa pas à Saniel le temps des longues réflexions ; le mardi suivant, à quatre heures et demie, il l'attendait à la sortie de la séance de l'Académie de médecine.

— Est-ce qu'il y a quelque chose de nouveau ? demanda Saniel en se dirigeant avec lui vers le boulevard Saint-Germain, où son coupé l'attendait.

— Ta demande est précisément celle que j'allais t'adresser.

— Je pensais au jeune Ranson.

— Moi à madame Ranson.

— As-tu réfléchi à ma proposition ?

— Oui.

— Et tu as décidé ?

— Rien.

— C'est déjà quelque chose, c'est même beaucoup ; *non* se dit tout de suite, *oui* est plus long.

— Montes-tu avec moi ?

— Où vas-tu ?

— A Passy.

— Ce n'est pas mon chemin.

Comme Saniel était déjà monté dans son coupé, Héline s'approcha de la portière :

— Quand tu auras besoin de mon avoué, demande-moi une lettre pour lui, je la ferai explicite, de façon que tu n'aies à t'occuper de rien. A bientôt !

Il avait raison, le notaire ; *non* se dit tout de suite, et si Saniel n'avait pas répondu à ces propositions de mariage par un refus immédiat, c'est qu'il était hésitant.

Depuis qu'il avait trouvé la maison vide après le départ de sa femme, il n'avait jamais pensé qu'il pouvait rompre son mariage pour en contracter un second : l'épreuve du premier suffisait ; et l'idée d'une femme qui serait la sienne, comme celle d'un nouveau mariage, ne traversaient même jamais son esprit. Oui, sa vie était solitaire ; oui, sa salle à manger était vide ; oui, son éternel tête-à-tête avec soi-même était triste ; mais il avait d'autres tristesses plus âpres et plus profondes, dans son existence qui affaiblissaient l'intensité de celles-là.

Et voilà cependant que sous la parole de son ancien camarade, tout à coup, un monde de pensées nouvelles, de rêves, d'espoirs, s'était éveillé en lui.

Servie par la fortune, jusqu'où son ambition ne le porterait-elle pas, au lieu de continuer à le traîner dans les luttes mesquines qu'il soutenait au jour le jour depuis sa jeunesse ? Et ce n'était pas une illusion de rêve d'admettre que cette riche veuve pouvait lui donner cette vie décente et digne, douce et heureuse, honorable et honorée, dont parlait Héline. A quelque rang qu'il montât et qu'elle montât avec lui, elle y ferait belle figure, partout à sa place si en vue qu'elle fût, suffisamment jeune encore, jolie et intelligente. De même ce château de Venette, qu'il n'avait qu'entrevu, mais dont la noble ordonnance, les combles aux pentes rapides, les hautes cheminées, les fenêtres ouvragées, les écuries, les serres, les jardins, le parc et ses interminables murs de clôture lui étaient restés dans les yeux. donneraient à son existence mondaine un côté décoratif qui la compléterait convenablement.

Il respirerait donc enfin à l'abri des orages, heureux, tranquille.

A la vérité, pour que ce second mariage se fît, il fallait que le premier fût rompu, et si le divorce semblait facile à obtenir pour Héline — simple affaire d'avoué à avoué — il n'en était pas de même pour lui.

Comment sa femme accueillerait-elle cette demande? Quelle réponse lui ferait-elle si elle l'acceptait, et quelle si elle la repoussait ?

Ce n'était point une affaire à laquelle des avoués pouvaient être mêlés, au moins dans ses premières négociations, et il devait la traiter lui-même, s'il parvenait à surmonter le sentiment de répulsion qui l'arrêtait à la pensée seule de l'aborder.

Depuis que Philis l'avait quitté, il ne l'avait pas revue, et jamais il n'avait eu d'elle des nouvelles directes ; quelquefois seulement, au mois de mai ou de juin, dans le compte rendu du Salon, il lisait son nom ; mais ce n'étaient que quelques mots brefs, une rapide mention, qui ne lui apprenaient rien, si ce n'est qu'elle continuait la peinture, dont elle vivait sans doute. Sa mère était-elle morte ? Il l'ignorait. Et c'était vaguement qu'il savait qu'elle habitait les Ternes pour avoir vu son adresse dans un livret du Salon, qui par hasard un jour lui était tombé sous les yeux.

Ce nom, il le cherchait d'ailleurs, et ce n'était jamais sans un tressaillement qu'il le trouvait :

Quand il arriva à Passy, à la porte de la malade qu'il venait voir, son parti était pris : cette entrevue avec sa femme, il l'aurait le soir même.

Cette malade était la fille d'un architecte ; sa visite faite, il passa avec le père dans le bureau de celui-ci pour écrire son ordonnance et, quand elle fut finie, il l'expliqua ; cependant, si attentif qu'il parût être à rendre claires ses explications, il suivait son idée :

— N'auriez-vous pas un livret du Salon ? dit-il.

— Certainement ; le livret c'est notre *Bottin*, à nous qui sommes en relations avec les artistes.

— J'ai une adresse à chercher.

Comme s'il avait besoin de plus de lumière, il s'approcha de la fenêtre ; en réalité, il voulait qu'on ne vît pas le nom qu'il cherchait ; tout de suite, il le trouva :

« *Cormier* (Mme Philis), élève de son père et de M. Glorient, impasse Félicie, n° 5, aux Ternes.

» 594. *Five o'clock.*

» 595. *Pastorale.* »

— Je ne connais pas cette impasse, dit le cocher quand Saniel lui donna l'adresse.

— Ni moi non plus ; quand vous serez aux Ternes vous demanderez ; vite, je suis pressé.

Ce qui pressait Saniel, c'était l'anxiété de prévoir

ce qu'allait être leur entretien, et l'accueil que Philis lui ferait. Plus d'une fois, depuis qu'elle avait quitté sa maison, il avait relu sa lettre et il la savait par cœur :

« Rien ne peut plus nous réunir jamais ; rien ne nous réunira, aucune considération, aucune nécessité. »

Le temps avait-il atténué la violence de cette résolution, ou bien, au contraire, l'avait-il affermie ? Il était impossible de s'arrêter raisonnablement à l'une de ces suppositions plutôt qu'à l'autre :

« Je repousse le passé, ce passé coupable dont la responsabilité pèse si lourdement sur ma conscience, et je voudrais perdre la mémoire d'un temps détesté. »

L'avait-elle perdue, cette mémoire, et en la perdant était-elle revenue sur la décision qui l'avait fait partir :

« Il me serait impossible d'accepter la lutte, ni des supplications s'il vous convenait d'en faire. J'ai tranché nos liens et nous serons désormais aussi loin l'un de l'autre que si l'un de nous était mort, plus loin encore. »

Se conformant à l'ordre reçu, le cocher avait marché vite et, par la rue de la Pompe, il n'avait pas tardé à arriver à l'avenue des Ternes ; là, il avait interrogé un sergent de ville, et, presque aussitôt, Saniel s'était trouvé dans une rue de village bordée de murs sales, avec çà et là des ateliers d'entrepreneurs, des chantiers, des remises, des étables de nourrisseurs ; — la banlieue et toutes ses pauvretés, ses tristesses, ses misères.

Son coupé s'arrêta devant une barrière peinte en vert, ouverte dans un mur, dont le chaperon moussu était fleuri de giroflées jaunes : le n° 5 de l'impasse Félicie.

— Au rez-de-chaussée, à gauche, au fond du jardin, répondit la concierge.

Par une allée pavée, il traversa ce jardinet, que des treillages verts divisaient en petits compartiments de dimensions égales, et sonna à la porte qui lui avait été indiquée. En attendant qu'on lui ouvrît, il constata que son cœur, qui depuis longtemps restait insensible aux émotions, battait plus vite.

Ce fut une petite bonne, jeune, à l'air simple et discret qui se présenta ; à sa demande, elle répondit que madame Cormier était sortie pour promener sa mère sur le boulevard des fortifications, mais qu'elle ne tarderait pas à rentrer ; puis, tout de suite se ravisant, après avoir constaté à la tournure de Saniel et à sa décoration qu'elle avait devant elle un personnage important :

— Si monsieur le désire, je peux aller chercher madame.

— Volontiers.

— Que monsieur entre dans l'atelier, je reviens tout de suite.

Elle partit en courant.

Saniel, qui ne s'était pas assis, regarda autour de lui : c'était un salon bien plus qu'un atelier, la pièce où on l'avait fait entrer, éclairée par une fenêtre et une porte vitrée ouverte sur le jardin ; devant cette porte, en plein jour, sur trois petits chevalets rangés les uns à côté des autres, se trouvaient trois toiles commencées qui, toutes les trois, représentaient le même sujet et étaient au même point d'avancement, menées de front évidemment et en même temps. Sur un bahut étaient posés deux petits tableaux encadrés : l'un montrait quelques jeunes femmes élégantes peintes dans une gamme claire et enlevée avec chic, réunies dans un salon luxueux, autour d'une table chargée de gâteaux et d'un samovar en argent niellé ; comme il avait gardé son numéro d'exposition, 594, Saniel reconnut le *Five o'clock*, qu'il avait vu annoncé dans le livret ; de même que dans l'autre, 595, il reconnut la *Pastorale*, et la réunion de ces deux petites toiles, restées depuis près d'un an sur ce bahut, lui dit que Philis ne vendait pas tous les jours sa peinture facilement.

D'ailleurs, à défaut de cette indication typique, l'ameublement du salon d'une simplicité tout à fait primitive le lui eût appris, et mieux encore la vue d'une grande table placée devant la fenêtre avec des godets en porcelaine et des verres dont l'eau était salie par le lavage de pinceaux pour l'aquarelle. N'était-ce pas sur cette table qu'elle travaillait autrefois dans son petit logement des Batignolles, quand, pour vivre et pour faire vivre sa mère, elle peignait des menus ? Sans doute elle avait été obligée de reprendre ce travail pour suppléer à ce que la peinture ne lui donnait pas.

Un bruit de pas légers sur le pavé de l'allée lui fit tourner la tête, et en regardant par la porte-fenêtre il vit venir une grande et svelte jeune femme, vêtue d'une robe de mérinos noir en forme de blouse, tombant sur une jupe à plis ; elle avait si peu changé que c'était à se demander s'ils n'étaient séparés que depuis quelques mois : même coiffure aux boucles épaisses descendant jusqu'aux sourcils ; même fraîcheur des lèvres, avec leur carnation couleur de fraises ; même désinvolture, même élégance naturelles ; mais les beaux yeux sombres d'autrefois s'étaient assombris encore.

VIII

En entrant, elle s'inclina ; puis, ayant relevé la tête, elle resta immobile, et Saniel vit, à la surprise qui s'était tout d'abord traduite sur son visage, succéder l'effroi et l'horreur.

— Vous ici ! s'écria-t-elle.

Elle recula.

— J'ai à vous parler.

— Moi, je n'ai rien à vous dire, rien à entendre de vous.

Elle hésita un moment, éperdue ; puis allant à la porte-fenêtre, elle la ferma pour qu'on n'entendît pas du dehors ce qui allait se dire, et, la tête haute, elle attendit ; mais malgré cette contenance qu'elle voulait se donner, elle tremblait, ses lèvres décolorées frémissaient et elle n'osait lever les yeux sur lui, les jetant çà et là avec égarement.

Lui aussi était troublé et profondément ému, mais ce trouble et cette émotion, qu'il s'étonnait de ressentir si vivement, ne l'empêchaient pas de la regarder.

Depuis leur séparation, il ne l'avait jamais vue, lorsqu'il pensait à elle, si jolie qu'il la retrouvait ; les années avaient effacé et pâli l'impression gardée, comme elles eussent fait d'une photographie mal fixée, et devant les yeux de sa mémoire elle flottait avec l'indécision d'une ombre insaisissable ; jolie, disait le souvenir, mais d'un charme vague et non avec cet éclat que lui donnait la réalité.

D'un bond, il revenait de dix années en arrière : quand il l'avait pour la première fois rencontrée. Comme elle l'avait aimé ! et lui-même, quelle douceur de sentiment elle lui avait fait connaître ! C'était le beau temps de sa jeunesse dure, les heures radieuses, le court printemps qui lui avaient laissé des impressions d'autant plus intenses qu'elles avaient été plus rapides, et qu'elles ne se confondaient pas avec d'autres du même genre. Dans sa vie de travail et de lutte, les femmes n'avaient tenu aucune place, une seule exceptée, celle-là même, la sienne, et ce qu'il avait eu de bon dans cette vie tourmentée, les seuls souvenirs qu'il se rappelât avec un plaisir sans mélange, c'était elle qui les lui avait donnés.

Elle attendait toujours.

— Je vous regarde, dit-il.

— Ce n'est pas pour me regarder que vous êtes ici, malgré ma défense ?

— Non. Je pense au passé, à nos journées heureuses, à notre amour...

— Epargnez-moi ces souvenirs qui sont ma honte.

— Ils sont mon bonheur, à moi, et votre vue les évoque comme un parfum qui me pénètre. J'ai eu des succès ; j'ai obtenu, au prix d'un travail acharné, des triomphes dans lesquels j'avais mis mon ambition et ma gloire: que pèsent-ils aujourd'hui à côté de ces journées heureuses ; que m'ont-ils donné qui vaille une heure de cet amour ?

— Pourquoi me dites-vous cela ?

— Parce que c'est l'expression de ce que je ressens en vous voyant.

— Que m'importe ! je n'ai pas besoin de le savoir.

— Moi, j'ai besoin de le dire.

— Je vous ai écrit en quittant votre maison.

— Croyez-vous que j'aie oublié cette lettre si implacablement cruelle ?

— Je me le demande en vous écoutant. Ne vous ai-je pas dit que nous serions désormais morts l'un pour l'autre ?

— Vous n'avez jamais été plus vivante pour moi.

— D'un instant à l'autre, ma mère peut rentrer ; il ne faut pas qu'elle vous trouve ici ; votre vue la frapperait d'un coup que je dois lui éviter, comme vous le devez vous-même, il me semble. Partez donc vite.

— Que sait-elle ?

— Que j'ai dû m'éloigner de vous.

— Parce que? demanda-t-il d'une voix sourde.

— Parce que nous ne pouvons être désormais qu'étrangers l'un pour l'autre.

Saniel parut éprouver un soulagement; son regard dur et sombre, pendant qu'il attendait la réponse à sa dernière question, s'éclaira:

— Je n'ai donc qu'à lui prouver, dit-il, que nous devons, au contraire, être désormais unis l'un à l'autre, pour que ce coup, que vous craignez, ne la frappe pas; et c'est facile.

— Vous ne parlerez pas à ma mère! s'écria-t-elle résolument.

— Je n'y tiens pas; c'est pour vous que je suis venu, non pour elle.

— Je vous écoute.

— Vous voyez que j'ai eu raison de vous résister quand vous me demandiez de sortir: c'est vous maintenant qui voulez que je parle; ce qui prouve qu'au-dessus de nos volontés, de la vôtre comme de la mienne, il y a nos sentiments, les vôtres comme les miens, dont nous ne sommes maîtres ni l'un ni l'autre.

— Ne vous méprenez pas sur mes sentiments; en disant que je vous écoute, je n'ai qu'une pensée, qui est d'abréger cet entretien, que vous m'imposez... malgré moi... chez moi.

— Puisque vous le voulez, abrégeons-le: quand reprendrez-vous dans ma maison, la vôtre, la place qui vous appartient?

Elle poussa un cri étouffé en jetant ses mains en avant, dans un mouvement d'effroi.

— N'êtes-vous point ma femme ?

— Vous dites que vous n'avez pas oublié ma lettre.

— Que prouve cette lettre ?

— L'horreur que vous m'avez inspirée le jour où j'ai découvert l'effroyable vérité.

En face l'un de l'autre, à deux pas, ils se regardaient, et lui qui, autrefois, la dominait de toute son autorité, était surpris de trouver dans les yeux qu'elle fixait sur les siens une force de résistance qu'il ne connaissait pas chez elle. D'ailleurs, la réponse qu'elle venait de faire ne lui laissait pas une entière liberté ; cent fois, mille fois, il s'était demandé comment elle avait été amenée à se séparer de lui, quels faits précis avaient inspiré sa lettre de rupture, et ce qu'il y avait au juste derrière l'horreur qu'elle manifestait en restant cependant dans un certain vague ; le moment était venu de l'apprendre ; et, avant d'aller plus loin, il fallait, coûte que coûte, qu'il lui posât la question qu'il s'était si souvent adressée sans la résoudre.

— Quelle vérité ? dit-il.

— Celle que le remords a arraché à votre sommeil.

Ce n'était pas là ce qu'il voulait, au moins tout ce qu'il voulait ; mais c'était déjà un point d'obtenu et même un point capital.

— Et c'est sur une parole prononcée dans un rêve, sous le poids d'une hallucination, alors que nous ne sommes maîtres ni de notre raison ni de notre volonté, que vous avez brisé notre vie!

Bien qu'il se fût appliqué à ne pas laisser paraître la satisfaction que lui causait cette réponse, elle avait cependant saisi la différence d'accent entre l'angoisse de la demande et la tranquillité de la réplique.

— Un rêve, n'est-ce pas? dit-elle, on ne s'inquiète pas d'un rêve, ni des paroles qu'il laisse échapper! Ne vous hâtez pas de triompher, car ce triomphe serait un nouvel aveu. Est-ce que ce rêve de votre nuit hallucinée n'était pas la continuation de vos hallucinations et de vos terreurs du jour! N'oubliez pas que j'ai pu vous suivre depuis le moment où, pour la première fois, vous me disiez qu'il vous était facile d'échapper à la misère en prenant dans la caisse de Caffié, après l'avoir étranglé, les quelques milliers de francs qui vous étaient nécessaires, ce que vous feriez d'autant plus tranquillement que les gens intelligents n'ont pas de remords, puisque pour eux la conscience n'existe pas. Si j'ai pu un moment ne pas attacher d'importance à ces paroles, que je prenais pour une opinion de conversation, vous n'avez pas tardé à leur donner vous-même toute leur valeur. Après l'assassinat de Caffié et le vol des trente-cinq mille francs pris dans sa caisse, vous avez gardé un calme parfait et, alors que le travail et le souci de vos concours auraient pu vous jeter dans la fièvre, vous avez montré au contraire une tranquillité et une sécurité d'humeur que je ne connaissais pas en vous. Que vous importe l'assassinat de Caffié; la justice tient son coupable qui doit être le bon, puisqu'il y a des charges sérieuses contre lui! Il est vrai que ce coupable est mon frère, ce qui devrait vous toucher; il est vrai que vous le savez innocent, ce qui devrait aussi vous troubler; mais non, vous gardez votre sérénité. A un moment cependant, vous la perdez et l'angoisse vous accable : c'est quand il semble que l'innocence de Florentin va être reconnue : elle ne l'est pas; il est condamné...

— Ne l'ai-je pas défendu?

— Vous l'avez laissé condamner; vous l'avez fait condamner. Dès lors, il ne semblait pas qu'il dût y avoir des raisons pour que votre vie ne fût pas ce qu'elle aurait été; cependant elle est bouleversée. J'en ai été le témoin, ne l'oubliez pas. Jour par jour, j'ai vu vos agitations inexplicables pour moi à ce moment, vos angoisses et vos défaillances, vos effarements, vos affolements, la nuit, vos réveils en sursaut en vous écriant: « Qu'ai-je dit? » et, ce qui était plus inexplicable encore chez un homme tel que vous, maître autrefois de sa volonté, le besoin d'appui que vous cherchiez dans une femme.

— Quand je m'abandonnais à un sentiment de tendresse, vous m'épiiez!

— Que n'ai-je pas fait pour fermer mes yeux à l'évidence et boucher mes oreilles! Mais vous ne pouviez pas ne pas vous trahir. N'était-ce pas un aveu, votre crainte de vous voir observé par moi; un aveu, votre colère quand vous supposiez qu'une arrière-pensée se cachait derrière les questions que je vous posais à propos de choses insignifiantes pour moi, mais qui pour vous étaient mystérieuses sans doute;

un aveu, vos emportements, et plus décisif encore celui que criaient vos retours de tendresse quand vous voyiez mon étonnement? Pourquoi ne pouviez-vous pas supporter que le nom de Caffié fût prononcé? Pourquoi celui de Florentin vous rendait-il malheureux? Si attentive que je fusse à ne pas augmenter votre trouble et vos défiances en vous laissant deviner mes sentiments, vous ne pouviez pas ne pas remarquer mes angoisses. Ce fut alors que l'idée vous vint de m'hypnotiser pour m'interroger dans mon sommeil et savoir jusqu'où allaient mes soupçons. Vous m'en avez fait la demande et, malgré mon refus, j'ai la certitude que vous avez essayé de transformer en artificiel mon sommeil naturel. Avez-vous réussi? Je n'en sais rien, bien que, me réveillant, je vous eusse surpris plusieurs fois auprès de mon lit, avec des yeux dont la fixité m'effrayait. Mais enfin si vous m'avez endormi et si j'ai parlé, vous avez dû voir que cette femme qui vous épiait, dites-vous, n'osait aller au fond du mystère qu'elle pressentait dans votre vie, et devant lequel elle s'arrêtait paralysée par l'horreur, s'accusant d'aberration, de folie, de perversité plutôt que de vous accuser et d'aller jusqu'où vous la poussiez vous-même. Je n'avais, je le sentais, qu'un pas à faire pour découvrir la vérité; mais ma tendresse pour vous et le respect de mon amour m'empêchaient de le franchir. C'est dans ces circonstances qu'une nuit, celle qui a précédé mon départ, vous entendant pousser des plaintes plus fortes et plus douloureuses que celles qui bien souvent vous échappaient dans votre sommeil, je voulus aller à votre secours; la porte de votre chambre était fermée au verrou, mais je vis que la fenêtre de la terrasse était ouverte, j'allais entrer par là quand deux mots prononcés distinctement m'arrêtèrent : « Philis... pardonne... » Je m'arrêtai émue. D'autres mots tout aussi distincts suivirent ceux-là : « Ton frère... ou moi... »

Elle le regarda : il ne broncha pas; mais son visage convulsé s'était décoloré.

— Est-ce là une parole incohérente, échappée à un rêve insignifiant ? dit-elle d'une voix sourde comme si elle avait honte de formuler la conclusion de sa réponse; n'était-ce pas l'aveu de votre crime, et pouvais-je partager la vie d'un assassin ?

Comme il se taisait, elle reprit :

— Vous ne le rétractez donc pas, cet aveu ?

— L'ai-je jamais tenté ? répondit-il la tête haute et sans détourner les yeux.

Elle frissonna.

— Je ne l'aurais pas fait la nuit où ma tendresse vous demandait pardon de la douleur que je vous causais ; je le ferais bien moins encore aujourd'hui. Si vous avez vu mes inquiétudes après la mort de Cafflé, vous avez vu aussi mes angoisses désespérées avant cette mort, puisque jusqu'à un certain point vous les avez partagées. Lui ou moi ; c'était la bataille de la vie, la lutte pour l'existence engagée de telle sorte que l'épargner c'était me condamner moi-même au suicide. La mort de Cafflé était nécessaire dès là que le hasard nous avait mis en présence. Et je dirai plus : elle était raisonnable, en quelque sorte imposée ; non un crime par conséquent, mais simplement un acte de violence, celui que commet le fort envers le faible. D'ailleurs, ne l'aviez-vous pas vous-même condamné?

— Ne me faites pas dire cela ! s'écria-t-elle ; déjà vous l'avez essayé alors que vous prépariez son meurtre, et je me souviens très bien de vous avoir répondu que, si Cafflé, avait, par sa dureté, ses vols et ses infamies, mérité dix fois la mort, c'était la main de la justice humaine ou providentielle qui devait le frapper, non la vôtre.

— Et vous aviez vos raisons pour parler ainsi, comme moi, de mon côté, j'avais les miennes pour agir comme je l'ai fait. Nous ne sommes pas de la même race. Vous êtes une affinée, une civilisée. Je suis un rustre, un paysan, un être près de la nature, et vous savez bien que la nature enseigne la violence : c'est par la violence qu'ont vécu les premiers hommes pendant des milliers d'années : le faible, la proie du fort.

— Est-ce pour me convertir à cette foi scientifique que vous êtes ici?

— Vous convertir, non. Vous faire comprendre, oui. Et c'est ce que je tente, puisque notre vie est engagée dans cette explication. Ouvrez les yeux, voyez ce qui se passe chez les animaux, tous les animaux, ceux de la terre, de l'air, des mers ; l'animal qui a faim tue.

— Ce sont des animaux.

— Chez les sauvages, le sauvage qui a faim tue.

— Ce sont des sauvages.

— Croyez-vous que les paysans aient monté assez d'échelons pour être loin des sauvages? Et je vous le répète, j'étais un paysan, un sauvage, si vous voulez, en tout cas assez près de la nature pour subir le besoin de la violence. D'un autre côté, par l'éducation que j'avais reçue, j'étais assez cultivé pour savoir que celui qui commet un meurtre d'une façon scientifique et raisonnée, en s'entourant des précautions que son intelligence met à son service, écarte de lui tout danger et n'a rien à craindre, ni de la loi sociale, puisqu'il ne sera pas découvert, ni de lui-même, puisque son éducation philosophique lui a appris que la conscience n'existe pas.

— Vous voyez bien que ce que vous disiez de la conscience, lorsque vous parliez de la mort de Cafflé, n'était pas un propos en l'air.

— Je parle de l'état dans lequel je me trouvais au moment où les circonstances me mirent en présence de Cafflé, non d'un autre. Qu'était Cafflé? Vous l'avez dit vous-même : un gredin qui avait mérité dix fois la mort et qui, de plus, âgé, malade comme il l'était, avait quelque mois à peine à vivre, quelques semaines peut-être d'une existence misérable. Qu'étais-je moi-même? Vous le savez aussi, sans que j'aie besoin de le dire: vous avez été le témoin de mes travaux, la confidente de mes espoirs, et l'avenir a montré que je ne me perdais pas dans de folles illusions. Faute de quelque mille francs, espoirs et travaux allaient être anéantis ; à la veille d'être médecin des hôpitaux et agrégé, il fallait quitter Paris; sur le point de voir les expériences poursuivies depuis de longues années donner les résultats que j'attendais, j'étais jeté sur le pavé, et de tant d'efforts, de tant de labeurs, de tant d'espérances, il ne restait rien. Nous étions séparés...

— Vous saviez que je vous suivrais.

— Qu'eût été notre vie ?

— Une vie d'honneur, de bonheur.

— Pour moi, à ce moment, il n'y avait pas d'autre issue. Mais personne n'est aujourd'hui ce qu'il était hier, ne sera demain ce qu'il a été aujourd'hui. Dire : « Je ferai », ne ressemble en rien à dire « J'ai fait. » Il vint un jour où cet acte de violence, qui m'avait paru nécessaire et conséquemment naturel lorsque je l'avais commis, me fut insupportable; un jour où la brutalité de la brute fut un sujet d'horreur pour l'homme civilisé, forcé de reconnaître qu'il avait mal pesé son acte de violence, qui dès lors changeait de nom et devenait un crime. Ce n'est pas en quelques années que l'humanité s'est élevée en s'affranchissant peu à peu des fatalités de son origine ; pour l'homme, cette évolution est lente aussi. Vous avez vu comment elle s'est accomplie en moi ; comment elle a enfiévré mes journées et halluciné mes nuits ; comment elle m'a fait l'esclave et la victime de mon crime.

Il passa la main sur son front comme pour écarter le poids de ses souvenirs.

— Témoin de ces tortures, vous m'avez cependant écrit votre lettre et, sans m'avoir entendu, vous vous êtes séparée de moi, malheureux. Je ne vous accusa pas ; je n'accuse personne, jamais, en aucune circonstance, et vous moins que tout autre, car je me dis que vous ne saviez pas sans doute à quel point un mot de soutien, une parole de sympathie venant de vous après la découverte de la vérité m'eussent été utiles et doux. Au lieu de cette compassion, votre lettre m'a asséné le coup le plus dur qui m'eût encore frappé. Je me suis demandé, sans comprendre, comment il me venait d'une femme, d'une femme en l'amour de qui j'avais foi, au lieu du pardon que dans mon sommeil j'implorais d'elle, et ces yeux qui ne connaissaient pas les larmes ont pleuré, ce cœur que je croyais de pierre s'est amolli ; c'est la douleur de l'abandon qui m'a appris à sentir la grandeur de mon amour.

Il s'arrêta, mais Philis ne répondit pas ; après un court instant de silence, il reprit :

— Enfin j'étais seul... Quand vous partagiez ma vie vous avez vu quels étaient mes tourments, il est inutile que je parle de ceux qui ont suivi votre départ, dans ma solitude et mon abandon. Il arriva une heure où ils furent intolérables. A l'homme qui a commis un crime, la loi impose une punition ; mais quand la loi, pour une raison quelconque, n'intervient pas par le châtiment, il y a à côté d'elle et au-dessus le rachat et l'expiation ; tel était le droit des anciens Francs, chez qui le criminel se rachetant par une somme d'argent devenait le protégé de la justice ; et tel sera sans doute celui de l'avenir, où le criminel sera considéré comme un débiteur qui doit payer la dette que son crime lui a fait contracter... Je ne sais si depuis notre séparation vous avez entendu parler de moi?

— J'aurais voulu vous oublier, si notre malheur avait rendu l'oubli possible à notre désespoir.

— Eh bien, il suffit de dire que, des grosses sommes que j'ai gagnées depuis votre départ, il ne m'est rien resté et que je suis aussi pauvre aujourd'hui que lorsque notre vie était commune. De même il suffit de dire aussi que pas une souffrance ne s'est adressée à moi, ou ne m'a été signalée, sans que j'aie tout fait, tout quitté pour la soulager. Et ces tourments intolérables se sont peu à peu apaisés; la vie les a usés : aujourd'hui que ma dette est payée, le calme est aussi complet en moi, plus complet qu'avant que, pour notre malheur à tous, la fatalité mît Caffié sur mon chemin, et, si vous reprenez dans notre maison la place qui est la vôtre, ce ne sera point auprès du malheureux affolé que vous avez fui, mais auprès d'un homme maître de soi et qui est arrivé dans le monde à ce degré de considération et d'estime, que, s'il commettait un crime, — ce qui ne sera pas, je vous le jure, — personne n'admettrait qu'il en pût être coupable, alors même que Caffié sortirait de sa tombe pour l'accuser.

Il prononça ces derniers mots avec une tranquille assurance, qui disait combien sa conviction était sincère, et il attendit.

— Et maintenant, demanda Philis, vous permettez que je parle?

— Je vous en prie.

— Vous dites que si Caffié sortait de sa tombe pour vous accuser, personne ne le croirait? Et Florentin et madame Dammauville, les croirait-on?

Elle vit que le regard qu'il tenait fixé sur elle se troublait et s'abaissait; mais presque aussitôt il se releva:

— Florentin! j'allais vous parler de lui. Vous ne croyez pas que je ne pense pas à lui; les paroles échappées à mon sommeil sont la preuve de ma préoccupation : n'était-ce pas lui qui me faisait vous demander pardon? Ma dette est grosse, mais, quelle qu'elle soit, non telle cependant que je ne puisse la lui payer.

— La lui payer... maintenant!

— Dans quelques mois il aura subi la moitié de sa peine; ce sera le moment d'obtenir sa grâce et je l'obtiendrai : la demandant pour le frère de ma femme, on ne pourra pas me la refuser; alors...

Levant la main, elle l'interrompit et, l'abaissant, elle montra sa robe noire :

— La mort, plus pitoyable que vous dans sa clémence, vous a devancé.

Il laissa échapper une sourde exclamation et resta silencieux sans trouver un mot à dire, ou sans oser prononcer ceux qui lui montaient aux lèvres.

Elle reprit :

— Cette mort déroute vos arrangements, et vous ne pourrez pas vous libérer de votre dette facilement, à votre heure, comme vous l'espériez. A qui payerez-vous ses souffrances, maintenant, ses tortures, son agonie, au bagne où vous l'avez envoyé à votre place, quand vous n'aviez qu'un mot à dire pour le sauver? Quelle somme d'argent donnée les rachètera? Irez-vous trouver les magistrats et leur crierez-vous : « Rendez l'honneur à l'innocent; je suis le coupable? » Et alors même que vous auriez ce courage, lui rendriez-vous la vie; pour nous, sa mère, sa sœur, effaceriez-vous les douleurs et les humiliations que depuis bientôt dix ans vous nous avez infligées et dont, jusqu'à la fin de notre vie, nous porterons le poids écrasant, tandis que vous, dans l'exercice apparent de la charité, de la générosité, du dévouement, vous gagniez ce calme dont vous êtes si fier. Et pour vous aider à jouir de ce calme avec plus de sérénité, vous me demandez de reprendre ma place dans votre maison, en me promettant que ce ne sera point auprès d'un malheureux affolé par le remords. Et vous me reprochez d'avoir été cruelle en me séparant de vous... malheureux! moi une femme, moi votre femme, sans pitié pour les tourments de votre conscience qui n'avait pas encore trouvé un moyen ingénieux de payer sa dette! Cette femme était une sœur, ne l'oubliez pas. C'était le bourreau de son frère qu'elle abandonnait; comme aujourd'hui, c'est l'assassin de son frère qu'elle repousse avec plus d'horreur encore que celui de Caffié et de madame Dammauville. Il y a une soirée qui marque dans votre vie et que vous n'avez pas dû oublier, — en tous cas, dont moi j'ai gardé le souvenir, — c'est celle de la mort de madame Dammauville, quand vous êtes rentré chez vous certain qu'elle allait parler et vous accuser d'être celui qu'elle avait vu assassiner Caffié : vous étiez éperdu et votre physionomie exprimait une tristesse désespérée; comme je vous interrogeais, au lieu de me répondre par une confession qui m'eût jetée dans vos bras, vous m'avez parlé de votre tendresse et de votre amour, en me demandant de me rappeler cette soirée quand je voudrais vous juger. Cette heure du jugement que vous redoutiez alors, c'est aujourd'hui qu'elle sonne. Oui, j'aurais pu avoir des paroles de pitié et de pardon pour le malheureux qu'un moment d'égarement avait entraîné au crime ; mais je ne peux en avoir que d'horreur pour l'assassin de madame Dammauville et le bourreau de mon frère, pour celui qui, de crime en crime, en est arrivé jusqu'à laisser condamner à sa place l'innocent. Parlez d'expiation, de dettes payées, de considération, d'honneurs, de sécurité; entassez mensonge sur mensonge pour vous tromper vous-même. Vous êtes habile en plaidoyers; moi, je ne suis qu'une femme ignorante, mais, ces crimes qui vous paraissent si légers, je les vois au-dessus de vous, vous couvrant du froid de leur ombre jusqu'au jour où ils retomberont sur votre tête, foudroyants. Croyez en vous; moi, je crois en la justice des choses ; ce n'est pas la première fois que je vous le dis : son jour viendra.

— C'est votre dernier mot?
— Fasse le ciel !

IX

La réponse de Philis avait été si véhémente que Saniel sortit étourdi.

Venu pour lui proposer de divorcer, il lui avait, au contraire, demandé de recommencer la vie commune, et cela de bonne foi, en se laissant reprendre au passé ; et non pas par habileté, non pour l'obliger à un refus qui rendît le divorce nécessaire.

Quelle puissance cette femme exerçait-elle donc sur lui, qu'après tant d'années elle le dominait encore si complètement ? Déjà une fois, alors que tout lui faisait une loi de l'éloigner, il avait subi cette folie et, au lieu de se séparer d'elle, il l'avait épousée ; quand ses efforts devaient tendre à se dégager de son crime et à écarter tout ce qui pouvait le rappeler à lui-même comme aux autres, il avait justement pris le moyen le plus sûr pour le river à son souvenir et lui donner un corps palpable qu'il aurait sans cesse devant les yeux. Et voilà que cette folie, cette défaillance, humaine peut-être, mais par cela même précisément indigne de lui, il avait failli la recommencer ! La belle affaire vraiment ! Et comme ceux-là qui se croient les plus fermes sont facilement le jouet d'une surprise !

Avant d'atteindre la porte de la rue, il avait retrouvé son sang-froid.

Décidément il valait mieux qu'il en fût ainsi.

— A la maison, dit-il à son cocher en remontant dans son coupé ; au premier bureau télégraphique que vous trouverez sur votre chemin, vous arrêterez.

Il prit dans une poche de sa voiture une feuille de papier pour écrire à Héline la dépêche qui allait être le premier acte de la demande en divorce : évidemment le mieux pour lui était de brusquer les choses, et de ne pas rester sous l'impression de cette entrevue. Madame Ranson lui ferait oublier Philis. Dans les dispositions où celle-ci se trouvait, il n'y avait pas à craindre qu'elle s'opposât au divorce, ce qu'elle ne pourrait faire qu'en réintégrant le domicile conjugal, comme disait Héline ; et il n'y avait pas à craindre non plus que, pour se défendre, elle parlât. Que pourrait-elle dire d'ailleurs qui reposât sur une base solide ? Quelle importance peuvent avoir des paroles prononcées dans un rêve ? Et quelle valeur peut-on attribuer à un prétendu aveu qui n'a pas eu de témoins ?

Comme il écrivait les premiers mots de sa dépêche, un brusque arrêt de son cheval écrasa sa plume sur le papier. Il regarda par la portière et vit qu'en tournant le coin de l'impasse son cocher avait failli heurter une vieille femme qui traversait la rue : vêtue de noir, elle marchait difficilement, à pas lents et traînés, le dos voûté, en s'appuyant au bras de la jeune servante qui lui avait ouvert, et il ne fallait pas un effort d'imagination pour deviner que c'était la mère de Philis rentrant de sa promenade.

Sans la servante il ne l'eût peut-être pas reconnue, tant elle était changée, vieillie, ratatinée, fondue, n'ayant plus que la peau sur les os, les membres ankylosés, le visage ridé avec des sourcils blancs sous lesquels ses yeux noirs avaient encore cependant un certain éclat : il la voyait d'autant mieux qu'elle se tenait le visage tourné vers le coupé, regardant.

Mais le cheval reprit vite son allure, et elle, de son côté, continua son chemin.

Quand elle entra dans l'atelier, Philis vint au-devant d'elle pour la débarrasser de son manteau et de son chapeau, car elle ne pouvait pas plus s'habiller que se déshabiller sans aide.

— Eh bien, dit-elle, es-tu contente ?

— Contente ? répéta Philis machinalement sans savoir ce qu'elle disait, car elle était encore trop profondément bouleversée pour se remettre si vite.

— Je viens de rencontrer ton acheteur, qui a même failli m'écraser : au cheval, à la voiture, au cocher j'ai vu que c'était un acheteur sérieux. Avez-vous fait affaire ?

— Non.

— Lui as-tu parlé de tes tableaux pour le Salon de cette année ?

— Non. A quoi bon.

— Tu as eu tort. Tu lui en aurais dit seulement quelques mots, en passant, que son attention eût été éveillée. Au reste, elle s'éveillera bien toute seule quand il les verra : tu n'as jamais fait aussi bien.

Certainement, cette année, ils ne pourront pas ne pas te donner une médaille.

— Ah ! cette année.

— Quoi, cette année ? Tu n'as pas trente-quatre ans, ton talent s'est formé, tu as acquis une facilité d'exécution tout à fait remarquable, c'est Cintrat lui-même qui le dit, et il s'y connaît, je pense ; il n'est donc pas trop tard pour faire ta place : Corot avait cinquante ans quand le public a commencé à apprendre son nom ; ton père en avait quarante passés.

Surprise dans un premier moment de trouble, Philis n'avait pas eu le temps de se remettre et de reprendre l'attitude qu'elle avait toujours avec sa mère : jetée hors d'elle-même, elle avait répondu sous l'impression désespérée qui l'oppressait au sortir de cet entretien avec son mari ; maintenant il fallait qu'elle revînt aux bonnes paroles que la pauvre femme aimait.

— Tu as raison, dit-elle ; mais, que veux-tu, il y a des heures où l'injustice vous agace.

— J'ai vu plus d'une fois ton père sous le coup de ces défaillances ; mais il s'en remettait.

— Et je m'en remettrai aussi, sois certaine. Quand même ma peinture ne se vendrait plus, j'ai au moins ces machines-là.

Elle montra les trois toiles en train sur les chevalets.

— Et, si les ressources qu'elles donnent venaient à manquer aussi, j'aurais mes menus ; les riches donneront encore à dîner et j'aurai toujours assez d'habileté de patte pour leur fabriquer à la douzaine des petits cartons enluminés.

La servante, en entrant, les interrompit : elle apportait une petite table qu'elle ouvrit et sur laquelle elle commença à dresser le couvert, car dans cet étroit logement, composé seulement de trois pièces et d'une cuisine, l'atelier servait de salle à manger, la vraie étant devenue la chambre de Philis.

— La promenade m'a ouvert l'appétit, dit madame Cormier, je dînerai volontiers ; et toi ?

— Moi aussi.

Il était simple, le dîner qu'on leur servit : une soupe au pain et aux légumes, deux saucisses sur une purée de pommes de terre, et c'était tout ; pas de salade, pas de dessert ; une bouteille de vin dont elles ne burent chacune qu'un verre.

Bien que Philis eût affirmé son appétit, elle ne put pas manger ; elle prit quelques cuillerées de soupe, mais ni le pain ni les pommes de terre ne purent passer.

— Tu ne manges pas, dit madame Cormier.

— Mais si, maman.

Elles dînaient la porte-fenêtre ouverte et Philis faisait face au jardin ; à ce moment, elle aperçut sa concierge qui se penchait par-dessus le treillage :

— Madame Cormier, voulez-vous recevoir une lettre non affranchie? Il y a trente centimes à payer; c'est une lettre de Paris.

— Certainement, répondit Philis, qui se leva pour aller porter les trente centimes à la concierge et prendre la lettre.

L'enveloppe était d'un papier vulgaire et jauni, l'adresse, d'une écriture renversée, évidemment contrefaite. Elle l'ouvrit, se demandant qui lui écrivait de cette façon :

« Si vous pouvez vous trouver ce soir, au jour
» tombant, sur le boulevard des fortifications, entre
» la porte de Sablonville et celle de Villiers, vous
» aurez des nouvelles de celui qui vous intéresse.
» J'espère que cette lettre vous arrivera en temps
» pour que vous puissiez venir ce soir, et il y a
» urgence ; au cas où elle serait retardée, venez de-
» main matin, à la même place, entre six et sept
» heures. »

Celui qui l'intéressait ?

Il n'y avait que son frère qui l'intéressât ; mais quelles nouvelles pouvait-on lui donner de Florentin, mort depuis huit mois ?

Une lueur d'espoir lui traversa l'esprit : si la nouvelle de cette mort était fausse ? Si Florentin ne s'était pas noyé, comme on l'avait cru ?... Tout un monde d'hypothèses, s'éleva confusément de son cœur.

Elle rentra et se coiffa à la hâte.

— Tu sors ? demanda madame Cormier étonnée.

— Pour quelques instants.

— Cette lettre ne t'apporte pas de mauvaises nouvelles, au moins ?

— Non ; je te dirai au retour de quoi il s'agit. A tout à l'heure !

Le jour tombant, c'était précisément ce moment ; elle se hâta vers les fortifications, qui n'étaient qu'à quelques pas. Et, en marchant, elle cherchait à prévoir d'une façon raisonnable quelles pouvaient être ces nouvelles, sans se laisser entraîner à des espérances folles, sans doute.

Maintenant elle ne doutait plus qu'il ne dût être question de Florentin ; mais à quel propos ? là était le point mystérieux. Peut-être celui qui avait écrit cette lettre était-il quelque compagnon de bagne qui voulait se faire payer des renseignement insignifiants ? Cette perspective et ce contact possibles n'arrêtèrent pas sa marche : à cette heure, les fortifications n'étaient pas désertes.

D'ailleurs si ces renseignements pouvaient être insignifiants, ils pouvaient tout aussi bien être intéressants. Rien de ce qui se rapportait à Florentin ne lui était indifférent : il est si difficile de croire à la mort, sans doutes et sans résistances, sans retours d'espoir, de ceux que nous aimons et que nous n'avons pas vus morts.

Comme elle l'avait prévu, le boulevard n'était pas désert, tout au contraire ; par cette douce soirée printanière, des enfants jouaient, des gens se promenaient, il y en avait d'assis dans l'herbe déjà haute, il y en avait de couchés qui dormaient.

Alors elle se demanda comment elle allait trouver celui qui lui avait écrit, et comment lui-même allait venir à elle : il la connaissait donc ?

X

De la porte de Sablonville à celle de Villiers, la distance est courte, et bien qu'elle marchât lentement en regardant autour d'elle, Phillis l'eut vite parcourue.

Comme elle revenait sur ses pas, un homme couché dans l'herbe se souleva sur son coude et la regarda avec une fixité qu'elle trouva significative : autant qu'elle en pouvait juger dans l'ombre devenue plus épaisse, il était de grande taille et paraissait misérablement vêtu : veston gris dépenaillé, feutre mou roussi.

Il se leva et vint vers elle.

Elle reçut un coup au cœur : c'était la haute taille de Florentin.

Mais, à mesure qu'il approchait, la ressemblance s'amoindrissait : ce n'était ni la démarche hésitante de Florentin, ni ses longs cheveux, ni sa barbe frisée ; l'allure résolue s'appuyait solidement sur les hanches ; les cheveux coupés courts grisonnaient, le visage glabre, creux, décharné, avait une coloration blême qui ne rappelait en rien celle de Florentin ; il était couturé et piqueté par des cicatrices de petite vérole... et cependant c'était lui.

Troublée et émue, elle s'était arrêtée auprès d'un arbre. Il avançait toujours ; si elle avait pu hésiter un moment à croire que c'était vers elle qu'il se dirigeait, le doute maintenant n'était plus possible. Lorsqu'il ne fut plus qu'à quelques pas, il mit son doigt sur ses lèvres par un mouvement qui fut un éclair pour elle.

Chancelante, elle s'appuya à l'arbre près duquel elle s'était arrêtée.

Il avançait toujours, il la touchait :

— Oui, c'est moi, dit-il à mi-voix. Sois forte ; marchons côte à côte ; ne me trahis pas par ton émotion.

Elle se raidit dans un suprême effort et le suivit, mais sans prononcer une parole, sans que lui-même parlât.

Et les gens qu'ils croisaient les regardaient avec étonnement, se demandant, sans le comprendre évidemment, ce que cette femme, de tenue décente, pouvait avoir à faire avec ce misérable.

— On nous regarde, murmura-t-elle.

— C'est là le danger, répondit-il à mi-voix.

— Es-tu poursuivi ?

— Poursuivi ? Non. Mais peut-être surveillé.

— Je te fais remarquer ; marche devant ; quand il fera plus sombre, nous parlerons ; tu es en vie, c'est l'essentiel.

Mais il ne se sépara pas d'elle encore :

— Maman ? dit-il.

— Elle va bien.

Il poussa un soupir.

— Ce deuil m'avait suffoqué.

— Le tien.

— Suis-moi à une certaine distance.

Il prit les devants, lentement, comme s'il se promenait, ce qui, d'ailleurs, était l'allure des gens dont ils étaient entourés ; elle le regardait marcher, partagée entre le bonheur de le revoir, quand, depuis huit mois, elle le pleurait, et l'angoisse qui l'étreignait à la pensée que des policiers pouvaient se jeter sur lui. Quelle tragique ironie du sort ! Il était là, devant elle, misérable, décharné, vivante image de toutes les misères, se cachant comme une bête traquée, et elle avait encore dans les oreilles le bruit sourd de la portière du coupé de Saniel, comme elle avait devant les yeux l'attitude, la tenue, les décorations du triomphateur.

Ils dépassèrent la porte de Villiers, puis celle de la Révolte ; la lueur rouge que le soleil couchant avait laissée au ciel pâlissait, la nuit tombait ; cependant, il allait toujours, sans ralentir son pas, ce qui était dire qu'il n'osait pas encore être rejoint ; et, malgré sa fièvre d'être près de lui, de l'interroger, de lui serrer les mains, elle se conformait à cette muette indication.

Cependant, le quartier où ils se trouvaient étant devenu plus désert, il s'arrêta et aussitôt elle le rejoignit.

Avant qu'il eût pu s'en défendre, elle lui avait pris le bras et elle se serrait contre lui.

— Te voilà ! Ah ! mon pauvre Florentin, quelle joie !

— Tu croyais à ma mort, n'est-ce pas ?

— Comment n'y aurions-nous pas cru ? la nouvelle nous a été officiellement donnée.

— C'était bien ce que j'espérais.

— Et tu ne nous as pas écrit ?

— Je m'en suis bien gardé ; j'ai trop grand intérêt à ce qu'on me croie mort, pour commettre l'imprudence d'écrire une lettre qui pouvait tomber dans d'autres mains que les vôtres.

— Depuis quand es-tu à Paris ?

— Depuis deux heures de l'après-midi.

— Pourquoi n'es-tu pas venu tout de suite à la maison ?

— Et si vous ne l'aviez plus habitée, cette maison ; et s'il y avait eu chez toi, quand je me serais présenté, quelqu'un qui m'eût connu, ou simplement qui m'eût remarqué ? Avec cette tournure, on n'échappe pas facilement aux observations.

— Ne pouvais-tu pas m'envoyer un commissionnaire ?

— Avec quoi le payer ? Je n'avais même pas trois sous pour affranchir la lettre que je t'ai écrite.

— Pauvre malheureux !

— Plus pauvre que tu ne peux l'imaginer : j'arrive du Havre à pied ; depuis Rouen, où j'ai dépensé mes derniers sous, je n'ai mangé que des pommes de terre que je déterrais dans les champs qu'on venait d'ensemencer, et que je faisais cuire sous la cendre des feux que j'allumais, là où je pouvais ; et où je le pouvais sans danger, ce n'était pas partout !

— Alors, tu es mort de faim ?

— Pas tout à fait ; seulement, je suis en appétit, puisque je n'ai pas mangé aujourd'hui.

— Rentrons tout de suite.

— Et ton concierge ? Et ta bonne !

— Tu as un plan ?

— Un plan, non : puisque je ne savais pas comment je vous retrouverais et dans quelles conditions ; je ne pouvais pas à l'avance me tracer un plan arrêté ; mais je me suis juré de ne pas commettre d'imprudence et de ne rien livrer au hasard.

— A cette heure, la concierge dîne, et on peut très bien passer devant sa loge sans qu'elle vous voie : tu passes donc sans rien demander ; tu suis l'allée et tu arrives à notre porte, que je tiens ouverte. Rentrée avant toi, j'ai envoyé la bonne faire une course.

— Ce qu'il faut, c'est que ni elle ni la concierge ne me voient dans cette tenue, qui provoquerait la curiosité et des bavardages : es-tu en fonds ?

— Si c'est une petite somme, oui ; si c'en est une un peu forte, je me la procurerai demain.

— Une centaine de francs pour m'acheter un costume, une chemise, un chapeau, des chaussures.

— C'est facile. Pour quand veux-tu ce costume ?

— Pour demain matin. Tu iras me l'acheter, car je ne peux pas en cet état me présenter dans un magasin... Je m'habillerai chez toi : et pour ta bonne, comme pour la concierge, je serai un parent de province, ce que tu voudras. L'explication sera en tout cas suffisante pour quelques jours.

— Pour quelques jours.

— Tu dois sentir que je ne peux pas m'établir chez vous : ce serait à plaisir provoquer les soupçons.

— Que veux-tu faire ?

— Je te le dirai. Ce qui presse pour l'heure présente, c'est embrasser maman et manger un morceau.

— Tu as raison ; pardonne-moi ma question ; mais je suis grisée : je voudrais tout savoir, tout prévoir. Je rentre, n'est-ce pas ?

— Oui. As-tu de quoi me donner à souper ?

— Non.

— Eh bien, avant de rentrer, achète quelque chose. Un morceau de pain, un gros morceau ; du fromage ; n'importe quoi. Va devant, je te suivrai ; mais je n'entrerai pas aussitôt que toi : il faut que tu aies le temps de préparer maman. Je vais donc la revoir, la pauvre chère femme ! Je ne reviens pas trop tard !

Ils reprirent le chemin qu'ils avaient parcouru, Philis marchant rapidement, Florentin la suivant d'assez loin, mais sans la perdre de vue. Il avait rabattu son chapeau sur ses yeux, et à le voir passer d'un grand pas décidé, il avait tout l'air d'un sinistre rôdeur de barrière qui s'en va en expédition nocturne. Deux sergents de ville, qui le croisèrent, le dévisagèrent ; mais il n'en accéléra pas sa marche, pas plus qu'il ne la ralentit, et Philis, qui craintivement s'était retournée, le vit passer devant les policiers avec l'allure naturelle d'un homme qui n'a rien à craindre de personne.

Au lieu de prendre la rue Bayen, qui était son chemin direct, elle continua jusqu'à l'avenue des Ternes, et Florentin qui s'était rapproché, la vit entrer dans une rôtisserie où on lui servit une large tranche de rosbif, une autre de veau et un demi-poulet ; chez un marchand de fromages, elle prit un camembert ; enfin chez le boulanger un pain de deux livres : et à la regarder à travers les vitres faire ces achats, l'eau lui venait à la bouche, la sueur lui mouillait le front, sa vue se troublait, les jambes lui manquaient.

Elle se hâtait ; quand elle arriva devant sa porte et se retourna, elle l'aperçut au bout de l'impasse.

— Qu'est-ce que c'est que tout ça? demanda madame Cormier en la voyant arriver chargée.

— Je vais te le dire tout à l'heure.

— Une mauvaise chose?

— Non, non, la meilleure que tu puisses espérer.

— La meilleure? la meilleure? répétait madame Cormier.

Mais avant de lui répondre, Philis devait se débarrasser de la bonne, ce qu'elle fit en l'envoyant au centre de Paris.

— Qu'est-ce que c'est que cette bonne nouvelle que tu as à m'annoncer? demanda madame Cormier quand elle rentra dans l'atelier ; tu dis : la meilleure que je puisse apprendre.

— Certainement, la meilleure.

Sans aller plus loin, Philis ouvrit la table sur laquelle elles avaient dîné.

— Tu vas mettre le couvert? demanda madame Cormier stupéfaite de voir ces préparatifs, car, depuis qu'elles habitaient les Ternes, jamais personne n'avait été invité à leur table. Pourquoi n'as-tu pas gardé la bonne ?

— Parce qu'elle ne doit pas voir la personne que j'attends.

— Une personne qu'on ne doit pas voir... est-ce qu'elle vient de... là-bas ?

Madame Cormier n'osa pas prononcer le nom de Nouméa ; mais ses lèvres et son menton furent agités d'un tremblement qui pour Philis en disait long. Le premier coup était porté ; maintenant que l'attention de sa mère s'était fixée sur Florentin, elle ne le quitterait plus.

— Oui... de l'île Nou.

— De l'île Nou... est-ce que tu l'as vue, cette personne ?

— Je viens de la quitter ; c'est pour elle que j'ai acheté ce souper.

— Que t'a-t-elle dit pour te rendre si heureuse ?

— Elle va te le répéter.

— Je t'en prie, ne me laisse pas dans l'angoisse.

— Ce n'est pas dans l'angoisse que tu dois être.

— Je ne peux plus espérer.

— Mais tu peux croire tes yeux, croire tes oreilles... Si on te disait qu'on s'est trompé...

— On te l'a dit, à toi ?

— On me l'a dit ; on m'a dit qu'il était possible que Florentin eût échappé à la mort.

Pour ne pas insister et laisser cette idée s'établir sans rien brusquer, Philis alla fermer les volets de la fenêtre et de la porte, afin que du dehors on ne pût ni voir ni entendre ce qui allait se passer dans l'atelier ; mais, quand elle revint à la table sur laquelle le couvert était dressé, au lieu de voir sa mère transportée de joie, comme elle pensait, elle la trouva, au contraire, le visage inquiet.

— Tu sais, dit-elle, que ceux qui reviennent de là-bas ne méritent pas grande confiance ; il faut nous tenir sur nos gardes ; peut-être veut-on te tirer de l'argent.

Et le temps qui pressait ; les minutes s'écoulaient; d'un moment à l'autre, Florentin allait arriver.

— La personne qui m'a parlé mérite confiance autant que Florentin lui-même, et, quand elle m'affirme qu'il est vivant, on peut la croire.

— Elle affirme? Tu dis qu'elle affirme?

— J'ai la certitude que Florentin est en vie; tu le verras bientôt.

— Mon Dieu ! s'écria madame Cormier éperdue.

A ce moment, Philis qui avait l'oreille aux écoutes, entendit un bruit de pas sur le pavé de l'allée ; elle courut à la porte, qu'elle ouvrit et, amenant son frère par la main :

— Dis donc toi-même à maman, qui ne veut pas me croire, que tu es en vie.

XI

— Il faut que tu saches, maman, dit Philis quand

madame Cormier commença à se remettre un peu, que Florentin n'a pas mangé aujourd'hui.

— Et je ne pense qu'à t'embrasser, te regarder, t'écouter ! Pardonne-moi, mon cher enfant ; j'ai la tête perdue.

Philis fit asseoir son frère devant le couvert mis.

— Je voudrais être à côté de lui, dit madame Cormier.

— Non, en face, répondit Philis, tu seras mieux pour le regarder. Ne l'interroge pas, il n'aura droit de parler qu'après chaque plat ; il y en a trois.

Mais madame Cormier ne put pas rester en place ; à peine assise elle quitta sa chaise.

— Je voudrais lui verser à boire, dit-elle en répondant au regard de sa fille.

Elle prit la bouteille ; mais sa main tremblante, fortement secouée par l'émotion, ne put pas diriger le goulot dans le verre, et ce fut sur la table qu'elle versa le vin.

— Ne gronde pas aujourd'hui, Philis, dit Florentin la bouche pleine.

— Je n'aurais garde !

— Puisque je ne dois pas parler, continua Florentin, expliquez-moi comment vous avez appris ma mort, et, si on vous l'a dit, comment je suis mort ; car, puisque je suis en vie, j'ai intérêt à savoir comment on m'a tué.

— On nous a d'abord annoncé simplement que tu étais décédé, et, un peu plus tard, que c'était dans une traversée de l'île Nou à un phare bâti sur un banc de corail que tu t'étais noyé avec l'un de tes camarades.

— Si l'histoire est sincère, elle simplifie bien heureusement ma situation présente : mort, je n'ai rien à craindre de la police ; plus tard, quand le moment sera venu, je prouverai que je suis en vie.

Bien que le morceau de rosbif fût de belle dimension, il avait été vivement dévoré.

— Maintenant, dit Philis, veux-tu parler tout de suite, ou bien aimes-tu mieux attendre après la tranche de veau?

— La tranche de veau est alléchante, répondit Florentin en prenant lui-même l'assiette sur laquelle elle était servie.

— Mange, mange, mon pauvre enfant, dit madame Cormier les larmes aux yeux.

— Tu vois que je n'ai pas besoin d'être encouragé.

Le veau ne dura pas plus longtemps que le bœuf; morceaux de pain comme morceaux de viande disparaissaient avec un bruit de mâchoires qui disait que, dans la misère physique qu'il avait endurée, il avait conservé ses bonnes dents.

Mais cette misère n'en avait pas moins imprimé sur son visage et dans toute sa personne des marques terribles qui le rendaient méconnaissable. Philis le regardait éclairé en plein par la lumière de la lampe, et, à part la taille, elle ne retrouvait en lui rien du jeune homme qu'il était neuf ans auparavant : l'allure brutale, le parler bref, les yeux durcis étaient d'un autre, — du malheureux qui pendant ces neuf années avait tant souffert

Quand son assiette fut vide, il releva la tête.

Il avait surpris le regard de sa sœur et, à son expression étonnée et désolée, il avait deviné les pensées qu'il trahissait :

— Changé, hein ? Il n'y a pas que le visage.

— Moi je te retrouve, dit la mère.

— En cherchant bien. Mais, pour le moment et pour ce que je veux, ce changement n'a rien qui me déplaise, au contraire.

— Que veux-tu ? demanda Philis.

— Nous parlerons de cela plus tard.

Il fit à sa sœur un signe furtif pour dire que ce n'était pas devant leur mère qu'il convenait de répondre à cette question.

— Je pense, reprit-il, que vous êtes curieuses de savoir comment je me trouve à table entre vous, en chair et en os — plus en os qu'en chair — quand on me croit mort ; mais, avant de vous raconter mon évasion, il faut que vous voyiez comment je l'ai préparée et rendue possible, car une évasion ne s'improvise pas. Sachez d'abord que, du jour où j'ai été condamné, je me suis dit que je ne subirais pas ma peine jusqu'au bout ; l'injustice a fait la révolte ; et celui à qui tu reprochais, Philis, de répondre toujours : « Advienne que pourra ! » s'est trouvé changé en un résolu et un révolté ; après avoir tout espéré de la chance, je n'ai plus rien attendu que de ma volonté. Si j'insiste sur ce changement qui n'a pas été radical du jour au lendemain, mais qui s'est accompli progressivement, c'est qu'il explique ma vie depuis notre séparation, et aussi les demandes d'argent incessantes que je vous ai adressées, bien que j'eusse conscience des embarras que je vous imposais; je tiens à le dire tout de suite pour que vous compreniez ces exigences qui plus d'une fois ont dû vous étonner.

— Jamais, répondit Philis; tu n'as ni à nous les faire comprendre ni à t'en excuser.

— Enfin, dès la Roquette, je n'eus qu'une pensée : l'évasion. A Saint-Martin-de-Ré, où je fus transféré pour attendre le moment de l'embarquement, elle me suivit. Mais on ne s'évade pas facilement de Saint-Martin-de-Ré, pas plus que des navires de l'État qui vous transportent à la Nouvelle-Calédonie ; ceux qui l'ont essayé aux points de relâche, à Ténériffe, au Cap, ou ailleurs, en se jetant à la nage pour gagner la terre, ont toujours été repris. Quand on combine une évasion en théorie, l'esprit grisé par l'espoir de la délivrance, il semble que tout doit bien aller; quand on est aux prises avec la réalité, on s'aperçoit que les combinaisons les plus savantes de l'imagination n'ont aucune valeur. Quelle est la vie à bord de ces transports, je vous l'ai dit ou à peu près. Au départ, on vous ferre, je ne sais trop pourquoi, une manille à la jambe, qu'on vous enlève à l'arrivée. Pour la nourriture, on n'est pas mal à bord de ces navires, puisqu'on est soumis au régime des matelots, la boisson exceptée. Pour l'habitation, on est parqué dans des cages qui occupent la batterie et où l'on couche par mariage...

— Par mariage? interrompit Philis.

— C'est-à-dire qu'on a un hamac et un petit matelas pour deux; l'un couche dans le hamac, l'autre sur le matelas. Comme j'étais un personnage et le roi de ma cage, j'occupai le hamac pendant nos cent vingt jours de traversée et je m'en trouvai bien.

— Ton éducation avait fait reconnaître ta supériorité, dit madame Cormier.

— Pauvre maman, qui croit que l'éducation sert à quelque chose au bagne; elle est, au contraire, le supplice du condamné, qui souffre d'autant moins qu'il est plus près de la brute. Ce qui me valut une sorte de souveraineté sur le transport comme plus tard à l'île Nou, ce fut le crime pour lequel j'avais été condamné : j'ai été admiré, obéi, envié, respecté parce que j'avais proprement coupé le cou à Cafflé, et j'ai eu la lâcheté de ne pas repousser les honneurs qu'on me rendait. Et c'est l'atrocité de cette promiscuité avec les brigands que la vie n'y est possible qu'à condition d'accepter toutes les lâchetés et toutes les hontes. On dit que l'homme est fait pour vivre en société : avec ses semblables, peut-être; mais ceux avec qui j'ai été enfermé dans les cages du *Fontenoy* et au pénitencier de l'île Nou, assassins, voleurs, incendiaires, chargés de crimes ou pourris de vices, n'étaient pas mes semblables? cependant j'ai dû subir leur contact et parler leur langue; et cela pendant de longues années, sans avoir le droit de m'isoler un instant ou de leur crier : « Je ne suis pas des vôtres ! » Voilà pourquoi je suis devenu l'homme que vous voyez maintenant, et pourquoi, Philis, tu ne retrouves plus celui que tu cherches en moi.

Ne voulant pas le laisser sous cette impression, Philis se leva et plaça devant lui l'assiette au poulet.

— La pause a été longue, dit-elle ; mange, tu continueras tout à l'heure.

Et, pour le distraire, elle raconta elle-même ce qui avait été leur existence depuis qu'elle ne lui avait plus écrit.

Quand il ne resta sur l'assiette que la carcasse et les os du poulet, Florentin reprit :

— Mes lettres vous ont raconté mes premières années au pénitencier de l'île Nou, je n'ai pas à y revenir ; je ne pourrais le faire qu'en entrant dans des détails dont il vaut mieux ne pas parler : le fouet, la bastonnade, les misères de toute sorte, morales et physiques, j'en ai assez dit pour que vous compreniez que mon dégoût veuille s'en détourner, quand je suis là entre vous. Les criminels qui regardent la Nouvelle-Calédonie comme un refuge se trompent, et je crois qu'il est regrettable qu'ils ne sachent pas que c'est un enfer. Je n'aurais pas eu l'idée fixe de l'évasion que je serais sans doute mort assez vite de découragement et d'écœurement. Elle me soutint. C'est à la préparer que fut employé l'argent que vous cachiez dans la reliure des livres que vous m'envoyiez. Trois fois j'échouai : la première, parce que le capitaine qui devait nous recevoir à son bord partit avec notre argent et sans nous ; la seconde, parce que nous fûmes vendus ; la troisième, parce que je tombai malade et n'eus pas la force de suivre ceux avec qui je m'étais entendu et qui d'ailleurs furent tués à coup de fusil pendant leur fuite. A l'hôpital, où la dyscenterie m'avait envoyé, je contractai la petite vérole, et, quand j'entrai en convalescence, le médecin dont j'avais gagné la sympathie ou tout au moins la pitié, ne voulut pas qu'on me renvoyât aux travaux du four à chaux et me fit admettre comme jardinier dans les cultures qui s'étendent au bord de la mer, entre le jardin de l'hôpital et les terrains de ce qu'on appelle la ferme du Nord. Si tu veux me donner une feuille de papier, Phills, je vais vous tracer un plan qui vous montrera les lieux.

En quelques coups de fusain, il dessina un plan de l'île Nou, avec la ligne de récifs qui l'entoure au large, l'hôpital au bord de la mer, le chemin qui de cet hôpital descend au pénitencier et au boulevard du Crime, le jardin anglais, les cultures maraîchères et les terrains de la ferme.

— Vous savez qu'il y a trois classes de condamnés, dit-il en reprenant ; quand je devins jardinier je passai dans la première et je gagnai six sous par jour à travailler dans ces terrains que vous voyez là en face de la mer ; le point que je marque à droite du jardin anglais est la hutte en torchis que j'obtins de me construire et que j'habitai seul. Ce que je vous ai dit de la promiscuité de la vie en commun et de son abjection vous fait comprendre ce qu'était la solitude pour moi : le moyen de me ressaisir et de me retrouver, de remonter de la brute à l'homme; je redevins maître de moi, libre de mon esprit et de mon corps ; libre de suivre mes pensées, sans avoir à fermer les oreilles ou à détourner les yeux. Quelle bonne nuit je passai là, éclairé par les étoiles, res pirant un air pur, au milieu du silence, la première fois que je couchai dans ma hutte ! Le condamné doit huit heures de travail par jour ; en réalité, il en emploie deux ou trois utilement. Je ne fus nullement écrasé par ma besogne de jardinier; au contraire, elle me fut bonne ; je pris goût à mon métier : j'avais un travail auquel je pouvais m'intéresser ; j'aimais mes plantes, mes légumes, mes fleurs, bien que sous ce climat elles soient sans parfum, même les roses. Vous devez penser que ce bien-être relatif ne pouvait pas me faire abandonner mon idée fixe, mais il me permit d'en préparer l'exécution sans trop de hâte et sans trop d'imprudences. Parmi mes camarades se trouvait un Normand des bords de la Seine, appelé Prentout qui, décoré à dix-neuf ans pendant la guerre prussienne, avait été depuis condamné deux fois à mort et, en plus, à cinquante ou soixante ans de travaux forcés ; ce fut lui que je décidai de m'associer.

— Un pareil homme ! interrompit madame Cormier.

— Je n'avais pas l'embarras du choix ; d'ailleurs, tout n'était pas mauvais dans celui-là; en tout cas, il avait les qualités qui m'étaient indispensables : la résolution, l'audace et, comme il avait été matelot, la connaissance de la mer. Il nous fallut trois années entières pour nos préparatifs: réunir l'argent, trouver les complices qui devaient nous aider, emmagasiner et cacher nos provisions pour le voyage. Notre plan était de gagner Sydney, qui est à trois cent cinquante lieues de Nouméa, et pour cette traversée il nous fallait une embarcation capable de tenir la mer, une boussole, et des vivres avec de l'eau pour quinze jours au moins, des lignes avec un hameçon brillant pour pêcher en route, et une lampe à pétrole pour cuire notre pêche. Vous comprenez comment, avec les difficultés qui nous entouraient et la prudence dont nous devions user, ces trois années nous furent nécessaires. Enfin, un soir de nuit sans lune, la baleinière que nous avions achetée nous fut livrée, et nous pûmes embarquer avec nos provisions. Le vent, par malheur, était faible, et, s'il ne s'élevait pas, nous pouvions être encore en vue des côtes au jour levant; pour parer à ce danger, Prentout eut une inspiration qui nous sauva sans doute et qui, je le vois par ce que tu me racontes, a fait croire, comme nous l'espérions, que nous nous étions noyés. Sur les récifs que vous voyez là — il montra son plan — s'élève un phare qui, pour son service, emploie un vieux canot dont Prentout voulut s'emparer en passant; nous le ferions chavirer en ayant soin de laisser dedans quelques-uns de nos vêtements, et quand, au jour, on s'apercevrait de notre évasion, au lieu d'avoir l'idée de nous chercher au large on croirait que nous nous étions noyés. Il fut fait ainsi et, quand le jour parut, les côtes n'étaient plus en vue : nous étions en pleine mer dans une coquille de noix, ayant plus de trois cents lieues à faire avant d'aborder l'Australie, — si nous l'abordions. En ne voyant, sous les rayons du soleil levant, que le ciel et l'eau, ce ne fut pas la pensée des dangers dans lesquels nous entrions qui nous inquiéta, ce fut la joie de la délivrance qui nous prit sur ses ailes et nous emporta si haut, si loin que je me trouvai ici, entre vous. « Une poignée de main, Prentout. — Une poignée de main, Cormier ! » — Et nous nous mîmes à rire aux éclats en dansant sur place. « Asteure croiez-vous que j'étais fiable en vous disant qu'il fallait débouquer par la passe du Sud? » dit Prentout en son parler normand. — Mais le sentiment de nos difficultés, sinon de toutes celles qui devaient nous assaillir, nous vint quand nous pûmes passer l'inspection de notre baleinière. Bien entendu, nous ne la connaissions pas, car il ne nous avait pas été possible d'aller la choisir à Nouméa, et de n'accepter que celle qui réunirait toutes les conditions indispensables dans un voyage comme celui que nous allons entreprendre. Nous avions dû nous en rapporter à ceux que nous avions chargés de ce choix, et ils ne nous avaient acheté qu'une vieille embarcation pourrie et rapiécée, que quelque capitaine avait été heureux de vendre un bon prix quand elle ne méritait que d'être démolie. « Faut tout de même n'être pas couenne pour s'embarquer là-dessus, » dit Prentout. — Non, certes, il ne fallait pas être poltron ; mais nous n'avions qu'à continuer ou à retourner à terre, et la pensée de virer de bord pour rentrer à l'île Nou ne nous vint ni à l'un ni à l'autre. Le pire était notre voile usée, et dans un tel état de vétusté qu'elle ne résisterait assurément pas à un coup de vent un peu fort. Il fut convenu qu'on la ménagerait et qu'autant que possible on tirerait sur l'aviron.

« Tu sais, dit Prentout le bon Dieu a fait la voile et

le diable l'aviron. » — Je ne tardai pas à m'apercevoir de la vérité de ce dicton des marins, car, le calme s'étant établi, il fallut tirer fort. J'essayais bien de me dire que nous ménagions ainsi notre voile ; mais la compensation était mince, car, d'un autre côté, nous ne pouvions ramer sous le soleil qu'à condition de boire, et notre provision d'eau diminuait plus vite que nous ne l'avions prévu. Nous en avions emporté pour quinze jours, et le douzième, bien que nous nous fûmes mis à la ration, il ne nous en restait plus guère. Où étions-nous? Nous n'en savions rien. Nous avions toujours navigué le cap à l'ouest, c'est-à-dire droit sur l'Australie, mais des courants pouvaient nous entraîner vers le sud, aussi bien que d'autres pouvaient nous pousser vers le nord, et dans l'un comme dans l'autre cas nous manquions l'Australie ; au sud, nous nous perdions dans l'océan Indien, c'est-à-dire dans l'immensité sans bornes ; au nord, dans les îles sauvages de la Nouvelle-Guinée. C'était le sujet continuel de nos entretiens. Prentout soutenait que nous ne pouvions pas avoir dévié de notre ligne ; moi je soutenais au contraire que cette déviation était possible aussi bien à droite qu'à gauche. Pendant les premiers jours, ces discussions se passaient à l'amiable ; mais peu à peu elles s'envenimaient et dégénéraient en querelles.

— Au lieu de vous encourager et de vous soutenir ! interrompit Philis.

— Ce qui aggravait notre situation, c'est que Prentout avait besoin de boire plus que moi ; quand un verre me suffisait, il lui en fallait trois ou quatre. Ses souffrances du rationnement de l'eau étaient donc beaucoup plus dures que les miennes. Il arriva un moment où elles furent intolérables ; la fièvre le dévora, et il ne fut plus capable d'autre travail que de tenir le gouvernail pendant que je dormais, chacun de nous devant veiller à son tour. Une nuit, la seizième depuis notre départ, je fus réveillé par un mouvement insolite : c'était Prontout qui, ayant quitté la barre, était passé à l'avant, où se trouvait notre provision d'eau, et buvait à même notre dernier bidon. Je me jetai sur lui et le lui arrachai. Il voulut me résister, mais il était si affaibli que j'en eus facilement raison ; la lutte ne fut pas longue : « Eh bien ! tue-moi tout de suite, me dit-il, je n'en peux plus ; aussi bien ce sera fini anuit. »

— Le pauvre garçon ! murmura madame Cormier.

— Ce fut précisément le mot que je me dis ; la colère passée, la pitié m'avait pris : j'emplis un verre d'eau et le lui tendis. « Voilà un verre d'eau qui te portera chance, dit-il après l'avoir bu d'un trait ; pour moi, c'est fini, je ne reverrai pas le pays, ni la vieille mère, ni le frère... Prends la barre ; toujours à l'ouest. » Il s'étendit au fond de la baleinière et, après un court moment de sommeil, il commença à délirer. Ce fut une agonie de cinq ou six heures. Plusieurs fois je lui donnai à boire ; au matin il mourut. Si la mort est toujours triste, il y a des circonstances où elle est atrocement lugubre ; dans celles où je me trouvais, la vue du cadavre de mon misérable compagnon était bien faite pour m'abattre. Quand sonnerait mon heure ? Il me restait environ quatre verres d'eau ; depuis notre départ, pendant ces seize jours, nous n'avions pas vu une voile, et rien ne me disait qu'en persévérant vers l'ouest j'arriverais à une terre. D'ailleurs y arriverais-je ? Ce n'était pas assez de ces questions et des pensées qui les accompagnaient, il me fallut en plus jeter le pauvre diable à la mer. Quatre jours s'écoulèrent et je bus ma dernière goutte d'eau ; encore un jour, encore deux et ce serait à mon tour. Cependant telle était la fermeté de ma résolution de recouvrer la liberté, que je n'eus pas une minute de regret, et ne me demandai même pas si je n'aurais pas mieux fait de rester à l'île Nou, plutôt que de courir cette aventure désespérée ; comme Prentout, je disais : « Je ne reverrai ni la maman, ni la sœur », et c'était tout.

— Mon cher fils ! s'écria madame Cormier en laissant couler ses larmes.

— Depuis mon départ je n'avais pour ainsi dire point vu de nuages ; avec des alternatives de calme et de vent du sud-est, qui est celui de cette saison, le ciel était resté beau, bleu et serein, la nuit, le jour ; une averse et j'étais sauvé ; ne tomberait-elle pas ? Il me semblait bien que le vent était plus humide, mais je n'osais croire à mon espérance. Cependant elle se réalisa ; les nuages montèrent au ciel et l'emplirent ; la brise fraîchit, la mer devint houleuse. J'amenai ma grande voile et la remplaçai par une petite que nous avions confectionnée tant bien que mal en prévision d'une tempête. Puis j'attendis, me demandant où était mon plus grand danger : dans un coup de vent qui faisait sombrer une mauvaise embarcation comme la mienne, dirigée par un mauvais matelot comme moi, ou dans la continuation du beau temps qui me laissait mourir de soif. Ce fut un orage qui se déchaîna, par bonheur sans trop grand vent, mais avec une pluie des tropiques, c'est-à-dire comme si on la versait à seaux. En moins d'une heure, au moyen de ma grande voile que j'avais disposée en réservoir, j'emplis tous mes bidons. Quand elle cessa, j'avais une provision d'eau pour plus de vingt jours ; et la confiance m'était revenue si vaillante que je ne doutais plus de vous revoir. Neuf jours s'écoulèrent encore, et un matin, dans la lumière rasante du soleil levant, j'aperçus un navire, le premier depuis un mois. Vous sentez mon angoisse, ma folie. Venait-il vers moi ? S'éloignait-il ? Il grandit. Je gouvernai sur lui ; c'était un trois-mâts américain. Deux fois, trois fois Américain était le capitaine. Quand il m'eut interrogé et que je lui eus raconté une histoire que j'avais péniblement combinée pour ne pas avouer que j'étais un évadé de la Nouvelle-Calédonie, il me dit qu'il ne me recevrait à son bord que si je payais mon passage jusqu'à San-Francisco, où il allait. Pratique, l'Américain, et malin, je le vis tout de suite. Pour prix de ce passage, il me demandait cent dollars. Je me récriai : comment voulait-il que j'eusse cent dollars ! En réalité, j'avais quatre cents francs qui m'étaient restés, mes achats faits à Nouméa, sur l'argent envoyé par toi, Philis, et mis de côté par moi pendant trois ans pour payer notre passage de Sydney en Europe. Je lui offris vingt dollars, c'est-à-dire cent francs. Il se fâcha et me donna l'ordre de descendre dans ma baleinière au plus vite. J'offris deux cents francs, puis trois cents, puis quatre cents. Il comprit que c'était tout ce que j'avais et voulut bien s'en contenter. « Si vous trouvez que c'est trop cher, me dit-il, nous ferons régler l'affaire par le consul de France en arrivant à San-Francisco : je m'en rapporte d'avance à son jugement. »

— Il avait compris que tu ne pouvais pas l'invoquer, ce jugement, dit Philis.

— Précisément ; vous voyez donc le malin que je disais : ayant deviné qui j'étais, il avait voulu m'exploiter. Quand de ma poche mes quatre cents francs furent passés dans ses mains, il ne se gêna pas pour le montrer, mais sans grossièreté, avec une certaine hypocrisie au contraire. « Depuis combien de jours tenez-vous la mer? me demanda-t-il. — Depuis un mois. — Eh bien, il faut que vous ayez été emporté par les courants pour vous trouver dans le détroit de Torrès, où nous sommes. » Il ne disait pas qu'il comprenait que je venais de Nouméa, mais il le laissait clairement entendre. Ainsi j'avais pu longer les côtes de l'Australie et faire cette route de sept ou huit cents lieues, sans apercevoir un navire ou une île. A San-Francisco, vous devez bien penser que je n'eus garde d'aller réclamer la protection du consul de France ; cependant il fallait vivre, et je n'avais plus un sou en poche. Successivement je fus garçon de café, portefaix, chasseur dans la montagne. A la vérité, je pouvais vous écrire...

— Que ne l'as-tu fait? interrompit Philis.

— La peur que ma lettre ne fût interceptée me retint. Je n'avais pas si chèrement acheté ma liberté, pour la compromettre par une imprudence : et, à mes yeux, c'en était une que de vous écrire une lettre qui pouvait être interceptée par la police : si cette lettre était de mon écriture et signée de mon nom, elle me trahissait ; si l'écriture était déguisée et la signature fausse, vous pouviez croire à une escroquerie, et alors, ou vous ne répondiez pas, ou bien vous faisiez prendre des renseignements qui me trahissaient encore plus sûrement. Je devais donc me tirer d'affaire tout seul ; et, puisque mon capitaine américain m'avait enlevé l'argent du retour, en gagner d'autre. Je trouvai à m'engager comme lampiste à bord d'un vapeur qui faisait le service de San-Francisco à Panama, et, arrivé à Panama, je travaillai aux terrassements du canal jusqu'au jour où j'eus la somme nécessaire pour mon passage de Colon au Havre. Plus prudent et plus avisé, j'aurais calculé ce qu'il me fallait jusqu'à Paris ; mais dans ma hâte, je me contentai du Havre, comme si en débarquant je n'avais eu que deux pas à faire pour frapper à votre porte.

— Comme je te comprends ! dit madame Cormier.

— Quand je débarquai au Havre, j'avais sept francs dans ma poche, et il m'en fallait presque seize pour le prix d'un billet jusqu'à Paris. J'en pris un jusqu'à Rouen, et de là je redescendis à pied jusqu'à Sahurs qui est un village au bord de la Seine, le pays de Prentout. Avant de mourir, le pauvre diable m'avait fait promettre de porter son adieu à sa mère, et, bien que ce fût là une visite qui pouvait avoir ses dangers pour moi, je ne crus pas qu'il m'était permis de manquer à la parole donnée. Au lieu d'aller de porte en porte en cherchant la maison de la vieille femme, j'entrai dans un cabaret où je me fis servir à manger, en demandant aussi adroitement que possible les renseignements dont j'avais besoin : la vieille femme était morte depuis six mois, et son plus jeune fils avait quitté le village pour venir travailler, aux environs de Paris, de son métier de jardinier. J'aurais trouvé la mère et le frère de Prentout que je n'aurais pas craint de leur emprunter dix francs, sachant qu'ils étaient de braves gens. Il fallait me passer de cette ressource et tout de suite me mettre en route à pied pour Paris, ce que je fis après avoir écrit la lettre que Philis a reçue tout à l'heure, car, n'ayant plus un sou, il ne me serait pas permis d'entrer dans un autre cabaret, pas plus pour écrire que pour manger. Ce soir-là je couchai dans une forêt, et le lendemain, au jour levant, j'étais en marche, assez inquiet de ma nourriture, car il me fallait trois jours au moins pour venir à Paris, et je ne pourrais pas rester trois jours sans rien manger. Vers deux ou trois heures de l'après-midi, comme j'étais assis le long d'une haie pour me reposer, des enfants vinrent jouer au ménage de l'autre côté, sans me savoir là, une petite fille de sept ou huit ans et un garçon du même âge. « Nous allons allumer du feu, dit le

garçon, et tu me feras cuire des pommes de terre.
— Des pommes de terre! mais je n'en ai pas. — On en a planté hier dans les champs : nous allons déterrer ce qu'il nous en faut. » Un beau feu de bois mort flamba bientôt, et, quand il eut fait des charbons et des cendres, les pommes de terre furent placées dessous. Comme j'en aurais mangé deux ou trois avec plaisir! L'idée me vint d'en demander aux enfants, mais c'eût été peut-être une imprudence de provoquer leur curiosité. Alors, me levant brusquement derrière la haie, je m'écriai avec une grosse voix : « Voler des pommes de terre, c'est joli! » Epouvantés, ils détalèrent sans oser se retourner; quand ils eurent disparu, je sortis les pommes de terre de dessous la cendre, je les mis toutes brûlantes dans ma poche et repris ma route au plus vite. Ils m'avaient donné une leçon : le lendemain je déterrai des pommes de terre comme eux, comme eux je les fis cuire, et c'est ainsi que j'ai pu arriver près de vous.

XII

Madame Cormier serait restée toute la nuit avec son fils, à l'écouter, à le regarder, à lui parler ; à dix heures il fallut que Philis l'obligeât à quitter l'atelier et la conduisit elle-même à son lit.

— Reviens bientôt, dit Florentin à sa sœur, nous avons à parler.

— Qu'est-ce ? demanda madame Cormier curieusement.

— Phillis doit m'acheter demain des vêtements : il faut que je lui donne des indications et des mesures.

— C'est juste. Bonne nuit, mon garçon ; dors bien.

Quand Phillis revint près de son frère, ce ne fut pas de vêtements que Florentin lui parla.

— Maman ne peut pas nous entendre ? demanda-t-il.

— Non, si nous n'élevons pas trop la voix.

Il était sur le canapé ; elle prit une chaise et s'assit en face de lui. La table sur laquelle il avait mangé était près d'eux ; il releva l'abat-jour de la lampe de façon que la lumière éclairât en plein le visage de sa sœur.

— J'ai une question à t'adresser, dit-il à mi-voix, de laquelle dépend ma vie et mon honneur : jure-moi que tu vas y répondre sincèrement, en honnête et brave fille que tu es, sans te laisser arrêter par aucune considération.

— Je te le promets.

— Comment as-tu appris que c'est Saniel qui a tué Caffié et madame Dammauville.

— Tu sais ! s'écria-t-elle éperdue.

— Crois-tu donc que quand l'esprit reste constamment tendu pendant des mois et des années sur la même pensée, il n'acquiert pas une acuité qui le fait pénétrer profondément dans le sujet qu'il fouille ? Jusqu'au jour où j'ai été jugé, je n'ai eu qu'une préoccupation : prouver aux jurés mon innocence, et j'ai tout combiné pour arriver à cette preuve. Mais du jour où j'ai été condamné pour un crime que je n'avais pas commis, j'ai cherché quel était le vrai coupable, et je suis arrivé à cette conviction que ce ne pouvait être que Saniel. Cependant, si ferme que fût cette conviction, si solides que fussent les bases sur lesquelles je l'avais lentement bâtie pièce à pièce, je ne pouvais l'admettre sans contestations, tant il me paraissait monstrueux que Saniel — le Saniel qui t'aimait déjà lors du jugement — m'eût laissé condamner. Quand il t'épousa, ces contestations faiblirent et ma conviction s'affermit : car, pour qu'un homme dans sa position consentît à prendre pour femme la sœur d'un assassin, condamné dans une cause qui avait fait un bruit énorme, il fallait des raisons telles que je ne leur trouvais qu'une explication : il payait à la sœur la dette contractée envers le frère. Avant de vivre avec les criminels, je n'aurais pas admis la possibilité de ces compromissions de conscience ; mais j'avais été témoin de telles hypocrisies, j'avais vu de tels mensonges envers soi-même, que je comprenais maintenant qu'un homme comme Saniel, capable d'assassiner Caffié et madame Dammauville, capable aussi de me laisser condamner à sa place, pût vouloir se racheter et que son mariage avec toi lui parût un payement suffisant, au moins pour s'acquitter envers moi et envers vous, la sœur et la mère : ça se rencontre à chaque instant, ces amalgames-là. S'il me restait quelques faibles doutes sur la culpabilité de ton mari, c'était toi qui les causais, tes qualités, ta beauté, ton charme, ta vaillance, qui suffisaient bien et au delà, pour expliquer qu'on t'épousât sans autres raisons que celles des yeux et du cœur. Mais quand tu m'appris que tu te séparais de ton mari, sans me dire pourquoi, ces doutes disparurent, et ma conviction s'affirma inébranlable ; il avait tué Caffié pour le voler, et, madame Dammauville l'ayant reconnu quand il avait été appelé en consultation auprès d'elle, il l'avait tuée à son tour pour qu'elle ne parlât point, et que je fusse condamné à sa place ; c'était clair comme le jour, éblouissant, irréfutable. Ce que j'ai découvert, moi, sous l'obsession d'une idée fixe, à force d'y penser, de chercher, de rapprocher et de peser toutes les hypothèses, comment l'as-tu appris, toi ? Voilà ce qu'il faut que tu me dises.

Comme elle se taisait, il la regarda durement :

— Pourquoi ne me réponds-tu pas ? Tu n'as pas quitté ton mari à la légère. Quelles raisons avais-tu ? Ce n'est pas un étranger qui t'interroge, c'est ton frère. C'est ma vie qui est en jeu ; notre honneur à tous, le tien comme le mien. Tu as eu la preuve que ton mari était coupable ; tu dois me la donner.

— La preuve matérielle, non ; un aveu, oui.

Elle expliqua comment ses doutes étaient nés ; comment ils s'étaient précisés en assistant aux angoisses et aux troubles de son mari ; et comment dans une nuit il avait murmuré ces paroles : « Philis, pardonne... ton frère ou moi... » qui, pour elle, avaient été un coup de foudre :

— Le jour même je suis partie.

— Et après ?

— Je ne pouvais pas t'écrire ma terrible découverte dans une lettre qui serait lue.

— Il ne s'agit pas de moi, mais de toi. Qu'as-tu fait ?

— Que pouvais je faire ?

— Comment ! tu n'as rien fait ? s'écria-t-il, avec des éclats de voix.

— Si tu ne veux pas que maman nous entende, — et il est mieux qu'elle ne nous entende pas, car elle ne sait rien, — baisse la voix.

— Tu ne lui as pas dit que j'étais innocent ?

— Pourquoi le lui aurais-je dit, puisqu'elle le sait ! Crois-tu que sa conviction, comme la mienne, avaient besoin d'une confirmation ? Je l'aurais bouleversée, affolée ; j'ai voulu lui ménager les émotions, ce qui a été ma règle en toutes choses depuis ton départ.

— Je te demandais ce que tu avais fait pour réunir les preuves de la culpabilité de Saniel ?

— Je t'ai répondu en te demandant moi-même ce que je pouvais faire. Si cet aveu était une preuve pour moi, en aurait-il été une pour d'autres ? Qui eût ajouté foi à ma dénonciation ? Aurais-je trouvé un magistrat pour m'écouter seulement ? Avais-je en main un témoignage écrit faisant éclater ton innocence et en même temps la culpabilité de celui qui t'avait laissé condamner ? Avais-je un témoin à appeler à mon aide pour appuyer mon accusation ?

— Pour Caffié, non, sans doute ; mais, pour madame Dammauville, je ne vois pas que ces témoins fussent introuvables, si on les avait cherchés.

— Comment, moi, aurais-je cherché ces témoins?

— Je ne dis pas que tu pouvais les chercher facilement toi-même; mais je dis que, si tu avais été confesser la vérité à un avocat entre les mains de qui tu aurais remis ma cause, lui aurait pu les trouver; et je dis encore plus fortement que, si tu avais envoyé une dénonciation formelle à la justice, il en serait résulté une enquête qui eût prouvé le crime commis par Saniel sur madame Dammauville, et, conséquemment, sur Caffié aussi, d'où serait sorti mon innocence.

— Je ne l'ai pas cru.

— Et c'est là ta faute; s'il ne s'agissait pas de toi, je dirais que c'est là ton crime. Tu as reculé devant l'horreur d'accuser un homme que tu avais aimé...

— Sans preuves; c'est vrai.

— Les preuves, on les aurait réunies.

— Moi, je ne les avais pas.

— Tu devais les chercher, ou les faire chercher, par ceux dont c'est le métier. Tu t'es laissé arrêter par ce qu'il y a d'odieux pour une femme qui envoie son mari à l'échafaud, sans penser à ce qu'il y avait d'odieux pour une sœur à laisser son frère au bagne.

— Mon Dieu! s'écria-t-elle, ai-je vraiment mérité cette accusation, et peux-tu, toi que j'ai toujours aimé d'une si ardente tendresse, me l'adresser justement?

— Raisonnons et tu répondras toi-même, car je te

jure que rien ne peut m'être plus douloureux que de t'accuser. Madame Dammauville a vu l'assassin de Caffié au moment même du crime; mon portrait lui apprend que moi, accusé, je ne suis pas cet assassin. Il faut qu'elle fasse à la cour d'assises cette déclaration qui me sauve, et, comme elle est paralysée, tu crois que Saniel peut la mettre en état de quitter son lit pour venir déposer. Tu le fais appeler en consultation auprès de cette malade, qu'il n'a jamais vue. Elle le reconnaît, et, soit qu'elle le lui ait dit, soit qu'il ait surpris son trouble, il se sent perdu. Le soir même, elle meurt. Qui l'a tuée? Saniel, n'est-ce pas?

— Je le crois.

— Comment l'a-t-il tuée?

— Je n'en sais rien.

— Justement, c'était ce « comment » qu'il fallait chercher; quelle avait été sa vraie mort; dans quelles circonstances elle s'était produite. Elle avait un médecin ordinaire qui la soignait: il fallait l'interroger.

— Quand j'ai soupçonné l'horrible vérité, le docteur Balzajette était mort aussi.

— Elle avait des domestiques qui l'entouraient et pouvaient être des témoins importants, des parents, des amis à qui elle avait pu faire des confidences. Tout est possible? Le médecin qui a constaté la mort devait être interrogé.

— C'est Saniel qui a constaté la mort.

— N'est-ce pas une nouvelle charge contre lui qu'il ait fait cette constatation? Il a conclu à la mort causée par les vapeurs de charbon: l'autopsie aurait révélé si cette cause était la vraie.

— Après plus d'une année écoulée, l'autopsie pouvait-elle révéler quelque chose ?

— Je l'ignore ; mais elle devait être faite, car elle pouvait aussi bien fournir une révélation que n'en pas fournir.

Elle resta accablée, atterrée, sans trouver une parole pour se défendre non seulement auprès de son frère, mais encore auprès d'elle-même, se demandant si réellement elle était aussi coupable qu'elle semblait l'être, et si, comme il l'en accusait, c'était son amour pour son mari qui l'avait empêchée d'agir.

Après un moment de silence, il reprit :

— Enfin, ce qui est fait est fait, je ne veux pas revenir sur le passé. Tu as cru, comme tu le dis, que tu ne pouvais rien, et certainement tu étais de bonne foi : t'accuser serait injuste ; de toi, je ne peux me rappeler que ta tendresse. Heureusement, tout n'est pas dit, et j'arrive encore à temps.

— Que veux-tu ?

— Faire ce que tu n'as pas fait : prouver la culpabilité de Saniel dans l'assassinat de Caffié, par celui de madame Dammauville, et faire reconnaître ainsi mon innocence en poursuivant la revision de mon procès, aux termes de l'article 443, qui permet de la demander lorsqu'après une condamnation un nouvel arrêt a condamné pour le même fait un autre accusé, et que, les deux condamnations ne pouvant se concilier, leur contradiction est la preuve de l'innocence de l'un ou de l'autre condamné. Je connais mon affaire, sois-en assurée ; le bagne est une école de droit où l'on en apprend plus qu'à celle de la rue Soufflot. Je ne me serais évadé que dans un an qu'il eût été trop tard, la prescription de dix ans eût empêché les poursuites contre Saniel; mais il n'y a que neuf ans que j'ai été condamné, neuf ans aussi que madame Dammauville a été assassinée, et j'ai un an devant moi. Je vais employer activement ces douze mois, je te le promets.

— Mais tu vas t'exposer à te faire reconnaître ! Ne sens-tu pas que, si on te renvoyait à Nouméa, maman en mourrait?

— Et toi, ne sens-tu pas que tout ce que tu dirais pour me faire renoncer à ma résolution serait inutile. Elle est prise, bien prise, et, quoi qu'il puisse arriver, j'irai jusqu'au bout. Ce n'est pas seulement pour le plaisir de revenir à Paris et de vous embrasser que j'ai poursuivi par tous les moyens mon évasion, et que pour réussir je me suis exposé aux dangers et aux souffrances que je viens de vous raconter; j'avais un autre but sur lequel j'ai marché droit : prouver mon innocence et me venger. Je ne m'en détournerai pas maintenant d'une ligne, et quels que soient les chemins à prendre pour l'atteindre, je les suivrai : je ne reviens pas bégueule et dégoûté, dis-toi ça. Je ne me dissimule pas que je rencontrerai des difficultés, mais je ne suis plus de ceux que les difficultés font hésiter. Certes, j'aurais aimé que le terrain fût mieux préparé, mais je ne veux pas revenir là-dessus. Si en ce moment ton unique témoignage contre Saniel ne peut pas être décisif, il en sera autrement quand il sera fortifié par d'autres qui l'ap-

puleront : ce sont ces autres témoignages que je vais
chercher... et dès demain.

XIII

Quand Florentin, habillé de neuf des pieds à la
tête, bien lavé, savonné, brossé, entra dans la
chambre de sa mère, elle eut peine à reconnaître en
lui le misérable de la veille, et aussi à reconnaître le
fils dont elle avait gardé l'image au fond de son
cœur.

— C'est toi, disait-elle en le regardant, c'est bien
toi, et pourtant ce n'est pas toi.

— Moins je suis celui que j'étais il y a dix ans,
mieux cela vaut.

— C'est la petite vérole qui t'a le plus changé.

— Et les années, et la misère, et le milieu dans
lequel j'ai vécu, qui ont fait de moi un autre homme
que celui que j'étais au départ; mais après tout il
n'est pas mauvais qu'il en soit ainsi.

Maintenant qu'il était décemment vêtu, il n'y avait
plus d'inconvénient à ce que la bonne le vît; il
déjeuna donc avec sa mère et sa sœur, assis entre
elles : il devait passer pour un neveu de madame
Cormier, arrivant de la province, et, en parlant à sa
mère, il l'appelait « ma tante », comme en s'adressant à Philis il disait « ma cousine ».

Philis avait essayé de l'interroger sur ce qu'il voulait faire, mais il avait refusé de répondre.

— Je te tiendrai au courant, avait-il dit, mais après, non avant.

— Ne sens-tu pas dans quelles transes je vais être.

— Je t'assure qu'on s'habitue très bien aux transes.

— Peux-tu plaisanter !

— Je ne plaisante nullement. Depuis neuf ans, je n'ai pas eu une minute de tranquillité d'esprit, puisque je pouvais être découvert, et tu vois que je n'en suis pas mort : j'ai plus de six francs dans ma poche et, comme pour cette faute je serai puni de vingt-cinq coups de martinet si on la découvre, cela donne des transes; je prépare mon évasion, et je sais que, si l'on me reprend, je resterai pendant trois ou quatre mois les mains attachées derrière le dos, ne pouvant que laper ma soupe en chien, comme je l'ai vu pour de pauvres diables de camarades, et cela donne des transes aussi. Pourtant, malgré ces transes, je n'en ai pas moins persévéré dans mon plan, qui finalement m'a ramené ici. Sans doute, ce que je poursuis m'en donnera d'autres, mais il y a des gens dont c'est la vie de n'avoir pas une minute de vrai repos. D'ailleurs, comment veux-tu que je te dise à l'avance ce que je ferai, quand je ne le sais pas moi-même ?

— Ne peux-tu pas me dire seulement où tu vas en sortant d'ici ?

— Rue Sainte-Anne.

— A la maison de Caffié !

— Et de madame Dammauville, précisément ; la première chose à faire n'est-elle pas d'interroger la mère Bouchu ?

— Et tu n'as pas peur qu'elle te reconnaisse ?

— Si. Mais le propre de ma situation est d'avoir peur de tout et de ne me laisser arrêter par rien ; c'est celle des oiseaux qui, crevant de faim l'hiver, vont chercher un grain de blé sous une planche qu'ils savent très bien être un piège pour les attraper : ils comptent sur leur prestesse pour se tirer d'affaire ; moi aussi, je compte sur la mienne. Le danger n'empêche pas le soldat de faire son devoir dans la bataille : il ne m'empêchera pas de faire le mien dans la lutte que j'ai entreprise.

Ce fut, en effet, rue Sainte-Anne qu'il alla en quittant sa sœur. Toute la matinée, il avait agité la question de savoir s'il ferait son enquête lui-même ou s'il en chargerait un de ses anciens camarades, avec qui il s'était lié quinze ans auparavant, et qu'il savait être reporter maintenant dans un grand journal parisien. A la remettre à cet ami, il y avait cet avantage qu'elle serait faite sans qu'il parût en rien, et avec des moyens d'information, des relations, des facilités d'introduction qu'il ne pouvait pas avoir. Mais, d'un autre côté, il y avait cet inconvénient qu'il devait avouer la vérité à cet ami et s'en fier à sa discrétion : dès lors une imprudence n'était-elle pas à craindre ? Elle était curieuse, son affaire, et dramatique, c'est-à-dire qu'elle se présentait dans des conditions où le silence devait être particulièrement difficile à un journaliste. Et cette considération l'avait retenu. Il agirait seul. D'ailleurs il devait imprimer à cette enquête une marche dans un certain sens, ce que ne ferait pas son ami.

Il trouva la maison de la rue Sainte-Anne telle qu'elle était dix ans auparavant, toujours triste et sombre, sans qu'une couche de peinture eût rafraîchi sa vétusté; mais dans la loge il ne trouva point la vieille concierge au dos voûté avec laquelle il échangeait souvent un mot quand il était le clerc de Caffié, et ce fut une jeune femme qui répondit à ses questions qu'il y avait beaux jours que la mère Bouchu avait quitté la maison.

— Elle n'est pas morte, n'est-ce pas ?

— Je n'en sais rien. Elle s'est retirée chez son fils qui est marchand de vin à Palaiseau; depuis, nous n'en avons pas entendu parler.

Le lendemain, Florentin s'en allait à pied à Palaiseau, et, en entrant dans la boutique du marchand de vin, il avait la satisfaction d'apercevoir la vieille femme assise au comptoir, un gros chat sur les genoux; mais, comme il ne devait pas laisser voir qu'il la reconnaissait, il lui dit qu'il désirait parler à madame Bouchu.

Elle le regarda sans parler, comme si elle cherchait dans son souvenir; mais son œil vitreux, qui tout d'abord s'était allumé, reprit bien vite son expression placide : évidemment, sa mémoire n'avait pas répondu à l'appel qu'elle lui avait adressé.

En voyant sa mère en conversation avec cet étranger, le fils s'était approché et, aussitôt Florentin, s'adressant à lui en même temps qu'à la vieille femme, avait expliqué ce qui l'amenait à Palaiseau.

Il était chargé par une maison de librairie, qui publiait les causes célèbres, de réunir des renseignements sur l'affaire Cafflé, et il avait pensé que madame Bouchu, qui avait figuré dans cette affaire, pourrait lui fournir des renseignements.

— Si vous voulez écouter la mère tant qu'il lui plaira de parler, dit le marchand de vin en riant, vous pouvez commander trois litres.

Il en commanda un et, après avoir trinqué avec la mère et le fils, il écouta le récit de l'assassinat de Cafflé tel que la vieille concierge le faisait depuis neuf ans aux oreilles complaisantes qui voulaient bien lui prêter attention. Mais ce récit ne pouvait rien lui apprendre, et il ne l'avait provoqué que pour amener la mère Bouchu à parler de madame Dammauville, sans paraître l'interroger.

— J'avais déjà lu, dans votre déposition devant la cour d'assises, que madame Dammauville croyait que celui qui a coupé le cou à Cafflé n'était pas Florentin Cormier, dit-il, lorsqu'elle fut arrivée au bout de son récit.

— Elle pas plus que moi, la chère dame; elle, parce qu'elle avait vu le vrai assassin, qui ne ressemblait pas à M. Florentin; moi, parce que je savais que M. Florentin était incapable d'une pareille chose; je le connaissais, c'était un vrai bon garçon, et affable et poli. C'est un grand malheur qu'on l'ait condamné, une grande injustice.

— Oh, oh! interrompit Florentin.

— Oui, monsieur; une injustice; je l'ai toujours

soutenu, et je le soutiendrai toujours; mettez-le dans votre livre et marquez que c'est la veuve Anaïs Bouchu qui vous l'a dit.

— Vous pouvez aussi donner son adresse, interrompit le fils en riant : à Palaiseau, Grande-Rue; ça ne fera pas de mal au débit, le commerce est dur.

— Plaisante, continua la vieille; n'empêche que si madame Dammauville avait pu venir à l'audience, elle aurait fait acquitter M. Florentin.

— Alors vous croyez que quelqu'un avait intérêt à ce qu'elle ne comparût pas ? insinua Florentin d'un air étonné.

— C'est ce que depuis je me suis quelquefois demandé, car sa mort est survenue si à propos pour le vrai assassin, qu'elle est extraordinaire.

— Et vos soupçons ne se sont portés sur personne ?

— Il aurait fallu, pour l'assassiner, pénétrer dans sa chambre.

— Est-ce qu'elle n'a reçu personne le jour de sa mort ?

— Elle a reçu les médecins.

— Si c'était un des médecins ?

— M. Balzajette ! Oh ! non.

— Et l'autre ? Est-ce qu'il n'est pas revenu dans la soirée ?

— Tiens, c'est vrai; vous m'y faites penser. Mais, un médecin, ce n'est pas possible.

— Pourquoi ? S'il était l'assassin de Caffié, si madame Dammauville l'avait reconnu quand il est venu la première fois, pourquoi ne serait-il pas revenu la seconde pour le tuer ?

— C'est vrai, tout de même.

— On a vu des médecins assassins, affirma le fils.

— Ce qu'il faudrait savoir, insista Florentin, continuant à les entraîner sur la piste où il les avait amenés, c'est si elle l'avait reconnu.

— Ça, je n'en sais rien ; je ne l'ai pas revue depuis la consultation des médecins.

— N'a-t-elle pas reçu des personnes à qui elle aurait pu le dire ?

— Peut-être bien ; mais depuis neuf ans je ne peux pas me rappeler si ces personnes ont passé devant ma loge ; ce n'est pas comme si je leur avais parlé ; c'est la femme de chambre qui pourrait se les rappeler.

— Est-ce que vous savez ce qu'est devenue cette femme de chambre ?

— Elle doit être chez son père, qui était le garde-chasse de madame Dammauville, à Plailly, auprès de Mortefontaine : Sophie Aubry.

— Son nom est cité dans le procès.

— Elle a déposé avec moi et avec Julienne la cuisinière. Mais je pense que, si madame Dammauville a raconté à une personne qu'elle avait reconnu l'assassin et l'a nommé, cette personne aurait parlé.

— Elle peut avoir des raisons pour se taire, et il serait curieux de connaître ces raisons.

Le lendemain, Florentin arrivait à Plailly, et n'avait pas de peine à trouver l'ancien garde-chasse de madame Dammauville ; mais il ne trouvait pas Sophie Aubry, en ce moment à Madère avec une dame malade, auprès de laquelle elle était femme de chambre : elle ne devait pas revenir avant trois mois.

La déception fut exaspérante pour Florentin : il n'avait pas l'argent nécessaire pour aller à Madère, et il ne pouvait pas le demander à Philis, qui ne l'avait pas davantage ; bon gré, mal gré, il fallait donc attendre le retour de cette femme de chambre qui, d'ailleurs, ne savait peut-être rien de décisif ; car, si madame Dammauville pouvait avoir reçu des personnes à qui elle aurait dénoncé Saniel, elle pouvait aussi n'en avoir pas reçu, ou n'avoir rien dit.

En attendant ce retour et sans abandonner cette piste, il chercherait d'un autre côté : les parents, les amis de madame Dammauville pourraient peut-être lui fournir des indications utiles ; il les verrait, s'il trouvait moyen de parvenir jusqu'à eux et de les faire parler, sans trop se compromettre. A l'avance il savait que sa tâche était aussi ardue que périlleuse, et qu'à la poursuivre il rencontrerait des difficultés : la première contre laquelle il venait de se heurter n'était pas pour l'arrêter, pas plus que pour l'abattre.

En rentrant, il trouva Philis bouleversée et sa mère éperdue : sa première pensée fut que la police le recherchait ; mais Philis lui présenta des papiers timbrés qui le rassurèrent.

C'était une citation à comparaître devant le président du tribunal, et la copie des pièces d'une demande en divorce, formée par M. le docteur Saniel contre la dame Philis Cormier, son épouse.

— Et pourquoi veut-il le divorce? dit Florentin en interrompant sa lecture.

— Parce que je refuse de retourner vivre près de lui.

— Il te l'a demandé?

— Oui.

— Pourquoi refuses-tu?

— C'est toi, qui m'adresses une pareille question?

— Dame! tu serais dans la place; ce qui pourrait nous aider.

Elle recula avec un geste d'épouvante.

— Que dites-vous donc? interrompit madame Cormier.

— Rien, maman; Philis comprend ma demande, comme moi, j'admets son refus. Après tout, il est probable qu'il n'a fait cette proposition que pour qu'elle soit repoussée, et obtenir ainsi le divorce.

— Suis-je obligée de comparaître devant le président?

— Si tu ne comparais pas, le divorce sera prononcé contre toi.

— Que m'importe!

— Tandis que, si tu comparaissais, tu pourrais, devant le président, franchement, la tête haute, dire pourquoi tu as quitté ton mari et pourquoi tu ne peux pas retourner près de lui.

— Et des preuves?

— Tu n'aurais pas à en donner : tu exprimerais ton sentiment, ta conviction, ton horreur; ne sens-tu pas de quel poids pèserait sur lui en ce moment et surtout plus tard, cette accusation portée devant un témoin tel que le président du tribunal, et contre laquelle il ne pourrait se défendre que par des dénégations vagues ?

Elle hésita un moment ; il s'était approché d'elle et il la tenait sous ses yeux, tandis que leur mère, interdite, les regardait sans comprendre.

— Jamais je ne pourrais, dit-elle enfin.

— Réfléchis.

— La réflexion n'a jamais posé sur l'instinct.

Il fit quelques pas en arrière :

— C'est bien, dit-il sans découragement, mais cependant avec amertume; ce n'est pas parce que je dois soutenir la lutte tout seul que je m'arrêterai.

FIN DE LA PREMIÈRE PARTIE

DEUXIÈME PARTIE

I

Du jour où Héline avait eu l'idée de marier Saniel à madame Ranson, il s'était départi des réserves qui l'empêchaient d'arrêter son choix sur un précepteur. Madame Ranson mariée, le rôle de ce précepteur s'amoindrissait; ce n'était plus l'homme chargé de former des hommes, le personnage important dont il avait tracé le portrait, mais simplement un maître dont la mission consistait à diriger les études des enfants ; et dès lors sa responsabilité à lui, notaire, s'amoindrissait aussi.

Plus d'une fois il avait pensé à l'un de ses anciens camarades de classe appelé Buscail, qui, après avoir débuté de la façon la plus brillante dans l'Université, était entré dans le journalisme, d'où il n'avait pas tardé à tomber dans la bohème, et, si son choix ne s'était point fixé sur lui, c'est que Buscail ne réunissait pas précisément, sinon dans l'intelligence, au moins dans le caractère, les qualités d'un faiseur d'hommes qui doit établir son autorité sur une haute influence morale. Pour savoir le grec autant qu'homme de France et le latin pareillement, il n'en était pas moins vrai qu'on l'avait obligé à descendre de sa chaire où, trop souvent, il était monté l'œil alangui, la langue épaisse, le geste hésitant, disant les choses les plus savantes et les plus éloquentes du monde, mais sans savoir lui-même ce qu'il disait, au grand ébattement de ses auditeurs, mais aussi au grand scandale du doyen et des inspecteurs. Journaliste, il avait, pendant quelques mois, publié dans un grand journal des articles de politique qui tous étaient régulièrement de petits chefs-d'œuvre clairs et profonds, d'une langue irréprochable, qu'il écrivait en se jouant sur le coin d'une table, comme en causant il s'assimilait les journaux anglais, allemands, italiens qu'il lisait d'un coup d'œil. Mais pour un travail quotidien, où la régularité et l'exactitude passent avant le talent, que faire d'un rédacteur qui parfois disparaissait tout à coup sans qu'on sût autrement que par de vagues ouï-dire plus ou moins drolatiques ce qu'il était devenu? D'un grand journal tombé dans un petit où le talent ne comptait pour rien et la tâche à remplir pour tout, il avait été s'échouer dans une boîte à bachot où Héline, décidé à se contenter d'un à-peu-près, avait été le chercher, en l'invitant à déjeuner, un mardi, au café Riche, certain à l'avance que, quelles que fussent ce jour-là les occupations de Buscail, il les quitterait toutes, tenté par le nom du restaurant autant au moins que par celui de l'amphitryon.

En entrant, il avait trouvé Buscail attablé devant un verre d'absinthe qu'il frappait à petits coups savamment.

— Pour tuer le temps simplement, dit Buscail.

Pendant le déjeuner, Héline expliqua sa proposition : veuve riche, deux garçons intelligents et aimables, beau château, éducation pouvant se prolonger pendant six ou sept années; belle retraite.

— Et quelle ventouse peut-on poser dès maintenant à la riche veuve ?

— Tu dis ?

— Je demande de combien on peut la faire casquer présentement ?

C'était le plaisir de ce lettré, de ce fils des Grecs et des Latins élevé dans le culte classique, de parler sa langue en y mêlant les drôleries de l'argot parisien.

— La somme n'est pas fixée; mais je peux t'assurer qu'on te donnera ce que tu demanderas.

— Chouette !

— Appartement particulier, où l'on te servira ; et le reste.

— On commence quand ?

— Demain si tu veux.

— Et cette tenue ?

Il montra sa redingote râpée et lustrée, dont les manches laissaient passer des manchettes effilochées.

— Je peux t'avancer l'argent nécessaire ; seulement...

— Alors ce n'est plus un conte de fées.

— Seulement il faut que tu me dises loyalement, comme il convient entre amis, si tu te crois capable de résister à certaines tentations ?

— A toutes. L'expérience m'a touché. Je ne veux pas traîner une vieillesse misérable. Tu peux compter sur moi.

— Ce soir, en rentrant, je vais te proposer à ma cliente, qui s'appelle madame Ranson et est la veuve d'un industriel, enrichi dans l'exploitation des pétroles du Caucase. Si, comme je n'en doute pas, tu es agréé, je t'envoie demain matin une dépêche ainsi qu'un mandat télégraphique ; après-demain, tu arrives à Senlis, parvis de la cathédrale, nous déjeunons ensemble, je te conduis à Venette : c'est le nom du château ; je te présente et, le soir même, tu entres en fonctions.

En faisant sa proposition à madame Ranson, Héline ne lui cacha pas que ce précepteur n'était nullement celui qu'il aurait voulu lui donner ; mais tel qu'il était, avec ses défauts, c'était encore le meilleur qu'il pût trouver, et, sans cacher le principal de ces défauts, il insista sur l'engagement de Buscail ; mieux encore valait essayer de lui que de se contenter du professeur pris dans une pension de Senlis et qui venait deux heures tous les jours.

Le premier mois, madame Ranson fut émerveillée. Lettres, sciences, langues, il savait tout, ce précepteur extraordinaire, et son enseignement était admirable de clarté : quels progrès ses fils ne feraient-ils pas avec un pareil maître ! Ils pourraient donc devenir ce qu'elle désirait si ardemment qu'ils fussent : dignes, par leur éducation et leur intelligence, de la situation que leur fortune leur assurait dans le monde ; ni incapables, ni maladifs, comme elle l'avait si souvent craint dans ses jours de découragement. A ses mérites, il joignait des qualités dont elle n'avait point osé parler quand elle avait formulé ses exigences, mais qui, pour sa tendresse maternelle, étaient du plus haut prix : la patience et l'enjouement. Il se ferait sûrement aimer et deviendrait un ami. Déjà les enfants le trouvaient tout à fait bon garçon.

Elle ne tarda pas cependant à reconnaître que les craintes du notaire étaient fondées. Comme le programme tracé par Saniel était exactement suivi, au moins pour la division du temps, Buscail se trouvait avoir à lui plus de six heures de liberté par jour : pendant le travail du sciage le matin ; à midi, pendant le jardinage ; dans l'après-midi pendant la leçon d'équitation. Gros, court, avec de petites jambes maigres et des bras grêles, il avait le mépris des exercices physiques, et dès son arrivée il avait demandé à madame Ranson de ne pas surveiller ceux qui étaient imposés à ses élèves, ce qui lui avait été d'autant plus facilement accordé qu'elle tenait à se réserver cette surveillance, dont dépendait la santé de ses enfants. Au lieu de rester dans son appartement, dès qu'il était libre, il disparaissait et ne revenait que pour l'heure de sa leçon, jamais avant, le plus souvent après.

Où allait-il ainsi, filant aussi vite que le lui permettaient ses petites jambes, le nez en l'air, rassurant de temps en temps d'un petit coup sec ses lunettes qui souvent menaçaient de tomber? Pas bien loin, car son mépris de l'exercice n'avait d'égal que son effroi de la fatigue ; simplement à un cabaret qui se trouvait à sept ou huit cents mètres de la loge du concierge, à l'entrée du village, et portait pour enseigne : *Taverne du Sport.*

La première fois qu'il avait passé devant ce cabaret aux fenêtres soigneusement closes par des rideaux rouges, il s'était dit qu'il était vraiment bien mal situé pour lui ; cependant il avait continué son chemin : la promesse qu'il avait faite à Hélino et qu'il s'était faite à lui-même le tenait encore tout entier ; il n'allait pas y manquer. Que penserait-on de lui au château, que ne diraient pas les domestiques si on le voyait entrer dans un cabaret de village?

Et pendant plus de quinze jours il avait fait bonne contenance, bien que sa curiosité fût provoquée par ce qu'il voyait en passant : le matin, la maison paraissait abandonnée ; dans l'après-midi, au contraire, elle s'animait ; devant la porte stationnaient des poneys attachés à des anneaux fixés dans le mur, des charrettes anglaises et aussi des voitures de place venant de Chantilly ; des gens entraient, sortaient, et ils se ressemblaient tous : petites jambes, torses développés, bras vigoureux ; il y avait des gamins tout jeunes par le corps, quand ils étaient déjà des hommes par la tête : ceux-là fumaient généralement de gros cigares qui leur faisaient la bouche en O.

Pour ne pas céder à la tentation d'aller étudier ce monde de près, Buscail interrogea le valet de chambre qui le servait, trouvant moyen de satisfaire ainsi sa curiosité, en même temps qu'il respectait l'engagement pris envers Héline.

— Comment ! monsieur n'est jamais entré chez Collier ?

— Vous voyez.

— Monsieur se trompe s'il croit qu'il n'y trouverait que de mauvaises consommations ; il s'y boit plus de champagne des grandes marques que dans bien des maisons de Paris, et des meilleures. Quand le père Collier, qui était un *lad* de l'écurie Powell, eut la jambe cassée et ne put plus monter, il vint s'établir dans cette vieille baraque, et tout le monde crut qu'il n'en avait pas pour longtemps. Comment supposer que les lads et les gens d'écurie de Chantilly, de Chamant, de Courteuil, de Saint-Léonard pousseraient jusqu'ici, eux qui n'aiment guère à marcher ? Pourtant ils y vinrent, et la baraque ne ferma point. Quand le fils, qui avait été apprendre le métier de maréchal-ferrant à Newmarket, parce qu'il était trop grand et trop fort pour faire un lad ou un jockey, fut de retour ici, elle s'agrandit et devint ce que vous la voyez. Le matin, le fils Collier s'en allait dès le petit jour, son sac de cuir pendu à l'épaule, pour exercer son métier de *blacksmith* dans les écuries de Chantilly, causait avec les lads qui, fiers ou dégoûtés de leur cheval, en disaient long. Sans en avoir l'air, il tâtait le tendon de la bête, voyait si la jambe chauffait, et, habilement, il savait tirer parti des renseignements qu'il obtenait. Aujourd'hui, il vend ses renseignements aux bookmakers et s'en fait de jolies rentes : tout lad qui veut bien causer et raconter les galops ou les essais de son écurie est sûr d'être abreuvé de champagne à discrétion ; il a un service de pigeons organisé pour Paris, et, le samedi, vous en verrez plusieurs s'envoler de son colombier. Si vous avez besoin d'un « tuyau », vous en trouverez là, de meilleurs que partout, en écoutant les lads bavarder pendant qu'ils boivent leur quatre sous de gin ou de whisky. C'est le père qui tient la taverne le matin, le fils dans l'après-midi quand sa tournée de blacksmith est finie ; dans une pièce à côté, la mère et la belle-fille servent à manger aux ouvriers du pays, et une nourriture distinguée, vous pouvez le croire, puisque c'est le gibier, les faisans, les lièvres et les lapins du parc de madame et de la forêt de Chantilly qui en fait le fonds ; seulement, au lieu de le servir rôti, on l'arrange aux pommes de terre ou aux navets pour en faire des portions.

Dès là que cette taverne était un endroit intéressant à visiter, les raisons qui, jusque-là, lui en avaient défendu la porte n'existaient plus : il la franchit donc, cette porte, et sa curiosité put se satisfaire : aux murs, les portraits des grands jockeys anglais : Fred. Archer, Wood, Fordham, mêlés à des portraits de membres du Parlement et surtout des gravures représentant des scènes de boxe. Le public, au moment où il pénétra dans la salle, se composait de quelques jeunes lads, qui, perchés sur de hauts tabourets devant le comptoir, buvaient du champagne en s'entretenant avec le blacksmith. Comme on ne reste pas dans une taverne sans boire, il demanda un quatre-sous ; puis, un nouvel arrivant s'étant fait servir une *pearl*, pour savoir ce que cela pouvait être il en commanda une aussi et vit que c'était un mélange de bière chaude sucrée, de gin et de gingembre qui lui plut.

Alors les enfants remarquèrent que leur précepteur exhalait le matin l'odeur du vin blanc, dans la journée le genièvre, et dans l'après-midi un composé d'odeurs fortes qu'ils ne connaissaient pas ; puis, un jour, ils remarquèrent aussi qu'il avait une forte bigne au front, et ils le racontèrent à leur mère.

Désolée, elle alla conter sa peine au notaire et lui demanda conseil.

— Quel conseil vous donner ? Renvoyer Buscail ? Vous tenez à lui.

— Plus que je ne saurais dire : jamais vous ne pourriez me trouver un meilleur professeur, et mes enfants se sont attachés à lui.

— Alors vous montrer ferme, le tenir d'une main de fer. Seulement, une femme peut-elle avoir cette main ? Le malheur est que vous soyez une mère et non un père. Enfin je lui parlerai ; mais quelle influence peut exercer la parole d'un camarade ?

II

Le jour où, d'après les délais d'usage, fut rendu le jugement qui prononçait le divorce, Héline reçut, à dix minutes d'intervalle, deux dépêches lui annonçant cette nouvelle, l'une de l'avoué, la seconde de Saniel, et aussitôt il s'habilla pour aller au château de Venette.

Il trouva madame Ranson désespérée : les enfants avaient vu, la veille, leur précepteur rentrer dans un état scandaleux : c'était à peine si l'allée qu'il suivait était assez large pour lui !

— J'ai fait ce que j'ai pu, dit Héline ; mais je vous avais prévenue que bien probablement mes remontrances de camarade seraient sans influence. Savez-vous ce que le malheureux répondait à mes objurgations et à mes menaces? « Madame Ranson est une si bonne femme ! » Il spécule sur votre indulgence et, permettez-moi de le dire, madame, sur votre faiblesse. Parce que vous êtes bonne, on se croit tout permis avec vous. Il y a un tas de gens ici qui vous volent, vous pillent effrontément, bien certains que vous ne vous révolterez pas.

— Je suis femme simplement, de là vient ma faiblesse : je reste impuissante devant ce qui serait facile d'empêcher pour un homme.

L'occasion se présentait trop belle pour que le notaire ne la saisît pas au vol :

— Voilà le mot, madame, dit-il vivement, le vrai, celui de la situation, celui qui, depuis que vous m'avez fait l'honneur de me choisir pour votre conseil, me préoccupe; celui d'où viennent toutes vos difficultés, qui, quelles qu'elles soient présentement, sont petites à côté de celles que vous rencontrerez plus tard.

— Croyez-vous que je ne pense pas avec angoisse à ce moment?

— C'est beaucoup d'y penser; ce serait mieux de s'y préparer.

— Et comment?

— Permettez-moi de vous répondre avec la franchise d'une conscience qui croirait manquer à son devoir si elle se taisait : — en vous mariant.

Elle ne répondit pas, mais elle le regarda, et Héline vit qu'elle était, jusqu'à un certain point, suffoquée, ce qui d'ailleurs ne le surprit pas.

— Permettez-moi, madame, de vous faire observer qu'en réclamant mes conseils vous m'avez tacitement donné le droit de prévoir les circonstances où ils seraient utiles et, conséquemment, d'aller au-devant de ces circonstances; qu'elles se présentent à l'improviste et nous surprennent, vous pourriez me reprocher de ne pas vous avoir prévenue, et ma responsabilité se trouverait engagée.

— C'est à mes enfants que je pense, dit-elle, comme si elle se répondait à elle-même; me dois à leur tendresse.

— Ceci est une considération, et elle a sa force, j'en conviens, surtout pour une mère telle que vous ; mais, si vous vous devez à leur tendresse, vous vous devez aussi à leur intérêt bien compris, et cet intérêt présent, surtout leur intérêt à venir, est que vous vous mariiez. Notre monde, tel qu'il est organisé, n'est point fait pour la femme seule : à la fille, à la veuve sans enfant il crée une situation difficile ; à la veuve qui a des enfants, il en crée une impossible, — la vôtre. Je ne suis point un philosophe, et je ne débite point des lieux communs pour le plaisir d'émettre des vérités ; je suis notaire, c'est-à-dire un homme pratique, et, si je me suis fait bien comprendre, vous devez pressentir que, comme conclusion à mes paroles, il y a un nom.

Il fit une pause, et vit au trouble qu'elle laissa paraître qu'il pouvait continuer :

— Celui de mon ami Saniel, qui m'a donné mission de vous présenter sa demande.

Elle resta un moment confuse, et il sembla à Héline qu'elle était partagée entre deux sentiments contradictoires : la satisfaction et l'embarras.

— M. Saniel ! dit-elle enfin ; vraiment, M. Saniel !

Puis tout de suite elle s'écria :

— Mais il est marié, M. Saniel !

— Il l'était.

— Ah ! il est veuf ?

Heureusement madame Ranson était protestante, et Héline avait fait entrer ce point dans ses calculs ; cependant s'il n'avait pas à se heurter contre un parti pris de principes arrêtés, il fallait admettre des réserves mondaines avec lesquelles il convenait de compter; la question du divorce ne devait donc point être abordée à la légère et comme si elle était insignifiante.

— Lorsque je vous ai parlé de Saniel, reprit-il, je vous ai dit qu'il y avait de grandes tristesses dans sa vie; je faisais allusion à un fâcheux mariage. Après quelques mois d'une union mal assortie avec la fille d'un peintre de grand talent, il s'était séparé de sa femme qui, par ses goûts et son caractère, n'avait rien de ce qu'il faut pour rendre heureux un homme tel que lui, et il vivait dans une austère solitude, n'ayant d'autres plaisirs que ceux que donnent le travail et le succès. Il y avait plus de huit années que cette séparation s'était accomplie, et les deux époux étaient devenus aussi étrangers l'un à l'autre que s'ils ne s'étaient jamais connus, lorsqu'il vous vit, madame. J'aborde ici un sujet délicat pour lequel je vous demande toute votre indulgence. Vous vous souvenez, n'est-ce pas, madame, des termes dans lesquels vous m'avez parlé de lui, le lendemain du jour où pour la première fois vous l'avez consulté : votre impression était celle d'une personne qui s'est trouvée en présence d'un homme supérieur, et qui a su l'apprécier pour ce qu'il vaut. L'impression qu'il avait produite sur vous, vous l'aviez, de votre côté, produite sur lui, et il me l'a dit comme vous m'aviez dit la vôtre. Ce fut alors que la pensée d'un mariage se présenta à mon esprit. Je la communiquai à Saniel, en lui donnant le conseil de commencer par convertir en un divorce légal ce qui, depuis tant d'années, était un divorce de fait, et ce divorce a été prononcé... en sa faveur, bien entendu. Aujourd'hui, il est donc libre d'écouter ses sentiments et de vous les faire connaître.

Le passage périlleux était franchi, et le notaire avait eu la satisfaction de constater que tout ce qui touchait au divorce avait été accepté par madame Ranson sans aucune répugnance : les craintes qu'il avait pu avoir de ce côté étaient donc vaines : elle admettait le mariage après le divorce. Maintenant, il pouvait aller droit devant lui, ce qu'il fit :

— Sa situation, vous la connaissez aussi ; elle l'a placé à la tête du corps médical : et en autorité, en considération, en honneur, elle lui a donné ce qu'il mérite. Cependant je dois dire qu'il n'en a pas été ainsi pour la fortune : Saniel, qui gagne une centaine de mille francs par an, n'a pas de fortune ; l'argent qu'il aurait pu mettre de côté a fondu au jour le jour entre ses mains, employé en dons de toute sorte ; et avec une telle générosité que, si nous lui demandions où cet argent passe, il serait bien embarrassé pour nous le dire. Mais, si belle, si haute que soit sa situation, elle n'est pourtant pas arrivée à son apogée : elle grandira non seulement par les travaux qu'il fera, mais encore par la force même des circonstances qui, au point où il en est, travailleront pour lui, car il en est de la réputation et de la gloire comme de tout capital acquis qui de lui-même produit un revenu et vous enrichit par cela seul que vous êtes déjà riche. Que lui réserve l'avenir ? il serait oiseux de chercher à le prévoir ; cependant il me semble qu'il est permis d'affirmer, sans présomption, qu'aujourd'hui est le garant de demain. Pour un moment, laissez-moi supposer comme fait le mariage dont je vous entretiens... Vous permettez, n'est-ce pas ?

Elle fit, sans répondre, un signe d'acquiescement.

— Donc Saniel est établi dans ce château, et la considération dont il est entouré, son autorité, sa réputation font de lui un des personnages les plus en vue de notre contrée. Dieu merci, nous habitons un département dans lequel les électeurs sont capables d'un choix raisonnable, où le mérite personnel du candidat entre pour une part; Saniel est élu député ou sénateur, et, comme il est incontestablement un de ces forts qui s'imposent partout, il prend bien vite une grande place dans le monde politique. C'est ici, madame, que je fais appel à toute votre attention en même temps que j'invoque votre indulgence, en vous demandant de croire à l'avance que je ne suis guidé que par votre intérêt et celui de vos enfants...

— Je le crois.

— Malgré la haute position que vous donne votre fortune, il faut reconnaître que dans ce pays, comme dans la vie d'ailleurs, vous êtes bien isolée. Du côté de M. Ranson, sa famille ne compte pas. De votre côté, la vôtre habite le Midi, et par conséquent ses relations ne peuvent vous être d'aucune utilité. Or ce n'est pas à une femme qu'il est utile d'apprendre que tout dans la vie se décide par les relations. En ce moment, il est vrai, vous n'en sentez pas le besoin, et même je comprends que votre tendresse maternelle se complaise dans un isolement jaloux qui fait vos fils tout à vous. Mais il arrivera un jour, et il n'est pas loin, où vos fils, ayant grandi, auront à prendre dans le monde la place à laquelle leur fortune les prédestine. Comment se la feront-ils, n'ayant personne pour les guider, pour les aider, pas même un camarade, puisque, par le fait de leur éducation, ils n'ont pas de camarades? C'est ici que l'influence de Saniel se manifeste toute-puissante. Les relations qui vous manquent, il les possède, lui, et les met à la disposition de vos fils, — les siens. Alors ne voyez-vous pas comme la vie s'ouvre facile pour eux, avec une fortune telle que la leur, et un beau-père comme Saniel, le Saniel que sera dans quelques années celui que je vous montrais tout à l'heure? Et ce n'est pas seulement à la carrière qu'ils embrasseront qu'il faut penser, car vous voudrez qu'ils en suivent une, j'en suis certain, et ne permettrez point qu'ils s'étiolent dans une existence dorée.

— Certes, non... au moins si leur santé le permet.

— Sous la direction de Saniel, elle le leur permettra, soyez-en assurée. Je dis que ce n'est pas seulement le choix de leur carrière qui sera facilité, mais que ce sera aussi celui de la femme qu'ils épouseront, et qui se fera dans un autre monde que celui où, seuls, ils pourraient pénétrer.

Il se leva :

— Vous voudrez bien faire porter vos réflexions sur ces considérations, qui demandent à être examinées à tête reposée. Je n'ajoute plus qu'un mot, et celui-là purement professionnel, celui du notaire. Je pense que vous ne connaissez pas l'article 386 du Code civil?

— Au moins ce numéro ne me dit-il rien.

— Par la mort de M. Ranson, vous vous êtes trouvée investie de la jouissance légale de la fortune de vos enfants, que vous devez conserver jusqu'à leurs dix-huit ans accomplis.

— Je sais cela.

— Mais ce que vous ne savez peut-être pas, c'est qu'une autre disposition de la loi décide que cette jouissance cesse à l'égard de la mère dans le cas d'un second mariage.

— Je ne le savais pas, en effet.

— Vous n'êtes pas la première, et c'est pour cela que j'ai tenu à vous en avertir comme j'en ai d'ailleurs averti Saniel. Pourquoi la loi a-t-elle enlevé cette jouissance légale à la femme qui se remarie, tandis qu'elle l'a conservée à l'homme? C'est là une bizarrerie qui ne s'explique que par l'influence du droit canonique, datant du temps où l'Eglise condamnait les secondes noces, et qui, de cette époque, s'est transmise jusqu'au nôtre sans autre raison que la force de la routine.

III

Se remarier !

Ce fut le mot que madame Ranson se répéta après le départ du notaire, plus troublée, plus angoissée qu'au temps de sa jeunesse, quand son oncle, le conseiller à la cour de Nîmes, chez qui elle avait été élevée, lui avait demandé si elle voulait prendre pour mari un industriel qui semblait appelé à une belle fortune.

Maintenant, elle n'était plus seule et, avec sa vie, c'était celle de ses fils qu'elle engageait dans un nouveau mariage.

Il est vrai que, si elle prenait un mari, c'était un protecteur qu'elle leur donnait ; mais, enfants comme ils l'étaient encore, comprendraient-ils cela ? Admettraient-ils les considérations, pour elle pleines de justesse, que le notaire venait de lui exposer ?

Seule, et complètement maîtresse de sa vie, elle n'eût pas laissé partir Héline sans une réponse affirmative ; car, si cette demande pouvait jusqu'à un certain point inquiéter la mère, elle ne pouvait que plaire à la femme et la flatter : être choisie par un homme tel que Saniel, partager son nom, sa grande situation, il y avait là, à ses yeux, de quoi l'enorgueillir, et elle n'avait point été assez heureuse avec son premier mari pour faire vœu de ne se remarier jamais ; quel plus beau mariage pouvait-elle faire que celui-là ? A la vérité, elle perdait l'usufruit de la fortune de ses enfants, mais ce n'était pas là une considération pour l'arrêter, pas plus qu'elle n'avait arrêté Saniel, d'ailleurs.

Résolue de son côté, la question ne pouvait rester incertaine qu'en se plaçant au point de vue de ses fils, et encore semblait-il qu'elle ne devait pas l'être si les raisons présentées par Héline étaient fondées.

Evidemment, elles étaient décisives et, dans le présent comme dans l'avenir, leur intérêt véritable était d'avoir pour beau-père Saniel, qui plus que personne leur serait utile : il serait la volonté, la main ferme, le directeur qu'elle ne pouvait pas être ; et ce qui n'avait pas moins de prix à ses yeux, il serait — si jamais les craintes que leur santé lui inspiraient devenaient menaçantes — le sauveur qu'il avait déjà été ; lui près d'elle, point de dangers pour eux, la maladie détournée, la santé et la force assurées : Valérien ne se rétablissait que bien lentement et souvent Calixte se plaignait de malaises.

En présence de pareils avantages, devait-elle se laisser arrêter par la crainte de leur causer un chagrin immédiat, et de les blesser dans leur tendresse jalouse ?

Tout bien pesé, elle trouvait qu'elle serait coupable de faiblesse et n'agirait pas en bonne mère. La répulsion qu'ils semblaient éprouver pour Saniel ne pouvait pas être sérieuse, puisqu'elle était sans cause ; certainement elle s'effacerait quand ils le connaîtraient. Et se laissant aller à la rêverie, elle s'était tracé un tableau de la vie heureuse, pour elle aussi bien que pour eux, que son mariage devait leur assurer : quel brave homme que ce notaire !

Ce soir même elle leur annoncerait son mariage, et franchement elle leur donnerait les raisons pour lesquelles elle l'acceptait : ils étaient assez grands maintenant pour les comprendre ; et d'un autre côté elle connaissait assez leur tendresse pour être certaine que si tout d'abord elle s'effarouchait, elle ne lui tiendrait pas rancune ; si un nuage se formait, il se dissiperait vite ; en même temps que la raison parlerait à leur esprit, l'affection parlerait à leur cœur.

Cependant, pendant le dîner, elle laissa paraître une préoccupation qui contrastait avec leur bonne humeur : eux aussi avaient un projet en tête et ils voulaient le lui faire accepter. Dans leur promenade, ils avaient été arrêtés par un paysan qui, furieux des dégâts que les lapins du parc faisaient dans son champ, leur avait dit qu'il viendrait le dimanche suivant réclamer une indemnité à madame Ranson, et ils avaient décidé qu'ils devaient procéder à coups de fusil à l'extermination de ces lapins, décidément intolérables : chaque jour, c'était des réclamations nouvelles de la part des paysans, des plaintes, des menaces de procès qu'on ne faisait taire qu'à prix d'argent ; il fallait en finir : la chasse aussi est un bon exercice.

— Comme votre extermination ne pourra pas être

complète, elle ne servira à rien, dit-elle; tant qu'il restera des lapins, n'y en eût-il qu'un seul, les réclamations continueront. On nous exploite parce que je ne suis qu'une femme, et parce que vous n'êtes, vous, que des enfants; au lieu d'écouter toutes les réclamations et de payer ce qu'on me demandait, j'aurais dû ne répondre qu'à celles qui étaient fondées et les discuter pied à pied avec une fermeté que je n'ai pas.

— Tu ne l'auras pas demain, cette fermeté ?

— Non, sans doute; mais on l'aura pour nous.

Ils la regardèrent sans comprendre ce « on » qui devait s'appliquer au notaire ou à quelque homme d'affaires, et ils revinrent à leur idée :

— Enfin, en attendant, nous pouvons toujours commencer à tuer les lapins, puisqu'il faut en arriver là.

Elle aurait voulu continuer, mais elle ne le pouvait pas, devant les domestiques qui servaient le dîner : pour ce qu'elle avait à dire, il lui fallait le calme du tête-à-tête.

Ce fut pour s'assurer ce calme qu'au lieu d'accompagner ses enfants dans une promenade après le dîner, comme à l'ordinaire, elle monta à son appartement, bien certaine qu'à un moment donné ils viendraient la rejoindre pour causer et se faire câliner avant l'heure du coucher.

En effet, quand le soir commença à tomber, elle les entendit arriver en courant, claquant les portes, bousculant les meubles qui se trouvaient sur leur passage, luttant à qui serait le premier près d'elle, pour s'établir à la bonne place, la tête sur ses genoux.

— Valérien, ce n'est pas du jeu; veux-tu t'arrêter, canaille.

— C'est toi, gredin.

Ce fut Valérien qui le premier se jeta sur elle et se coucha la tête dans sa robe.

— J'y suis.

Elle était assise sur le balcon, et près d'elle elle avait disposé deux petites chaises pour eux quand ils arriveraient.

— Maman, mets ma chaise sous moi, dit Valérien; si je quitte ma place, ce capon-là va me la prendre.

— Tu me l'as volée.

Ils se querellèrent un moment avec le tapage de moineaux qui se disputent le soir pour occuper leur place de la nuit; puis le silence se fit. Valérien gardait sa chaise, et Calixte, qui s'était emparé des deux mains de sa mère, pour qu'elle ne pût pas caresser les cheveux de son frère, les embrassait tendrement, avec de gros baisers sonores qui disaient :

— Ma place aussi est bonne.

L'ombre noyait déjà l'horizon de forêts qui, en face d'eux, au delà des prairies et du cours de la Nonette, se déroulaient à perte de vue quelques instants auparavant, quand dans le calme du soir ils entendirent un bruit de pas inégaux sur le gravier de l'allée qui, de la grille d'entrée, monte au château, et presque aussitôt le précepteur sortit de derrière un massif, marchant avec une raideur et une gravité significatives : ce n'était qu'avec précaution qu'il mettait un pied en avant et après s'être bien assuré sur celui qui touchait le sol.

— M. Buscail semble avoir fait une station à la taverne du Sport, dit Calixte en riant; regarde-le donc, maman, est-il drôle!

— Non, je ne le regarderai pas, et je ne veux pas que vous-mêmes le regardiez.

— Il marche si droit, si droit!

— C'est intolérable; il faut que cela finisse, et cela finira; c'est un scandale qu'il vous donne un pareil exemple.

— Tu ne sais donc pas, dit Valérien, que les anciens faisaient boire leurs esclaves, pour qu'on se dégoutât de l'ivresse en regardant les ivrognes.

— Si tu veux, maman, je lui parlerai dit Calixte, je lui dirai franchement que tu es fâchée contre lui; je ne suis plus un enfant, je vais avoir seize ans, et, puisque je suis l'homme de la famille, c'est à moi de parler.

— C'est une autre autorité que la tienne qu'il faut dans cette maison, non seulement pour M. Buscail, mais pour bien d'autres, et je suis décidée à l'y introduire.

Calixte s'était tourné vers elle, et Valérien, ayant relevé la tête, la regardait surpris.

— C'est pourquoi, reprit-elle, j'ai résolu de me marier.

Elle sentit qu'ils avaient reçu l'un et l'autre un contre-coup.

— Te marier;

— Toi, maman !

Ces deux cris partirent en même temps.

— Et c'est M. Saniel que j'épouse, dit-elle avec toute la fermeté qu'elle put mettre dans sa voix frémissante.

L'effet ne fut pas le même sur les deux enfants ; brusquement, Calixte lui lâcha les mains et, se levant, il s'adossa au balcon ; en le regardant, elle le vit blême, les lèvres tremblantes sous la lumière frisante de la lune qui commençait à monter au-dessus des clochers de Senlis ; pour Valérien, il s'était jeté sur elle et, la tête enfermée dans sa robe, il gémissait :

— Oh ! maman... maman !...

Elle le sentait sursauter sur ses genoux, secoué par ses plaintes, et toujours il répétait avec des sanglots :

— Oh ! maman... maman !...

Elle voulut le relever : il se cramponna à elle ; ce n'était plus le grand garçon de ces derniers temps, mais l'enfant, le petit enfant de ses premières années.

Elle se retourna vers son fils aîné :

— N'ai-je donc pas la liberté de faire ce que je veux, dit-elle, même quand c'est votre intérêt qui me guide !

Reprenant les arguments du notaire, elle expliqua comment il était de leur intérêt, dans le présent et plus encore dans l'avenir, d'avoir Saniel pour beau-père : sa position de veuve, de mère ayant deux grands garçons à élever était intenable ; plus tard elle le serait davantage encore, elle ne devait donc pas refuser un mariage tel que celui qu'on lui proposait. Et, toujours d'après Héline, elle avait montré ce qu'était la situation de Saniel, ce qu'elle deviendrait, et, cette situation, elle la partagerait, ils la partageraient avec lui. C'était ces considérations qui l'avaient décidée, sans qu'elle crût devoir se laisser arrêter par la pensée du chagrin qu'elle pouvait leur causer.

— Oh! tant de chagrin, s'écria Valérien sans relever la tête et l'enfonçant, au contraire, plus profondément dans ses genoux, comme s'il avait peur qu'on ne l'arrachât d'elle.

Ce cri, qui la remua jusqu'aux entrailles, la fit s'étendre sur les causes de ce chagrin. Pourquoi seraient-ils malheureux? Cesserait-elle de les aimer? Seraient-ils séparés? Elle ne comprenait donc pas les larmes de Valérien. Si quelqu'un devait éprouver un préjudice de ce mariage, c'était elle qu'il atteignait dans ses intérêts en lui enlevant l'usufruit de leurs revenus, dont elle aurait joui jusqu'à leurs dix-huit ans, tandis qu'elle le perdait du jour où elle se remariait. Mais eux ils avaient tout à gagner... jusqu'à de l'argent.

Elle parlait les yeux attachés sur son fils aîné; mais lui, ne la regardant point, conservait son attitude contrainte. Quand elle eut tout dit, elle attendit une réponse; il ne lui en fit pas, et resta debout, appuyé contre le balcon, les yeux perdus dans le vague, tandis que Valérien continuait de pleurer.

— Valérien, tu me fais beaucoup de peine, dit-elle.

Ce ne fut pas Valérien qui répondit, ce fut Calixte :

— Pardonne-lui, maman : Valérien est encore un enfant, il ne sait pas, et ne peut pas s'empêcher de pleurer.

Elle remarqua que la voix de son fils aîné tremblait ; mais, avant qu'elle eût pu répondre, il avait pris Valérien par le bras et l'avait relevé.

— Viens, ne peine pas maman.

Sans doute il avait raison, le brave garçon, de vouloir abréger cet entretien qui n'eût été que plus pénible en se prolongeant.

— Bonsoir, maman.

Ils l'embrassèrent ; elle-même les embrassa tendrement, plus tendrement encore que de coutume, mais il lui sembla qu'il n'y avait pas dans leurs baisers l'élan et l'effusion de tous les soirs ; et ils sortirent rapidement, l'aîné entraînant le jeune qui continuait de sangloter.

IV

Quand ils furent chez eux, Calixte, ayant bien fermé les portes derrière eux, se jeta dans les bras de son frère :

— Tu vois que, toi aussi, tu pleures ! s'écria Valérien.

— Mais pas devant elle.

— M. Saniel !

— Qu'est-ce que ça me fait, M. Saniel, celui-là ou un autre?

— S'il n'y avait pas eu celui-là, il n'y en aurait pas eu d'autre.

— Tu crois que c'est lui qui l'a décidée à se marier?

— Bien sûr.

— Si maman croit qu'il nous sera utile, de son côté il doit bien penser que nous serons embêtants pour lui. Ce que je le serai, moi !

— Et moi donc !

— Alors ?

— Et la fortune de maman.

— Il faut le dire à maman ; avec sa fierté, elle méprisera un homme qui ne veut d'elle que sa fortune.

— Est-ce qu'elle nous croirait! Vois-tu, mon bonhomme, maman s'imagine toujours que nous n'avons pas grandi et que nous sommes encore des gamins, incapables d'avoir une idée et de savoir ce que nous faisons.

— C'est bien vrai.

— Pour toi, c'est peut-être juste : à ton âge on est encore enfant; mais au mien c'est autre chose : je pourrais être émancipé.

Valérien, qui n'admettait en rien la supériorité de son aîné, ne se révolta pas contre cette prétention.

— Nous qui étions si heureux tous les trois! s'écria-t-il.

— Et maintenant il sera toujours entre nous.

— Est-ce que tu crois qu'il n'est pas riche, M. Saniel ? Il droit gagner beaucoup d'argent avec tous les malades qu'il reçoit.

— Qu'est-ce que cela fait qu'il soit ou ne soit pas riche?

— Cela fait que, s'il est riche, il n'a pas besoin d'épouser maman.

— C'est vraiment étonnant, mon pauvre Valérien, que tu sois resté si enfant pour certaines choses, tandis que pour d'autres tu es plus malin qu'un singe.

— Il me semble que ce que je dis n'est pas si bête.

— Au contraire, mon bonhomme, c'est bête comme tout.

— Parce que?

— Parce que, quand on est riche, on veut être plus riche encore : il n'y a que ceux qui ont de l'argent qui ont besoin d'argent. Regarde papa : s'il avait été pauvre, crois-tu qu'il serait resté au Caucase, où il se portait mal? Il serait revenu en France. Mais il était riche : il a voulu continuer à grossir sa fortune là où il l'avait faite ; et il en est mort. C'est ce qu'il m'a bien des fois expliqué. Dans les derniers temps de sa maladie, tu te rappelles qu'il me faisait souvent venir dans sa chambre...

— C'est vrai.

— Moi et non toi ; non parce qu'il m'aimait plus que toi, mon petit Valérien, ne crois pas cela, mais parce que j'étais l'aîné et qu'il pensait que je comprendrais mieux ce qu'il voulait me dire que toi qu'il jugeait trop enfant. Alors il me parlait de sa fortune qu'il était si fier d'avoir gagnée ; combien de fois m'a-t-il dit : « C'est à toi que je la confie. » Et il m'expliquait ses idées sur la richesse qui donne tout dans le monde, en me recommandant de ne pas laisser dévorer celle qu'il nous laisserait. C'était sa grande inquiétude. Il avait bien confiance en maman, mais il disait qu'elle était trop faible, comme nous, nous étions trop jeunes pour la défendre. Combien de fois m'a-t-il répété : « Si je pouvais vivre seulement cinq années encore ! » Mais il sentait bien que, ces cinq années, il ne les aurait pas. « Ceux qui ont la fortune sont la proie des intrigants qui se jettent sur eux, pour les exploiter, » me disait-il. Et tu vois comme il avait raison : ce M. Saniel est un de ces intrigants.

— Comment maman ne s'en aperçoit-elle pas !

— Tu sais qu'il l'a ensorcelée ; et qu'il a arrangé les choses pour gagner la confiance de maman et sa reconnaissance. Trouves-tu que c'est d'un intrigant, ça ?

— Oh ! oui.

Valérien dit ce *oui* avec conviction ; certainement, Saniel était un intrigant, il n'en doutait pas ; seulement il ne voyait pas clairement ses intrigues.

— Quelles choses a-t-il arrangées ? demanda-t-il avec une certaine timidité.

— Tu ne les vois pas ?

— Non... pas précisément.

— Heureusement je suis là, et j'ai l'œil ouvert.

— Alors tu vois les choses qu'il a arrangées ?

— Parbleu ?

— Et ces choses ?

— Son ordonnance donc; son solage, son vasistas ouvert la nuit; pourquoi ces choses, si ce n'est pour nous rendre malades ! Et pourquoi nous rendre malades si ce n'est pour nous guérir, et gagner par ce moyen la reconnaissance de maman? Tu vois s'il a réussi.

— J'ai été malade.

— Et il t'a guéri.

Valérien réfléchit un moment; puis, tout à coup il s'écria :

— Attends un peu.

— Qu'est-ce qui te prend?

— Viens avec moi.

C'était dans la chambre de Calixte qu'ils s'entretenaient ainsi; entre cette chambre et celle de Valérien se trouvait une grande pièce, à la fenêtre de laquelle on avait posé les vasistas ordonnés par Saniel; ce fut dans cette pièce que Valérien amena son frère, et, tout de suite prenant une chaise, il l'appuya contre la fenêtre, puis sur cette chaise il en posa un autre plus légère.

— Tiens bien les chaises, dit-il à son frère.

Grimpant sur les chaises, il ferma les deux vasistas; puis, se redressant avec un air de défi :

— V'là ce que j'en fais, de ses ordonnances au grand médecin, et ce que j'en ferai tous les soirs.

— Maintenant il n'a plus besoin de nous rendre malades ni de faire des miracles, puisqu'il a amené maman à le prendre pour mari. Tu peux donc fermer les vasistas et refuser de scier du bois, il ne s'en inquiétera pas; que nous nous portions bien ou mal, qu'est-ce que ça peut lui faire!

— Pourtant...

Il s'arrêta.

— Que veux-tu dire? demanda Calixte.

— C'est peut-être une bêtise.

— Dis-la tout de même.

— Si j'étais mort de ma maladie, qui est-ce qui aurait hérité de moi?

— Maman, et moi aussi, je crois.

— Alors maman serait plus riche maintenant?

— Certainement; seulement, si tu étais mort, maman n'aurait pas épousé M. Saniel, puisqu'il n'aurait pas accompli le miracle de te sauver.

— Bon; mais si je mourais quand le mariage sera fait, maman hériterait de la même manière, et il n'y aurait pas à craindre qu'elle ne prît pas M. Saniel pour mari, puisqu'il le serait déjà.

— Alors?

— Alors je me dis qu'il n'est pas indifférent à M. Saniel que je me porte bien ou que je me porte mal, puisque, si je mourais, maman et lui hériteraient de moi.

— Il n'y a pas de raisons pour que tu meures plutôt que moi.

— Si, puisque j'ai été malade.

— Tu es guéri.

— Enfin, nous pouvons mourir tous les deux, n'est-ce pas... si nous sommes malades comme papa?

— Il a dit que nous ne l'étions pas.

— Il l'a dit; mais il sait peut-être très bien que nous le sommes, et alors c'est parce qu'il le sait qu'il épouse maman.

Après s'être entretenus encore pendant quelques instants, Calixte décida qu'ils devaient se coucher.

— Plus nous causerons, dit-il à son frère qui résistait, plus nous nous attristerons, c'est assez comme ça.

— Alors embrasse-moi bien.

Mais, quand ils se furent couchés, ils ne trouvèrent point le sommeil, et, de sa chambre, leurs portes restant comme toujours ouvertes sur la pièce au vasistas, Calixte entendit Valérien s'agiter fiévreusement dans la sienne.

— Dors donc, dit-il au bout d'un certain temps.

— Je ne peux pas; veux-tu que j'aille coucher avec toi?

— Viens.

Avant de se coucher elle-même, madame Ranson, tourmentée par les larmes de Valérien et la brusque sortie de ses fils, voulut voir dans quel état ils étaient, et doucement, tenant à la main une bougie couverte d'un abat-jour, elle entra dans la chambre de Valérien. Surprise de ne pas le trouver dans son lit, elle passa dans celle de Calixte, et là elle les vit dormant, tournés l'un vers l'autre, la main dans la main, leurs grands cheveux mêlés sur l'oreiller.

V

Le mariage d'un homme dans la position de Saniel n'est point de ceux qui passent inaperçus; aussi, les journaux à informations lui avaient-ils consacré un écho ou une note le jour même où la publication avait été affichée à la mairie du Ier arrondissement; et, quand le soir, Florentin rentra chez sa sœur, il apportait le journal où il avait lu cette nouvelle.

Philis le connaissait trop bien et l'observait de trop près, d'ailleurs, pour ne pas remarquer qu'il avait fait quelque découverte; mais, comme ils ne pouvaient pas s'entretenir devant leur mère, elle dut attendre que madame Cormier fût au lit.

Depuis son retour, les recherches qu'il poursuivait sans se lasser n'avaient produit aucun résultat utile; le temps avait marché, l'époque de la prescription approchait; était-ce enfin une indication décisive qu'il avait trouvée?

— Qu'est-ce que tu as de nouveau? demanda-t-elle en revenant près de lui dans l'atelier.

— Lis cette note, répondit-il en mettant le doigt à la place où le mariage de Saniel était annoncé.

Il l'examina pendant qu'elle lisait, et ne remarqua en elle ni émoi ni trouble.

— Tu vois, dit-il.

— Voilà qui explique la demande en divorce.

— Crois-tu qu'il soit homme à faire un mariage d'amour?

— Je ne sais pas.

— Tu ne veux pas répondre.

— Je t'assure que je ne crois ni ceci ni cela, pas plus une chose qu'une autre, l'amour que l'intérêt, ou les convenances, ou quelque mobile que nous ne pouvons pas connaître à la distance où nous sommes.

— Moi, je crois à l'intérêt. Un homme comme lui ne se marie pas comme un autre, et les raisons comme les espérances qui déterminent son mariage, peuvent être utiles à connaître. Je les chercherai. Jusqu'à présent, je crois que j'ai fait fausse route, parce que je me suis laissé égarer par mon intérêt immédiat. En cherchant ce qui se rapporte exclusivement à la mort de Caffié et à celle de madame Dammauville, ce que j'ai pu obtenir s'est réduit à presque rien, puisque cette femme de chambre ne revient pas de Madère, et je me suis d'autant plus obstiné dans cette voie, que j'étais pressé par le temps qui s'écoule et la prescription qui arrive. J'ai eu tort. J'aurais dû procéder plus largement et m'appliquer à faire une enquête sur Saniel : les autres sont morts, lui est vivant. Qui sait si, dans sa vie, il n'y a pas de nouveaux crimes qui peuvent le faire prendre?

— Ta haine t'entraîne.

— Toi, le souvenir te retient. Serait-il le premier médecin qui, pour épouser une femme riche, aurait empoisonné le mari ? La publication du mariage dit que cette madame Ranson demeure au château de Venette, à Corcy. Corcy est aux environs de Senlis : demain matin, j'irai à Senlis. Je suis payé plus que personne pour savoir à quel point la justice est aveugle.

— Prends garde, en voulant te substituer à elle, de lui ouvrir les yeux sur toi-même.

— C'est la fatalité de ma situation de vivre dans le danger ; mais la peur n'est pas plus pour m'arrêter maintenant, qu'elle ne m'a fait renoncer à mes projets d'évasion pendant ma captivité. D'ailleurs, mets-toi bien dans la tête que ceux qui sont menés par une idée fixe n'ont peur de rien et ne reculent jamais.

— Même devant l'impossible ?

— Même devant l'absurde, si toutefois tu trouves qu'il est absurde de croire que tout se paye en ce monde.

— C'est mon suprême espoir.

— Alors pourquoi ne veux-tu pas que ce soit le mien et que je croie que Saniel payera sa dette un jour ? J'ai bien payé la mienne au delà de ce que je devais : pourquoi ne payerait-il pas la sienne à son tour ? A vivre seul, comme j'ai vécu pendant plusieurs années dans ma hutte, n'ayant pour converser, la nuit, que les étoiles, dont le scintillement semble une réponse, on finit par philosopher, si peu philosophe qu'on soit, et l'on s'arrange des systèmes pour expliquer les lois de ce monde, — dans le sens qu'on désire. C'est ainsi que, bien souvent, je me suis dit que la justice — celle des choses — finit toujours par accomplir son œuvre, et qu'elle obéit à des règles immuables, comme celles de l'équilibre, qui veulent que dans une année il naisse à peu près autant de garçons que de filles, ou qu'à la roulette les chances, au bout du compte, se balancent. Puisque le hasard lui-même est soumis au calcul des probabilités, je ne vois pas pourquoi la justice échapperait à la loi universelle.

— Si telle est ta croyance, laisse cette justice faire son œuvre.

— Que dit le proverbe ? « Aide-toi, le ciel t'aidera. » Il en est de même pour la justice. Si j'avais voulu attendre qu'elle eût accompli son œuvre, je serais resté là-bas. C'est pour mettre la main à sa roue que je suis revenu, et je l'y mettrai avec d'autant plus d'ardeur qu'elle a besoin d'être guidée ; car, si elle punit les coupables quelquefois, elle ne donne pas de compensation aux innocents bien souvent. J'irai demain à Senlis : Saniel a pris quelque chose au hasard, il doit maintenant le lui rendre ; je veux voir si l'heure de la restitution a sonné.

En effet, le lendemain, quand elle entra dans l'atelier pour se mettre au travail, elle le trouva prêt à partir ; mais, au lieu d'avoir revêtu ses vêtements ordinaires, il avait repris ceux avec lesquels il était arrivé, et qui, raccommodés et nettoyés, lui servaient le matin.

— C'est dans cette tenue que tu veux aller à Senlis ! dit-elle avec surprise.

— Parfaitement. Ce n'est pas auprès des bourgeois

du pays que je ferai mon enquête, n'est-ce pas ? puisque je n'ai pas de prétexte pour m'introduire chez eux ; les paysans, les ouvriers que j'écouterai causeront plus volontiers devant quelqu'un qui se rapprochera d'eux que devant un monsieur, si tant est que dans un homme qui a été huit années au bagne, il reste quelque chose qui rappelle le monsieur.

Un paquet noué dans un mouchoir était posé sur une chaise.

— Qu'est-ce que c'est que ça ? dit-elle.

— Un peu de linge que j'emporte.

— Comment resteras-tu dans ce pays sans provoquer la curiosité ?

— En travaillant, si cela est nécessaire.

— Travailler à quoi ?

— Quand on a été garçon de café, lampiste, chaufournier, chasseur, terrassier, jardinier, on a bien des métiers dans les bras ; je suis prêt à reprendre un de ceux-là, ou à en essayer un nouveau s'il le faut. D'ailleurs il n'est pas mauvais que je disparaisse pendant un certain temps. Je ne voulais pas rester. Je n'ai cédé qu'à tes instances. Et peut-être ai-je été imprudent. Il y a trop longtemps que je suis ici.

— Ce qui est imprudent, c'est ce que tu tentes aujourd'hui, comme aussi c'est folie, laisse-moi te le dire. Est-il raisonnable, je te le demande, de supposer qu'il a empoisonné le mari de cette femme, alors que cette conjecture ne s'appuie sur rien ?

— Sur rien que sur son caractère et ses antécédents, ce qui est quelque chose, tu en conviendras. D'autre part, quand on ne cherche que dans le vraisemblable, on a bien des chances pour ne rien trouver. Enfin, j'ai résolu d'aller à Senlis, et je pars.

Avec ses vêtements usés et fatigués, son paquet à la main, Florentin avait assez la tournure d'un ouvrier qui s'en va par les chemins cherchant de l'ouvrage, et il s'appliqua encore à se la donner davantage, ce qui était le seul moyen d'échapper à des investigations dangereuses.

Quand de loin il aperçut les hauts combles du château de Venette, imposant dans sa belle ordonnance, et quand il eut fait le tour interminable du parc, en jetant des regards sur les jardins, les serres, les écuries, les communs, il eut le sentiment de la fortune de madame Ranson : c'était donc bien l'argent qui inspirait le mariage de Saniel avec cette riche veuve, et cette constatation le confirmait dans l'idée qu'il y avait intérêt pour lui à chercher comment ce mariage s'était fait.

En tournant autour du parc, il avait passé devant la taverne du Sport ; il revint sur ses pas avec l'intention de déjeuner là ; s'il avait des voisins, il les écouterait, ce qui serait plus prudent que de poser des questions au hasard, et peut-être les conversations qu'il entendrait lui fourniraient-elles des indications d'où il pourrait partir sans imprudence.

Ne connaissant pas les usages de la maison, il entra dans le bar, où le père Collier, mister Collier senior, était en train de servir clopin-clopant de jeunes lads qui avaient commandé *one tchempeigne*.

— Peut-on déjeuner ? demanda Florentin surpris

de l'aspect de ce bar, qui lui rappelait l'Amérique et l'Angleterre.

— A côté, répondit mister Collier d'un ton bourru, car il lui déplaisait d'avoir à servir un Français, alors surtout que ce Français était un ouvrier qui ne buvait pas de *tchempeigne*.

La pièce où il passa, meublée de tables et de bancs, n'avait rien d'anglais et ressemblait à toutes les gargotes du pays. A sa demande, qu'il répéta, une femme répondit que c'était à onze heures que le déjeuner serait cuit et non avant.

— J'attendrai.

Il déposa son paquet sous un banc et s'assit sans qu'on s'occupât de lui ; un peu avant onze heures, une servante vint mettre le couvert, composé d'une assiette, d'un verre et d'une fourchette ; puis, quand l'heure eût sonné à un cartel accroché au mur, quelques ouvriers commencèrent à arriver à la file : des maçons en blouses blanches, des terrassiers, des bûcherons, et bientôt la salle se trouva remplie.

On s'était assis à sa table en ne lui laissant que bien juste sa place, mais cela n'était pas pour lui déplaire: il ne s'en trouverait que mieux pour écouter les propos qui s'échangeraient entre ses voisins, sans paraître les observer, ce qui était le point essentiel. Pour cela, il se mit à manger la portion qu'on lui avait servie, et, bien qu'il trouvât que cet abatis de poulet aux pommes de terre fût en réalité un ragoût de faisan, il se garda d'en rien dire, pour ne pas attirer l'attention.

Quand la faim commença à s'apaiser, les conversations, jusque-là languissantes, s'engagèrent, mais sans rien d'intéressant pour lui, puisque ni le nom de madame Ranson, ni celui de Saniel n'étaient prononcés ; et il se dépitait à voir l'heure marcher. La demie était passée depuis longtemps déjà, quand un des ouvriers qui mangeaient à une table éloignée vint à la sienne et, s'adressant à l'un de ses voisins, lui demanda du tabac pour faire une cigarette puis, tout en la roulant, ils échangèrent quelques paroles.

— Ça va chez vous autres?

— Fort ; on va embaucher une vingtaine de nouveaux terrassiers : le chemin que nous faisons passe par une butte qui doit être nivelée pour le mariage, et nous n'avons plus que quinze jours.

Vraisemblablement ce mariage était celui de madame Ranson, et c'était dans son parc qu'on faisait les travaux pour lesquels on embauchait des ouvriers : son parti fut pris, et, aussitôt que le fumeur eut regagné sa place, Valentin s'adressa à son voisin avec un fort accent normand :

— Vous dites qu'on embauche à votre chantier ?
— Oui.
— C'est que ça ferait mon affaire.
— Vous êtes terrassier, vous ?
— Jardinier ; mais, en espérant, la terrasse ne me fait pas peur.

Il offrit un verre de fine, et, une demi-heure après, dans le parc de madame Ranson, on lui mettait aux mains une pelle et une pioche, qu'il maniait de façon à prouver que la terrasse ne lui faisait pas peur.

Dans l'après-midi, madame Ranson, accompagnée de Calixte et de Valérien, vint voir les travaux.

— C'est la patronne? demanda Florentin à son voisin.

— Avec ses garçons.

— Il y a longtemps qu'elle est veuve?

— Plus de deux ans; son mari est mort au Caucase.

C'était le renversement des hypothèses de Florentin; cependant, le soir, il écrivait à Philis :

« Je suis entré dans la place dont je t'avais parlé
» et je crois que j'y resterai; mon adresse est : An-
» toine Prentout, taverne du Sport, à Corcy, par
» Senlis. »

VI

Madame Ranson n'était pas sans inquiétude sur l'accueil que ses fils feraient à son futur mari, la première fois qu'il viendrait à Venette : comment seraient-ils avec lui? Comment se tiendraient-ils? Elle croyait n'avoir rien à craindre de Calixte, dont le caractère calme et réservé la rassurait; mais il n'en était pas de même pour Valérien, sur qui on ne pouvait jamais compter, puisque lui-même n'était pas maître de son premier mouvement. Que le temps ne les fît pas revenir de leur injuste prévention, c'était ce dont elle ne doutait pas : quand ils le connaîtraient, ils auraient pour lui la respectueuse affection qu'il méritait et dont sûrement il se rendrait digne ; mais encore fallait-il que le temps pût accomplir son œuvre.

Elle les prévint donc de cette visite, mais sans oser insister sur ce qu'elle aurait voulu obtenir d'eux.

— M. Saniel me fera une visite dans l'après-midi ; quand vous le verrez arriver, vous viendrez le saluer.

— Oui, maman, répondit Calixte.

— Vous pourrez vous retirer au bout de quelques minutes.

— Oui, maman.

Il fut fait comme elle avait demandé : il y avait à peine deux minutes que Saniel était près d'elle qu'elle les vit entrer, Calixte marchant le premier ; ils vinrent à Saniel et avec déférence, mais aussi avec raideur, ils lui tendirent la main :

— Bonjour, monsieur.

Puis ils s'effacèrent sur le côté, répondirent par oui ou par non à ce que Saniel leur dit, et se retirèrent comme ils étaient entrés, Calixte ne quittant pas son frère des yeux.

Chaque fois que Saniel vint, ce cérémonial se répétait : ils entraient, saluaient, sortaient et c'était tout.

Cependant, il leur parlait avec une douce familiarité en les interrogeant sur leurs études; il voulut aussi voir leur jardin, qu'il loua pour sa bonne tenue, et, en revenant au château, il demanda à visiter la remise dans laquelle ils sciaient du bois ; un gros tas était rangé contre le mur du fond ; madame Ranson le montra avec fierté.

Alors Saniel revint sur ce qu'il avait dit, qu'il ne connaissait pas d'exercice plus salutaire ;

— Si j'avais eu le génie de la spéculation, dit-il en plaisantant, j'aurais créé, à l'usage des gens du monde, une maison de santé dans laquelle l'unique médication aurait consisté à scier du bois, et j'aurais obtenu des cures miraculeuses en même temps que j'aurais fait une grosse fortune.

— A moins que vous n'ayez eu personne, répondit Valérien rageusement.

Un coup d'œil de Calixte lui coupa la parole.

Madame Ranson avait demandé que la cérémonie du mariage fût aussi simple que possible et Saniel s'était rendu à ce désir. Le temps n'était plus où il croyait avoir besoin de se marier en gala et avec des témoins décoratifs qui pussent imposer du respect aux badauds : à cette époque, il épousait une fille pauvre dont le frère venait d'être envoyé au bagne ; maintenant il épousait une femme riche, honorée, et pas plus pour elle que pour lui-même l'apparat n'était nécessaire. Pas d'invités autres que les quatre témoins, qui, du côté de Saniel, seraient deux de ses collègues de l'Académie et du côté de madame Ranson, l'oncle qui l'avait élevée et l'un de ses cousins ; au retour du temple, déjeuner au château et, après le déjeuner, départ pour Creil, où ils prendraient le train de marée qui les conduirait en Angleterre.

Si madame Ranson avait pu, elle aurait renoncé à ce voyage qui, pour la première fois, allait la séparer pendant huit jours de ses fils ; mais comment le refuser devant l'insistance de Saniel, qui trouvait que huit jours pour prendre possession de sa femme, si complètement en puissance d'enfants, étaient à peine suffisants ; à la vérité, il n'avait pas donné cette raison avec cette netteté, mais il l'avait cependant indiquée de telle sorte qu'elle avait compris qu'il fallait accepter.

Il lui avait été presque aussi difficile d'annoncer ce voyage à ses fils que son mariage : que répondrait-elle si Valérien pleurait et poussait des cris comme ce soir-là ? Elle les voyait encore dans le lit de Calixte, dormant aux bras l'un de l'autre, et ce besoin de se réfugier dans leur amitié fraternelle lui avait laissé un souvenir qui étreignait si fort ses entrailles de mère que devant une résistance possible elle ne se sentait aucun courage.

Elle n'en rencontra point : elle crut remarquer que leurs yeux se mouillaient ; mais, comme elle n'osait pas les regarder, et comme ils ne parlaient point, elle put se dire qu'ils avaient accepté cette séparation sans trop de chagrin. Rassurée jusqu'à un certain point de leur côté, elle ne l'était nullement du côté du précepteur : n'allait-il pas profiter de cette absence pour se laisser entraîner à toutes ses fantaisies ? Et qui pouvait prévoir ce qu'elles seraient, ces fantaisies ! Elle lui avait adressé toutes les recommandations qu'elle croyait pouvoir se permettre, et il avait répondu par les plus belles promesses ; mais que valaient les promesses d'un homme qui ne pouvait tenir celles qu'il se faisait à lui-même ? Elle avait cru que le mieux, pendant son absence était que la vie de ses fils se continuât suivant le programme ordinaire, et il avait promis qu'il en serait ainsi : il assisterait aux leçons d'équitation, comme aussi aux travaux de jardinage dont il ne s'occupait pas habituellement.

A la mairie, au temple, au déjeuner, la tenue de Calixte et de Valérien fut parfaite : ni chagrine, ni gamine, un peu trop réservée seulement peut-être comme s'ils gardaient une attitude imposée, et cela fut d'autant plus sensible qu'avec leur grand-oncle et leur cousin, qu'ils ne connaissaient presque pas cependant, ils se montrèrent d'une tendresse pour leur mère significative : au retour, elle leur prouverait qu'ils n'avaient pas besoin de chercher une autre affection que la sienne, qu'ils trouveraient aussi ardente qu'elle l'avait jamais été.

Elle craignait aussi le moment immédiat de la séparation ; mais ils ne s'abandonnèrent point en l'embrassant ; et, quand elle se pencha en dehors de son coupé, que suivait le landau qui emportait aussi les témoins, elle les vit debout sur le perron, lui faisant des signes de la main ; elle agita son mouchoir, et ils disparurent à ses yeux comme elle disparut aux leurs.

Ils restèrent assez longtemps sans parler ; puis, se tournant vers son frère, Calixte lui tendit la main :

— Tu as été très bien, mon bonhomme.

— Si nous montions à cheval ; je galoperais volontiers.

Ils firent seller leurs chevaux et, suivis du groom attaché à leur service, ils galopèrent à travers la forêt d'Halatte jusqu'au soir.

Le lendemain matin, à l'heure habituelle, ils se mirent à scier du bois : leur précepteur avait dit qu'il viendrait voir comment ils s'acquittaient de cette besogne; mais, en l'attendant, ils commencèrent quand même leur travail.

Ils en étaient encore à leur première bûche, quand un homme, qui avait tout l'air d'un garçon jardinier, s'arrêta devant la remise :

— V'là des bûches qui sont dures tout de même, dit-il ; faut pas être caleux ni avoir peur d'arkanser pour les entreprendre.

Calixte et Valérien n'étaient pas de jeunes seigneurs qui croient avaler des couleuvres en parlant à un domestique :

— Vous dites ? demanda Valérien.

— Je dis qu'il faut pas être caleux pour s'mettre à l'ouvrage à l'heure que j'étons.

— Qu'est-ce que c'est que ça, caleux ? demanda Calixte.

— Un mot d'cheux nous.

— Où est-ce, cheux vous ?

— A Sahurs.

— Ah ! Et Sahurs, où est-ce ?

— En face La Bouille donc, d' l'autre côté de l'iau.

— Vous êtes jardinier ?

— On m'a embauché pour le travail de la terrasse,

et puis j'ai été engagé comme aide jardinier, qui est mon métier.

— Vous vous appelez?

— Prentout pour vous servir, si j'en étais capable. Et tout de même j' pourrais à c't' heure vous donner censément un coup de main; une bûche comme ça, c'est pas pour m'effouquer, vous savez.

Sans attendre une réponse, il prit la scie de Calixte, restée serrée dans le nœud d'une bûche de charme où elle ne voulait pas entrer; mais lui, en appuyant dessus vigoureusement, la fit passer à travers le nœud. Après celle-là, il en scia une seconde, puis trois, puis dix.

— C'est drôle tout de même que vous sciez du bois pour votre plaisir! dit-il d'un air niais.

— Ce n'est pas pour notre plaisir, répondit Valérien, c'est pour notre santé.

— Pour votre santé! oh! la la... Il y avait cheux nous comme ça un jeune homme qui venait du collège, et à qui qu'on avait ordonné de scier du bois pour se donner des forces censément; il en a scié, et il y en a duit, puisqu'il s'en est fait mouri. Créiez-mé, promenez-vous les mains dans les poches, puisque vous le pouvez, ça vous vaudra mieux.

Tout en parlant, il avait continué de scier vivement, et en quelques minutes le tas qu'il avait fait à côté du chevalet était l'équivalent de celui qui leur demandait plus d'une heure de travail.

Ils auraient dû refuser, mais cette besogne fastidieuse leur inspirait une telle horreur qu'ils suivirent le conseil qui leur était donné, et s'en allèrent se promener les mains dans les poches.

Calixte eut cependant des scrupules, mais Valérien se refusa à les partager.

— Comme tu es bête quelquefois! dit-il en se fâchant. Est-ce qu'il n'en est pas du sciage du bois comme du vasistas et du jardinage? Qu'est-ce que cela te fait que ce soit ce garçon qui scie notre tas?

— Et maman?

— Je veux bien m'imposer ces corvées pour lui faire plaisir, mais, si je trouve quelqu'un qui m'en débarrasse, je ne vais pas être assez simple pour le refuser... Il a l'air bon garçon, ce nouveau jardinier.

— Il a l'air niais. Il faudra lui donner quelque chose, au Normand; c'est gentil à lui d'avoir voulu nous aider sans que nous lui ayons rien demandé.

— Sais-tu ce que ça prouve?

— Dis-le.

— C'est que nous faisons pitié à nos domestiques.

— Ça ne me plaît pas.

— Ni à moi non plus, mais c'est pourtant ainsi, mon bonhomme. Il y avait déjà un certain temps que je m'en doutais: je voyais qu'on se cachait pour sourire quand nous nous mettions au travail, qu'on chuchotait en nous regardant; maintenant la preuve est faite par ce Normand : il a entendu ce que les autres domestiques disent, et, comme c'est une bonne bête, il a eu l'idée de nous aider pour nous empêcher de *mouri*.

— Je les aime, les bonnes bêtes de cette espèce-là.

— Ce que je n'aime pas, c'est qu'on nous rende ridicules.

— Es-tu sûr qu'on se moque de nous, et qu'on ne nous plaigne pas plutôt ?

— Qu'on nous raille ou qu'on nous plaigne, ni l'un ni l'autre ne me convient.

VII

Le temps n'était plus où, à la taverne du Sport, on traitait Florentin en intrus ; maintenant c'était un pensionnaire pour qui on avait, sinon des égards, au moins une bienveillance d'habitude : il était de la maison.

Seul le maître jardinier était logé dans les communs du château avec le premier cocher ; les aides se logeaient où ils pouvaient, dans le village, et Florentin avait choisi la taverne du Sport, qui lui semblait placée à souhait pour ses recherches : une mansarde dans le grenier à côté de cinq ou six ouvriers qui couchaient là, une place à table dans la salle commune, c'était précisément ce qu'il fallait à ses desseins. Le logement lui donnait une sorte de passe-port auprès des gendarmes, qui avaient de la considération pour les Collier senior et junior, toujours prompts à mettre la main au goulot d'une bouteille. Et la place dans la salle commune lui permettait d'entendre ce qui s'y disait, en lui laissant la liberté toute naturelle de placer un mot à propos, soit pour pousser la conversation plus loin qu'elle n'allait, soit pour lui imprimer une impulsion vers des conclusions qu'il voulait faire accepter. Jamais il n'interrogeait personne, mais d'un air indifférent ou niais il écoutait tout le monde, et au besoin il savait provoquer les bavardages de ceux qui sans lui n'auraient rien dit.

Pendant les heures des repas, personne ne pouvait s'étonner de le voir dans la salle commune, où sa place était celle d'un pensionnaire de la maison ; mais, comme en dehors de ces heures on aurait pu trouver étrange que le soir il fût toujours là, il avait imaginé un prétexte pour expliquer et légitimer sa présence : il travaillait ; et, comme son travail devait être compris par tous, il avait emprunté au maître jardinier quelques numéros de la *Revue horticole*, qu'il étalait sur sa table bien ostensiblement, et dans lesquels il paraissait prendre des notes, penché sur son papier, écrivant, écrivant sans lever la tête, ce qui était tout naturel de la part d'un garçon qui veut s'instruire et qui, dans sa mansarde, n'a ni table ni lumière pour écrire.

Le jour, c'était le bar qui avait des clients ; mais comme les lads et les hommes d'écurie doivent se lever avant le soleil pour la première sortie en forêt, le soir c'était le cabaret à la française qui recevait des ouvriers et quelques paysans. Les Anglais n'avaient rien à apprendre à Florentin, comme ils n'avaient pas de mot d'ordre à recevoir de lui, tandis qu'avec les gens du pays il en pouvait être tout autrement.

En temps ordinaire, il est probable qu'on ne se serait guère occupé de madame Ranson ; mais, alors qu'elle se mariait, son nom, celui de ses enfants, celui de Saniel, revenaient à chaque instant dans les conversations.

Quand madame Ranson était venue habiter Venette avec ses enfants, tous les Ranson des environs, de Senlis, de Courteuil, d'Aumont, qui, par un lien quelconque, de près ou de loin, tenaient à la famille de son mari avaient été satisfaits de son arrivée : ceux qui étaient pauvres, parce qu'on en pourrait certainement tirer quelque chose en cas de besoin ; ceux qui étaient à leur aise, parce que leur parenté avec la riche propriétaire du château de Venette donnait des satisfactions à leur vanité ; tous enfin par ce sentiment de vague espérance qui fait que les héritiers au degré successible d'un parent riche admettent toujours comme possible la réalisation de leur droit d'héritage, sans se préoccuper de leur degré de parenté et des obstacles qu'ils pourront rencontrer avant que la succession ne s'ouvre. Remariée, elle n'était plus seule ; elle aurait de nouveaux enfants, frères ou sœurs des deux petits cousins faiblots et qui eux, n'auraient aucun lien de parenté avec les Ranson ; elle avait son mari, et si elle héritait de ses deux aînés, c'était à ses jeunes enfants qu'elle laissait légalement la fortune ou si c'était par testament, à son mari et non à la tribu des Ranson. Un vol, quoi !

Et quand quelques-uns de ces Ranson venaient le soir ou le dimanche à la taverne du Sport, ils ne se gênaient point pour dire tout haut le mépris que ce mariage leur inspirait.

— Je vous demande un peu qu'est-ce qu'elle a besoin de se marier, c'te femme !

Parmi ces Ranson, il y en avait un plus assidu que les autres à la taverne du Sport, où très souvent, le soir, il venait prendre un quatre-sous, et surtout causer avec les deux Collier. C'était un vieux paysan, qui affectait la simplicité et la bonhomie pour cacher un esprit madré et retors que la nature lui avait donné, et que la vie avait singulièrement aiguisé. S'il n'était pas riche au moins possédait-il une bonne aisance, gagnée à cultiver son bien et surtout à faire le commerce de vieux chevaux de courses avariés ou claqués, qu'il achetait pour rien ou presque rien sur les indications des deux Collier père et fils, et qu'il revendait avec de jolis bénéfices après les avoir reboutés et remis en état dans ses prairies de la Nonette.

Celui-là, — Sophronyme Ranson — criait de beaucoup le plus fort contre ce mariage qui dérangeait ses espérances et ses plans, car il était l'homme des calculs à longue échéance, et plus qu'aucun autre Ranson il avait cru que la fortune « des petits cousins » lui reviendrait un jour en partie, non pour lui : il avait déjà assez de son bien à faire valoir, mais pour son fils, vétérinaire à Paris, qui était un garçon que la richesse n'embarrasserait pas.

C'était lui qui, le premier, avait déclaré que Saniel ne pouvait être qu'une canaille, et ce mot, auquel il tenait, il le répétait à chaque instant, comme si cette répétition était un soulagement pour sa déception et sa colère.

Canaille Saniel : cela n'apprenait rien à Florentin, et à entendre répéter tous les jours cette injure, qui la première fois l'avait rendu attentif, il se dépitait. Évidemment, il était bon que contre Saniel il se formât dans le pays une opinion hostile, dont un jour on pourrait tirer parti ; mais ce qui eût été mieux, c'eût été que cette opinion, au lieu de reposer sur des propos de cabaret, eût une base plus solide, formée de faits précis. Quand il vit que ces propos se répétaient toujours les mêmes, il se décida à intervenir pour leur donner cette base qui leur manquait.

Mais cette intervention était pour lui d'une telle gravité, qu'il devait manœuvrer de façon qu'on ne pût pas voir sa main. Il avait sa place à garder au château, qu'il ne pouvait pas s'exposer à perdre par une imprudence. Et d'autre part, il importait que jamais on ne pût remonter au point de départ de la direction qu'il voulait imprimer aux idées de ces ennemis de Saniel.

Un soir que Sophronyme Ranson, avec le *blacksmith*, déblatérait à une table éloignée contre cette canaille de médecin, Florentin, qui semblait absorbé par son travail dans un coin opposé, leva la tête et dit à mi-voix, mais en s'adressant à son voisin de façon à être entendu et compris.

— C'est ça qui serait malheureux tout de même.

— Qu'est-ce qui serait malheureux ? demanda le voisin.

— Ce que dit ce vieux là-bas : que les deux petits messieurs soient tourmentés par le médecin.

Il se remit à copier ses notes.

Son mot, comme il l'espérait, ne fut pas perdu ; au bout de quelques minutes, il l'entendit, répété et précisé, par Sophronyme Ranson, qui criait :

— Ce qui me fait le plus de chagrin dans tout ça, c'est de voir ces deux pauvres garçons, les enfants de mon propre cousin, à moi, devenir les martyrs de cette canaille de médecin.

— C'est donc vrai qu'il les fait travailler dur ? dit une voix.

— Des enfants qui seront riches un jour à acheter tout le pays, criait Sophronyme Ranson, les faire travailler comme des ouvriers !

— Mais qu'est-ce qu'il leur fait donc faire ?

— Il faut demander ça au Normand, dit Collier.

Puis, appelant Florentin :

— Eh ! Normand, venez donc un peu ici.

Florentin se leva avec une répugnance bien marquée, en laissant ouvert son cahier de notes comme un homme pressé d'y revenir.

Sur un signe de Collier, un quatre-sous avait été servi sur la table où il était assis vis-à-vis du vieux paysan.

— Ils sont donc bien malheureux, mes petits cousins ? dit Sophronyme. On les tourmente donc ?

— Qui est-ce qui les tourmenterait ?

— Leur beau-père.

— Si c'est des choses sur le compte des patrons, ça ne me convient pas de parler ; vous savez, j'ai besoin de gagner ma vie, je ne veux pas être renvoyé.

— On ne vous demande rien sur le compte des patrons, dit Collier, mais si on fait travailler les jeunes messieurs.

— Oh ! pour ça, oui, et dur encore : le matin, scier du bois pendant deux heures ; à midi, jardiner pendant deux heures encore, ça n'est pas doux pour des jeunes gens qui n'ont pas de cals aux mains. Pas plus tard que ce matin, je passais devant la remise où ils sciaient du bois, et j'entendais des *han* ! des *han* ! je regarde et je vois les deux garçons qui sciaient tant qu'ils pouvaient. C'était à faire pitié, époumonnés qu'ils étaient ; mais ils tenaient bon quand même, les cheveux plein la figure, la sueur leur tombait sur les mains. Alors j'ai pris leur scie et, dame ! je leur en ai scié un bon tas ; coriace que c'était : du charme plein de nœuds, la scie n'entre pas.

— Vous êtes un bon garçon, vous, dit Sophronyme d'un air attendri. Une autre tournée, hein ?

— Merci bien de la politesse !

Après avoir vidé sa seconde tournée, Florentin continua :

— C'est comme le travail du jardin ; pour nous autres, deux heures ce n'est rien, n'est-ce pas ! eh bien, eux, il y a des jours où l'on dirait qu'ils vont mourir, c'est surtout quand ils arrosent. Pour nous, une bonne partie de l'arrosage se fait à la lance ;

mais, pour eux, ils doivent arroser tout leur jardin à l'arrosoir.

— C'est trop fort ! s'écria Sophronyme.

— C'est comme je vous le dis ; et ils en ont quelquefois pour leurs deux heures. Ce qu'ils sont mouillés, il faut voir ça. Pour un métier sain, il est sûr que ce n'est pas un métier sain ; les pieds et les bras dans l'eau froide, et elle est froide, notre eau de source ; le soleil sur la tête : j'ai vu des garçons maraîchers qui ont gagné à ça des fluxions de poitrine.

— Et qui sont morts, dit Sophronyme.

— Dame, oui.

Florentin se hâta de regagner sa place, où il se plongea dans son travail : ce qu'il avait dit suffisait pour ce soir-là, surtout avec un vieux madré comme ce paysan : il eût procédé par accusations formelles contre Saniel qu'il n'eût pas produit plus d'effet que par ce récit de faits vrais.

VIII

Quand Calixte et Valérien arrivèrent le lendemain matin dans la remise, ils trouvèrent le Normand au travail, avec un gros tas de bois scié autour de lui.

Alors, Calixte, s'approchant, voulut lui mettre une pièce de cinq francs dans la main, mais Florentin serra les doigts.

— Non, monsieur, ça n'en vaut pas la peine.

— Vous nous ferez plaisir, dit Valérien.

Ils furent contents de voir que cent sous était une somme pour lui, car ils avaient discuté combien ils devaient lui donner, et ce n'était que difficilement qu'ils s'étaient mis d'accord : Valérien voulait un louis; Calixte proposait cinq francs, et encore trouvait-il que c'était peut-être beaucoup; là-dessus ils s'étaient querellés, Valérien reprochant à son aîné d'être un avare, l'aîné grondant son cadet pour ses dispositions à la prodigalité :

— Tu te ruineras.

— Et toi, tu n'es qu'un vieux, un très vieux : il y a cent ans entre nous.

Ce jour-là, c'était Valérien qui était le patron et Calixte l'ouvrier pour leurs travaux de jardinage; mais, comme la sécheresse continuait, la besogne, qui consistait en arrosages, devait être la même pour le maître que pour le garçon, c'est-à-dire aussi dure pour l'un que pour l'autre : le bassin où ils puisaient l'eau n'était près ni de leurs plates-bandes de fleurs, ni de leurs carrés de légumes, et après un certain nombre de voyages, les arrosoirs devenaient lourds au bout des bras.

Ils commençaient à peine leur tâche quand le Normand vint, lui aussi, puiser de l'eau au bassin.

— Si on vous donnait un coup de main? dit-il.

Sans attendre une réponse, il prit les arrosoirs des mains de Valérien et, les ayant remplis, il les lui porta devant la plate-bande qu'ils devaient mouiller.

— Videz-les, dit-il ; pendant ce temps-là, j'emplirai ceux de M. Calixte et les lui apporterai.

C'était le plus dur du travail qu'il prenait : vider les arrosoirs pouvait passer pour une récréation ; le fatigant était de les enfoncer dans le bassin, de les soulever pleins et de les porter ; au moins était-ce pour eux qu'il y avait là une certaine fatigue, car pour lui, avec sa vigueur, il semblait que ce fût un jeu ; et ils l'admiraient courir dans l'allée, les pieds nus, le pantalon relevé aux genoux, les manches de la chemise retroussées jusqu'aux coudes.

Habituellement, quand ils avaient fini d'arroser, ils montaient au plus vite changer de linge et de vêtements, car ils étaient inondés de la tête aux pieds ; mais ce jour-là ils se trouvaient à peine mouillés, puisque c'était en plongeant les arrosoirs dans le bassin qu'ils s'éclaboussaient, et en les portant qu'ils répandaient de l'eau sur leur pantalon et dans leurs souliers.

— Ce serait vraiment commode d'avoir toujours le Normand, dit Valérien ; seulement, tu sais, l'effet des cent sous ne durera pas toujours.

— On le répétera ! Si tu crois que j'ai peur de dépenser cent sous, tu te trompes, bonhomme : ce que je ne veux pas, c'est les jeter inutilement à la tête des gens, pour rien, pour le plaisir de les jeter, ce qui pour moi n'est pas un plaisir.

— Pour moi, c'en est un.

— Tu vois comme papa avait raison de croire que tu n'étais pas en état de défendre ta fortune ; heureusement je suis là, et je t'empêcherai bien de faire des folies.

Avec une vie réglée comme la leur, on savait exactement ce qu'ils feraient à une heure donnée, comme on savait aussi où ils seraient, par quels endroits ils passeraient dans leur promenades. Une fois en forêt, ils allaient au hasard où ils voulaient; mais, au départ ainsi qu'à la rentrée, ils prenaient toujours le même chemin pendant un certain temps. Comme ils suivaient ce chemin dans leur promenade à cheval de l'après-midi, ils virent venir vers eux, marchant lentement, la houe sur l'épaule, un vieux paysan qu'ils ne tardèrent pas à reconnaître pour leur cousin Sophronyme Ranson.

— Quel ennui! dit Valérien; il va nous arrêter.

Jamais, en effet, il ne les rencontrait sans leur adresser la parole d'un ton doucereux et affectueux qui les agaçait, ne comprenant rien à ces témoignages d'affection qu'ils ne s'expliquaient pas chez un bonhomme avec qui ils n'avaient point d'autres relations que celles de ces rencontres de hasard.

En même temps, tous deux jetèrent de chaque côté des regards inquiets pour voir s'ils ne pourraient pas s'échapper, mais aucun chemin ne s'ouvrait ni à droite ni à gauche, et, bon gré, mal gré, il fallait continuer celui qu'ils suivaient ou brusquement tourner bride, ce qui n'était plus possible, car il arrivait sur eux et déjà il tenait sa casquette à la main.

— Je vous souhaite bien le bonjour.

Et remettant sa casquette il vint à eux, leur présentant deux doigts de la main droite, l'index et le médius, les autres étant repliés sur la paume ; c'était sa manière, en effet, de donner une poignée de main, en ne livrant que ces deux doigts, comme s'il avait peur de s'engager trop à fond en aventurant les autres.

— Et la santé? dit-il, toujours bonne? Allons, tant mieux! Et celle de la maman, bonne aussi? Allons, tant mieux! Nous faisons notre promenade? Allons, tant mieux!

— Et vous, mon cousin, comment allez-vous? demanda Calixte.

— Ça boulotte; sans les douleurs, ça irait; mais, que voulez-vous! c'est l'âge, et puis le travail. Il ne faut pas trop travailler, voyez-vous; quand c'est possible s'entend. Ce que j'en dis, c'est pour votre bien, par rapport à ce qu'on raconte. C'est-y vrai qu'on vous fait scier du bois et arroser pendant des heures et des heures?

— C'est pour notre santé, dit Calixte avec hauteur.

— Pour votre santé! C'est-y possible! Il voulait donc hériter de vous, celui qui vous a conseillé ça, oh! là là.

Il haussa les épaules avec un mouvement de pitié attendrie; puis reprenant :

— Ecoutez, mon cousin, le conseil d'un vieux paysan qui n'a pas étudié, mais qui sait par expérience ce que c'est que le travail ; eh bien, le travail c'est la mort de l'homme. Est-ce que, si je n'avais pas tant travaillé, je serais tout déjeté et voûté comme vous me voyez actuellement? Et pourtant j'étais un paysan, moi, élevé à la dure, pas comme vous. Bien sûr que maintenant que vous avez un grand médecin pour beau-père, il ne vous laissera pas vous tuer au travail comme ça.

— C'est lui qui nous l'a ordonné, répliqua vivement Valérien impatienté.

Il leva les bras au ciel : quel étonnement ! quelle stupéfaction ! Mais bientôt un sourire passa dans ses petits yeux gris :

— Ah ! j'y suis : quand il vous a ordonné ça, il n'était pas votre beau-père, bien sûr ; alors, quoi, c'était une ordonnance comme une autre : il faut bien que les médecins ordonnent quelque chose pour gagner leur argent ; que le client en guérisse ou en meure, ce n'est pas leur affaire. Mais maintenant qu'il est votre beau-père, le mari de votre mère, ça n'est plus ça ; pensez donc, s'il vous arrivait un accident, quelle histoire ! Qu'est-ce qu'on ne dirait pas dans le pays, où on trouve déjà bien extraordinaire qu'on vous fasse ainsi travailler à des métiers qui ne sont pas ceux de jeunes gens comme vous ? Car on trouve ça extraordinaire, vous savez, et vous pouvez l'en avertir en lui disant que ça vous est venu de votre cousin Sophronyme. Vous pouvez me nommer ; je n'ai peur de personne ; et, si vous avez jamais besoin de quelqu'un, vous me trouverez : je suis de votre famille, ne l'oubliez pas ; défunt votre papa et moi, nous nous aimions bien.

Il parut très ému par ce souvenir ; alors, leur tendant vivement ses deux doigts :

— Mais, je vous retarde ; assez causé ; continuez

votre promenade et souvenez-vous que, si vous avez jamais besoin d'un parent dévoué, le cousin Sophronyme est là.

De son pas lent, il s'éloigna sans se retourner, riant silencieusement : ils étaient prévenus, les petits cousins ; si leur jeunesse les avait jusque-là empêchés de penser que leur beau-père pouvait espérer hériter d'eux, ils le savaient maintenant.

Tandis qu'il rentrait au village, Calixte et Valérien continuaient sous bois leur promenade : sans se rien dire et d'un même mouvement, ils avaient mis leurs chevaux au trot ; mais, après un certain temps, ils ralentirent, laissant à une assez grande distance derrière eux le groom qui les accompagnait.

— Marchons au pas côte à côte, veux-tu ?

Ils étaient à ce moment dans une partie de la forêt tout à fait déserte : le soleil abaissé ne filtrait plus que difficilement à travers les hautes cimes ; personne dans le chemin droit ; aucun bruit, ni celui d'une hache au pied d'un arbre, ni celui d'un cri d'oiseau dans les cépées.

— Qu'est-ce qui t'a frappé dans ce que vient de nous dire le cousin Sophronyme ? demanda Calixte.

— Tout.

— Mais encore ?

— Qu'il voulait hériter de nous, celui qui nous avait conseillé nos travaux. J'en ai été un moment anéanti, car enfin on n'hérite que de ceux qui sont morts.

Valérien, s'appuyant sur son étrier gauche, se pencha vers son frère en regardant rapidement sous les taillis silencieux pour voir si personne ne pouvait les entendre, et, baissant encore la voix :

— Est-ce qu'il n'y a pas des tas de gens qui scient du bois et jardinent sans en mourir ?

— Oui, mais il y en a aussi que cela rend malades et qui gagnent la fièvre scarlatine.

Ils laissèrent aller leurs chevaux pendant quelques instants, puis Calixte reprit :

— Ce qu'il y a de certain, c'est que le Normand a parlé hier pour dire quelque chose, comme tout à l'heure notre cousin a parlé pour nous avertir, et que tous deux ont traduit ce qu'ils entendent autour d'eux : donc il y a des gens qui croient qu'on nous impose ces travaux pour nous rendre malades, et qu'on veut hériter de nous ; je trouve cela effrayant ; car si tout cela était vrai, nous ne pourrions pas nous défendre.

— Et comment nous défendre ?

— En prévenant maman.

— Est-ce que tu aurais jamais le courage de dire à maman que son mari veut hériter de nous ? D'ailleurs elle ne nous croirait pas.

IX

Ils revinrent, sans échanger une parole, hors d'eux-mêmes, l'esprit vacillant, ne sachant où se raccrocher dans le tourbillon d'idées qui les bouleversait.

Chaque matin ils envoyaient une dépêche à leur mère, et ils recevaient une réponse dans l'après-midi ou dans la soirée; au moment où ils étaient sortis, cette réponse n'était point arrivée : ils la trouvèrent en rentrant. Affectueuse comme toujours, avec une intensité d'accent que lui donnait sa brièveté même, elle contenait quelques mots qui détendirent leurs nerfs : « Je viens de m'occuper du souvenir que je rapporterai à chacun de vous. »

— Tu vois qu'elle pense à nous, dit le regard que Valérien attacha sur son frère.

Ils voulurent deviner quels pouvaient être ce ou ces souvenirs, mais ils n'arrivèrent qu'à une discussion, qui se termina par une querelle amicale.

Il avait été décidé que, pendant l'absence de leur mère, ils prendraient leurs repas avec leur précepteur, et en se mettant à table ils le trouvèrent de belle humeur, gai, bavard, sans que sa gaieté parût venir de la taverne du Sport, simple au contraire, naturelle et bon enfant comme elle l'était quand Buscail pouvait résister à ses faiblesses. Ce soir-là, il avait eu la force de tenir les nouvelles promesses faites à Héline, et il amusa ses élèves jusqu'à l'heure du coucher.

Quand ils montèrent chez eux, l'impression de tristesse et de découragement qu'ils éprouvaient en rentrant de leur promenade en forêt s'était dissipée, et ils ne voyaient plus les choses sous le même aspect.

— Est-il certain, dit Calixte, qu'il veuille hériter de nous ?

— Moi, j'aimerais ne pas le croire, et il y a autre chose que j'aimerais aussi : n'avoir pas le sou; car, si nous n'avions pas de fortune, personne ne penserait à hériter de nous, maman ne se serait pas remariée, et nous serions tous heureux... Appelle-moi bête si tu veux.

— Tu parles en gamin.

— Je voudrais en être un et n'avoir qu'à courir les rues comme ceux du village : ils n'ont pas de souci, eux; et moi, toutes ces affaires ça m'ennuie et ça me fait peur; je voudrais dormir tranquille sans de mauvais rêves qui m'étouffent... Tu n'en as donc pas eu, toi, de ces rêves-là ?

L'absence de leur mère ne devait durer que huit jours, et souvent ils discutaient la question de savoir si elle ne serait pas prolongée ; le septième jour, ils reçurent d'elle une dépêche annonçant son arrivée pour le lendemain, à l'heure du dîner, et demandant qu'on envoyât au-devant d'elle, à Creil, une voiture, à six heures, au train de marée.

— Si tu veux, proposa Valérien, nous prendrons le landau et nous irons l'attendre nous-mêmes. Crois-tu qu'elle serait contente !

— C'est une bonne idée ; je lui dirai qui l'a eue.

Mais presque aussitôt il revint sur ces premières paroles.

— Tu vois, dit-il, en relisant la dépêche, qu'elle ne demande pas que nous allions au devant d'elle.

— Nous lui ferons une surprise; c'est ça qui est amusant.

— Est-tu sûr que ta surprise serait agréable?

— A maman?

— A *lui*? Quand maman était à nous seuls, nous pouvions faire avec elle et faire d'elle ce qui nous passait par la tête : elle était toujours contente, puisque nous étions contents ; maintenant, avant de rien risquer, il faut être certain que nous ne le contrarierons pas, lui ; sais-tu ce qu'il pense ; l'imagines-tu?

Il cria ces derniers mots avec une colère dédaigneuse, comme s'il était impossible que de braves garçons pussent avoir idée de ce qui se passait dans la tête ou dans le cœur d'un homme tel que leur beau-père.

— Non, certainement, répondit Calixte sur le même ton. Aussi, c'est pourquoi je trouve que nous ne devons pas aller à Creil: si elle avait voulu de nous, elle l'aurait dit : nous l'avons quittée sur le perron, nous l'attendrons et la recevrons sur le perron.

Il fut fait ainsi : à six heures et demie ils s'installaient sur le perron et attendaient, l'oreille aux aguets. Le temps s'écoula, la nuit vint, le silence s'établit dans la campagne et sur la route; sans parler, ils écoutaient.

A huit heures, Valérien proposa à son frère de faire seller leurs chevaux et de partir.

Mais Calixte refusa.

— Alors j'y vais tout seul, dit Valérien.

Calixte le retint d'un mot :

— Crois-tu qu'il serait bon pour nous de laisser voir que nous ne sommes pas d'accord en tout.

On vint leur demander s'il ne fallait pas les servir ; ils voulurent attendre encore.

Enfin, à neuf heures seulement, la cloche du concierge sonna, et, quand le landau, qui arrivait grand train, s'arrêta devant le perron, ils restèrent au haut des marches, debout, immobiles, côte à côte, sans se jeter sur la portière, comme ils le faisaient, lorsque par hasard leur mère rentrait seule.

Ce fut elle qui vint à eux, non eux qui vinrent à elle.

Ils étaient entrés dans le vestibule. Après les premiers embrassements, elle demanda qu'on lui remît deux fourreaux en cuir restés dans le landau.

— Voilà les souvenirs que je vous rapporte, dit-elle.

Vivement ils débouclèrent les étuis et les ouvrirent.

— Un fusil !

Ce fut le cri qui en même temps leur échappa, joyeux, reconnaissant.

— Vous vouliez exterminer les lapins.

— Quelle danse ! s'écria Valérien.

C'étaient de belles armes, sévères et sombres, qui eussent fait l'admiration de vrais chasseurs.

— C'est M. Saniel qui les a choisies pour vous, dit-elle, voulant associer son mari à son cadeau.

Ils étaient en train de faire jouer les batteries de leurs fusils : immédiatement ils s'arrêtèrent d'un même mouvement, et remirent les armes dans leurs étuis.

Cela fut fait avec une telle netteté, qu'elle en eut le cœur serré : leur répulsion était donc bien forte, qu'elle étranglait leur plaisir, si expansif une minute auparavant !

On passa dans la salle à manger, où les quatre couverts étaient dressés.

— Comment ! vous nous avez attendus ? s'écria-t-elle en les embrassant d'un tendre regard, heureux et ému.

— Nous avons cru ne pas mal faire, dit Calixte.

— C'est une attention à laquelle votre mère et moi nous ne pouvons être que sensibles, dit Saniel.

Il expliqua que leur retard était causé par une avarie de machine arrivée au bateau, qui les avait retenus trois heures en pleine mer, immobiles, ballottés.

— Tu as été malade ? dirent-ils avec une tendre inquiétude en s'adressant à leur mère.

— Non, pas moi ; c'est M. Saniel qui a été un peu souffrant.

Alors ils se mirent à rire : lui souffrant ! malade comme un chien, et un sale chien encore, cela était sûr. Et ils se regardaient en ayant l'air de se reprocher mutuellement quelque chose ; en effet, pendant toute la journée, ils avaient à chaque instant étudié la cime des arbres pour voir si « ça dansait », se demandant si leur mère n'allait pas être malade, et c'était lui qui l'avait été ?

Le dîner retardé retarda aussi leur coucher ; cependant le lendemain matin ils se levèrent à leur heure habituelle et même un peu avant.

— Tu te lèves ? cria Valérien en entendant son frère descendre du lit.

— Oui.

— Ah ! bien, je me lève aussi.

Cependant, malgré cet empressement, ils ne se hâtèrent point de s'habiller ; au contraire, ils s'attardèrent dans des rangements assez inexplicables.

Valérien voulut démonter une serrure d'armoire qui criait et la graisser.

De son côté, Calixte entreprit de vider les uns après les autres les tiroirs d'une commode.

— Qu'est-ce que tu cherches ? demanda Valérien.

— Quelque chose !

Mais il n'en obtint pas davantage et il lui fut impossible de savoir ce que son frère cherchait avec tant de soin.

Tous deux paraissaient très affairés ; mais, si on les avait regardés de près, il eût été facile de reconnaître qu'ils voulaient surtout gagner du temps.

— Est-ce que tu n'est pas bientôt prêt ? s'écria Valérien à un certain moment.

— Tais-toi donc.

— Tais-toi plutôt ; on ne s'entend pas avec ton vacarme.

— Comment ! c'est moi qui fais du vacarme ? C'est trop fort !

Ils se turent en même temps, sans ajouter un mot, comme si au-dessus de leur besoin de discuter qui des deux était dans son droit pesait une pensée secrète.

A la fin, l'heure à laquelle ils descendaient d'habitude arriva : ils la laissèrent passer sans crier, comme d'ordinaire :

— Tu es en retard.

— Non, c'est toi.

Puis, au bout d'un temps assez long, Valérien vint rejoindre son frère, qu'il ne trouva pas plus avancé dans sa toilette qu'il ne l'était lui-même :

— Tu n'es pas habillé !

— Et toi ?

Ils se regardèrent, et en même temps une larme roula dans leurs yeux.

— C'était pour l'attendre que tu bousculais ta commode, dit Valérien.

— Comme toi tu démontais ta serrure.

— Et c'était pour l'entendre venir que tu ne voulais pas que je fisse du bruit.

— C'est la première fois qu'elle manque de venir nous peigner.

Ils restèrent en face l'un de l'autre, décontenancés.

— Elle n'aura pas pu, dit Calixte.

— Enfin, il n'y a plus à écouter pour savoir si elle arrive.

Valérien rentra dans sa chambre, tandis que Calixte restait dans la sienne.

Après un moment de réflexion, il cria à son frère :

— Mets ton costume de cheval.

— Où veux-tu aller?

— A Senlis, j'ai une idée.

En quelques minutes, ils furent habillés et bottés.

— Qu'est-ce que c'est que ton idée? demanda Valérien.

— En route, je te la dirai ; si elle te va, tu feras comme moi ; si elle ne te va pas, tu feras comme tu voudras.

Quand ils revinrent de Senlis, on leur dit que leur mère les avait demandés plusieurs fois pendant leur absence, et qu'elle les priait de monter dans son appartement, où elle les attendait.

— Où est M. Saniel.

— Il vient de partir pour Paris.

Ils montèrent lentement l'escalier et, arrivés à la porte de leur mère, ils s'arrêtèrent d'un même mouvement.

— Est-ce que tu veux que j'entre le premier ? demanda Valérien à voix basse.

— Pourquoi toi le premier, puisque l'idée est de moi ?

— Je croyais...

— Non, ni toi le premier, ni moi ; tous deux ensemble.

Ils entrèrent, se tenant par la main. Leur mère qui, en les entendant, s'était retournée pour venir au devant d'eux, s'arrêta stupéfaite et poussa un cri.

Ils avaient ôté leur chapeau et ils apparaissaient la tête rasée.

— Vos cheveux ! s'écria-t-elle.

Ils eurent un moment d'hésitation et ils se regardèrent, s'interrogeant vivement pour voir lequel prendrait la parole. Ce fut Calixte, toujours si réservé, si capon, disait son frère :

— Comme tu ne peux plus nous peigner...

— Nous avons cru, continua Valérien...

— ...Que ce n'était pas la peine de les garder, reprit Calixte.

— M. Saniel voulait nous les faire couper, dit Valérien : il sera content.

X

Après avoir mis la tribu des Ranson dans son jeu, Florentin n'avait qu'à attendre la marche des événements.

Que les travaux imposés aux enfants dussent le tuer, il ne le croyait pas; mais c'était une légende qu'il était bon de répandre dans le pays ; les Ranson la propageraient, il pouvait s'en rapporter à eux pour cela; elle envelopperait Saniel, — bourreau des enfants de sa femme, et, le jour où il serait utile de la faire parler, les bouches s'ouvriraient d'elles-mêmes, sans qu'il eût à provoquer leur témoignage.

Quand ce jour arriverait-il? C'est ce qu'il ne pouvait pas prévoir ; mais il y avait pour lui certitude absolue qu'il arriverait, puisqu'il y avait pour lui certitude tout aussi absolue que Saniel n'avait épousé cette riche veuve que pour hériter d'elle, après qu'elle aurait elle-même hérité de ses fils.

Quoi de plus facile, en effet, pour un médecin que de faire mourir, de mort naturelle, ces deux enfants qu'il soignait, et que leur mère aveuglée lui abandonnait ?

Les travaux manuels qu'il leur faisait exécuter n'avaient sûrement été inventés que pour cela : prescrits avant le mariage, ce qui était une habile précaution, mais en vue de ce mariage et pour produire leurs effets après.

Il eût gardé des doutes à ce sujet que ce qu'il avait appris du mariage de madame Ranson les lui eût enlevés. Quand le soir, chez Collier, le vieux Sophronyme avait fini de déblatérer contre cette canaille de médecin, il commençait d'autres litanies contre cette canaille de notaire, les deux complices, comme il les appelait ; et par là Florentin avait eu la preuve que ce mariage n'était pour Saniel qu'une affaire ; or, un homme de ce caractère ne fait pas les affaires à demi : ces deux enfants lui enlevaient la moitié d'une fortune à laquelle il avait droit, ils devaient la lui rendre.

Certainement ce plan était bien combiné, et il devait, semblait-il, s'exécuter sans rencontrer plus d'obstacles que de dangers.

Mais pour qu'il réussît, il fallait que personne ne lût dans le jeu de celui qui, après l'avoir habilement conçu, se promettait de le mettre en œuvre et n'eût intérêt à le surveiller ; or, il serait ce témoin intéressé que Saniel avait oublié et devait oublier dans ses calculs.

Là où des indifférents ne soupçonneraient rien, lui qui savait verrait clair; ils seraient en présence d'un personnage dans une situation considérable et que les honneurs, l'estime publique, le respect couvre de leur protection; lui n'aurait devant les yeux qu'un assassin que ses antécédents couvrent de tout leur poids.

Mais pour qu'il fût ce témoin il fallait qu'il pût rester jardinier au château, et il y avait là pour lui une difficulté qui n'était pas sans le préoccuper.

Quand il s'était présenté comme terrassier, il avait été embauché tout de suite : on prenait les premiers venus, ceux qui passaient et voulaient travailler, ne leur demandant pas autre chose que des bras et des reins. Quand de terrassier il était devenu garçon jardinier, les choses avaient marché moins facilement, et il n'était parvenu à décrocher sa place que par une extrême ardeur au travail, et en prouvant, dans toute sorte de besognes, qu'il était capable de rendre des services. Mais, jusque-là, il n'avait eu affaire qu'au maître jardinier, qui l'avait pris pour ses qualités de bon ouvrier; qu'arriverait-il le jour où le hasard le mettrait face à face avec Saniel?

Serait-il reconnu?

C'était pour éviter ce danger, que, décidé à entrer au château, il s'était transformé en Normand : le frère de son camarade d'évasion, qui s'appelait Antoine Prentout, et était venu travailler aux environs de Paris ; il serait cet Antoine Prentout, et, se rappelant certains mots de patois normand, il s'était appliqué à les employer à tout propos en imitant l'accent de son ancien compagnon. Avait-il réussi ? Il se le demandait souvent, car son imitation lui paraissait plus près du théâtre que de la réalité, et il devait reconnaître que ce ne sont pas quelques mots plaqués çà et là, au hasard, qui constituent un patois. Quelle figure ferait-il si, au lieu de paysans de l'Ile de France avec lesquels il s'entretenait ordinairement, et qui ne pouvaient pas distinguer le faux du vrai, il avait à soutenir une conversation avec un Normand authentique des environs de Rouen ? Heureusement Saniel était Auvergnat, madame Ranson était Méridionale, et cette considération avait pesé sur sa résolution de jouer le rôle d'un Normand : ni lui ni elle ne seraient compétents pour le juger.

Quand Saniel fut revenu d'Angleterre, Florentin se dit que d'un instant à l'autre le danger de la rencontre pouvait se produire, et il se tint sur ses gardes, attentif à ne pas se laisser surprendre : quand il le voyait venir dans le jardin, il ne se sauvait pas, mais il s'appliquait à son travail, ou bien il détournait la tête aussi naturellement qu'il le pouvait, de façon à ne pas laisser voir son visage, et surtout à ce que les yeux de Saniel ne pussent se choquer aux siens. Pendant quelques jours, il réussit ; mais un matin que madame Saniel se promenait dans le jardin avec son mari, avant que celui-ci partît pour Paris, ils s'arrêtèrent auprès de la corbeille de plantes qu'il était occupé à tuteurer, la tête baissée, tout à son travail.

— Comment appelez-vous ces plantes? demanda-t-elle.

Il fallait répondre et relever la tête, ce qu'il fit simplement, sans que sa voix tremblât, et sans que son regard trahît l'émotion qui cependant l'étreignait.

Bien que ce fût à la femme qu'il parlât en tenant les yeux levés sur elle, il sentit que le mari, qui tout d'abord n'avait pas fait attention à lui, le regardait fixement : c'était le moment décisif ; il tourna les yeux vers lui, puis il les abaissa pour se remettre au travail.

Mais Saniel, d'un mouvement de main, l'arrêta.

— Comment vous nommez-vous? demanda-t-il.

Si son accent normand pouvait le servir, c'était à cette heure ; cependant il fallait avoir la prudence de ne pas l'exagérer.

— Prentout, Antoine, monsieur.

— D'où êtes-vous? dit Saniel, que son accent avait certainement frappé.

— D' Sahu.

— Où est ce pays?

— A cinq lieues d' Rouen.

Tout en l'interrogeant, Saniel l'examinait d'un regard qui le fouillait, et, sous ce regard, il fallait qu'il gardât l'air placide et niais qu'il s'était donné. Ce qui le soutenait, c'était le trouble de Saniel, qui certainement lui enlevait la netteté du coup d'œil et la liberté du jugement : à l'égarement des yeux, il semblait qu'ils vissent un spectre.

Il avait donc peur, le misérable ; et, malgré ce que cette situation avait de terrible pour lui, puisqu'elle pouvait le renvoyer au bagne, Florentin éprouva un mouvement de joie triomphante : ne fût-il venu dans ce château que pour ce résultat, qu'il n'aurait pas perdu son temps, puisqu'il avait rejeté Saniel de neuf années en arrière, au milieu de ses angoisses et de ses affres d'assassin.

La question que Saniel lui posa ensuite prouva encore mieux son désarroi.

— Combien y a-t-il de temps que vous avez eu la petite vérole ?

Évidemment il voulait justifier son interrogatoire, et paraître ne le faire que dans un intérêt médical.

— Quatre ans, dit Florentin.

— Et où avez-vous été soigné ?

— Cheux nous.

— Depuis combien de temps êtes-vous ici ?

Il répondit franchement, expliquant qu'on l'avait pris d'abord comme terrassier, et plus tard comme aide-jardinier.

Qu'allait-il advenir de cette rencontre ? Ce fut la question que Florentin examina toute la journée. Saniel l'avait-il reconnu avec une certitude que rien ne détruirait ? Ou bien avait-il été frappé par une ressemblance qui, si forte qu'elle fût, laissait cependant place au doute ?

Il n'eut pas longtemps à attendre : le soir, le maître jardinier lui dit que madame Saniel voulait avoir des renseignements sur lui, et qu'il devait produire ses papiers, Florentin avait prévu cette demande ;

— Je vas les faire venir, dit-il ; vous me donnerez bien quelques jours.

Le soir même il écrivit à Philis de partir immédiatement pour Sahurs et, là, d'obtenir n'importe comment l'adresse d'Antoine Prentout qui était à cette heure jardinier aux environs de Paris ; sa liberté, sa vie dépendaient de ce renseignement. Deux jours après, un samedi, il le recevait : Antoine Prentout était jardinier en maison bourgeoise à Villiers-sur-Marne, et le lendemain, profitant de sa liberté du dimanche, Florentin arrivait à Villiers.

La négociation à entamer était délicate, car il s'agissait d'obtenir du vrai Antoine Prentout des papiers et des pièces qui établissaient l'identité du faux. Pour cela, Florentin comptait sur l'amitié qui avait uni les deux frères, et sur l'appel qu'il adresserait à cette amitié en faveur du dernier compagnon du mort, de celui qui apportait son adieu après avoir partagé ses dangers.

Arrivé à trois heures de l'après-midi à Villiers, Florentin n'en repartit qu'à sept heures ; il lui fallut ces quatre heures pour obtenir les pièces qu'il voulait : certainement Antoine Prentout ne demandait pas mieux que d'aider le camarade de son pauvre frère, mais il avait peur de se compromettre, et à toutes les objections, il répondait par le même mot :

— Vous comprenez, quand il est arrivé un malheur dans une famille !

A six heures et demie seulement, Antoine Prentout se décida à livrer un papier insignifiant ; à six heures trois quarts, un second, un peu plus important, et les autres de cinq en cinq minutes, et toujours après une bataille nouvelle; encore ne lâcha-t-il que ceux dont il ne pouvait pas se servir lui-même.

En possession de ces papiers, Florentin se garda de les communiquer tout de suite : c'eût été faire montre d'un empressement significatif ; il attendit qu'on les lui demandât de nouveau :

— Je les ai pas co, dit-il, je les attends ; vos savez, cheux nous y sont pas pressés.

Cependant, le soir, il les apportait comme s'il venait de les recevoir.

XI

Florentin s'était bien rendu compte de l'effet d'épouvante qu'il avait produit sur Saniel quand leurs regards s'étaient choqués : violemment ramené de neuf années en arrière par ce coup brutal, Saniel avait cru voir un fantôme se dresser devant lui, menaçant, comme à cette époque, dans ses nuits de fièvre, il voyait si souvent ceux de Caffié et de madame Dammauville, qu'il allait réveiller au fond de leurs tombes et que dans ses angoisses délirantes il évoquait.

Dans sa surprise, il avait eu un moment d'affolement.

Florentin était mort; Philis portait son deuil : comment revenait-il dans la peau de ce jardinier?

Assurément il était le jouet d'une hallucination causée par une ressemblance bizarre; et encore cette ressemblance n'était-elle peut-être pas aussi grande que son imagination plutôt que son souvenir la lui montrait.

Et, tout en continuant à lui poser des questions, il avait cherché à se le rappeler; mais sa mémoire le lui représentait assez mal : la première fois qu'il l'avait rencontré, c'était le jour où, partant pour Monaco, il avait été dire adieu à Philis, et le grand jeune homme à la barbe blonde frisée qu'il avait vu alors ne l'avait pas frappé; la seconde, c'était sur le banc de la cour d'assises, et la situation dans laquelle il se trouvait lui-même en ce moment ne lui permettait guère d'être attentif qu'à ce qui le touchait personnellement : c'était bien de Florentin vraiment qu'il avait souci pendant qu'il déposait, luttant pied à pied contre le président et l'avocat général!

Aux Batignolles comme au palais de Justice, il avait vu un grand jeune homme chevelu et barbu, assez insignifiant, timide, hésitant, malheureux, et maintenant il se trouvait en présence d'un grand gaillard au visage glabre, aux cheveux coupés courts, à l'allure résolue, au regard dur avec un air de paysan niais en même temps qu'effronté.

Et cependant, entre ces deux êtres si dissemblables quand on les comparait, il y avait des points de contact qui l'avaient étreint jusqu'aux moelles.

Comme en un pareil sujet il convenait de ne rien

laisser au hasard, il avait fait demander au maître jardinier des preuves de l'identité de ce Normand, en même temps qu'à Paris, au ministère, il s'informait de Florentin. Les réponses avaient été telles qu'il pouvait les attendre : Antoine Prentout était un paysan des environs de Rouen, ses papiers en faisaient foi ; et Florentin Cormier était mort à la Nouvelle-Calédonie, comme Philis le lui avait dit.

Cependant la secousse avait été si violente et l'ébranlement si profond qu'il ne s'en remit pas aussitôt qu'il eut acquis la preuve que ce jardinier n'était et ne pouvait être qu'un paysan normand ; sa pensée, ramenée à Florentin, ne put pas s'en détacher comme il aurait voulu ; il sentit cruellement qu'il se trompait quand il disait à Philis que la vie avait usé ses tourments, et que, maintenant qu'il avait payé sa dette, le calme de sa conscience était aussi complet qu'avant que la fatalité mît Caffié sur son chemin.

Il avait été sincère en parlant ainsi ; ce qu'il disait, il le croyait ; mais l'apparition de l'image de Florentin lui avait montré son erreur, et cette évocation vivante d'un passé qu'il s'imaginait être si loin le lui avait fait toucher de la main, avec épouvante, comme si ces dix années écoulées venaient de s'effacer en une seconde, le mettant aux prises avec Caffié, madame Dammauville et Florentin lui-même.

Allait-il donc, après dix ans, retomber dans les angoisses qui l'avaient bouleversé et anéanti alors qu'il craignait de se trahir par un aveu involontaire devant Philis ; et, après avoir vécu dans l'effroi de la sœur, allait-il vivre encore dans l'effroi du frère ?

Il passa quelques journées terribles, humilié de se trouver si faible, si peu maître de soi, comme s'il était un misérable névrosé; puis, à force de se dire que ce paysan ne pouvait pas être Florentin, après s'être convaincu à plusieurs reprises, en l'examinant de nouveau, que cette ressemblance qui l'avait si violemment frappé n'existait même pas — car, si Prentout avait la taille de Florentin et à peu près le même âge, il n'en avait ni les traits ni l'expression, ni le regard timide, ni l'allure hésitante, ni la voix, — il se calma peu à peu.

Alors même que Prentout serait Florentin, ce qui paraissait absurde, cela ferait-il que bientôt dix années n'eussent passé sur la tombe de Caffié et de madame Dammauville, et que pendant ces dix années il n'eût payé jour par jour la dette que leur mort avait mise à sa charge? S'il avait pu affirmer à Phillis sa parfaite tranquillité, allait-elle être troublée pour une hallucination? Le seul effet qu'elle pût avoir, et qu'il fût juste qu'elle eût, était de lui prouver que ces morts n'étaient pas enterrés profondément comme il l'avait cru, qu'il n'était pas quitte envers eux, et qu'il ne s'était pas racheté; mais cela ne devait pas plus l'inquiéter que le troubler.

Ce n'était pas pour faire des économies sur la fortune de sa femme qu'il s'était marié, et de cette belle fortune, dont il allait avoir une part, il n'entendait pas jouir en avare, avec un brutal égoïsme, pour lui tout seul. C'était son ambition qu'elle devait servir, et cette ambition avait d'autres visées, plus hautes et plus fières que l'intérêt personnel : grand, oui, il voulait l'être, et glorieux, puissant aussi, plus puissant qu'aucun de ceux qui le jalousaient ; mais c'était pour les mettre au service de l'humanité qu'il fallait acquérir cette puissance et cette gloire.

De quel poids pouvaient peser Cafflé, madame Dammauville et même Florentin, sur l'élan qu'allait prendre son vol?

Jusque-là il avait été paralysé par les nécessités du métier qui prenaient si complètement son temps que, si peu qu'il en donnât au sommeil et aux repas, il se trouvait chaque soir en retard de plusieurs heures pour ses travaux personnels, ses études, ses articles et ses livres, c'est-à-dire ce qui devait établir son influence et sa réputation, la vie s'en allant en mille petits ruisseaux où elle se perdait : le service de l'hôpital, les visites en ville, l'École avec les cours et les examens, la consultation chez lui, celles arrangées avec ses confrères, l'Académie, les sociétés savantes, celles de bienfaisance, les courses en voiture, la correspondance.

Mais, maintenant qu'il n'avait plus à se préoccuper des besoins de la vie matérielle, il allait abandonner tout ce qui était métier, et ne garder que ce qui pouvait étendre précisément son influence et son importance : l'hôpital, l'école, l'Académie; plus de visites chez les clients ; plus de consultations à jours fixes, seulement celles pour lesquelles il serait appelé par des confrères à Paris, en province, à l'étranger.

Il aurait voulu organiser sa maison à Paris, pour l'habiter aussitôt après son mariage; mais sa femme lui avait demandé de ne pas quitter encore le château, où ses fils étaient mieux que dans un hôtel à Paris, si bien choisi que fût cet hôtel, et il y avait consenti. Ce n'était pas après avoir conseillé la campagne à Calixte et à Valérien qu'il allait les ramener à Paris. Et, d'autre part, son intérêt personnel était d'habiter Venette autant et d'y rester aussi longtemps que possible.

Parmi les considérations déterminantes de son mariage, celles présentées par Héline sur le rôle politique qu'il pouvait prendre dans le pays n'avaient pas été les moins fortes : conseiller général, député, sénateur, ministre, pourquoi ne le serait-il pas ? Son ambition avait tous les appétits ; mais ce n'était pas de Paris qu'il pouvait travailler le terrain électoral, c'était à Venette même, en se faisant des relations et en se créant des influences dans la contrée, qui, au jour dit, le porteraient en avant et le soutiendraient. Quoiqu'il ne se fût jamais occupé de politique, il savait qu'une candidature ne s'improvise pas, qu'elle doit être savamment préparée à l'avance, et il s'en était remis à Héline pour le guider. Ce n'était pas la première fois que le notaire se mêlait d'élection ; il connaissait la matière, comme il connaissait son arrondissement, et, en suivant la ligne donnée par lui, on était sûr d'être dans le bon chemin.

— Certainement, avait-il dit à son ami, le conseil général n'est pas suffisant pour toi, et je voudrais te voir tout de suite à la Chambre ou au Sénat ; mais il faut bien commencer par le commencement, et je crois qu'un début modeste, qui n'effrayera pas les gens et ne provoquera pas les jalousies, est ce qu'il y a de mieux. On saura gré à un homme tel que toi de se contenter de peu, tu seras donc conseiller général; mais tu ne le seras pas en te croisant les bras et en attendant que les électeurs viennent te trouver dans des attitudes de suppliants; ces beaux jours sont passés. Comme tu es nouveau dans le pays, où tu n'as pas de relations, il faut t'en créer au plus vite parmi ceux qui, à un titre quelconque, exercent une influence telle quelle, comme il faut te rendre populaire parmi les petits : en un mot, tu dois gagner tout d'abord tes électeurs de tête et ceux de queue; le centre suivra plus tard. Pour cela, voici ce que je te conseille : aux électeurs de tête, tu donneras tous les dimanches un grand dîner en les invitant par séries : je te trouverai des raisons à peu près décentes pour justifier ces invitations, comme je te trouverai les noms de tes invités; — aux électeurs de queue, tu donneras à manger tous les jours, et pour ceux-là il n'y aura pas besoin d'invitations nominatives : il suffira qu'ils sachent que tous les jours, à une heure fixe, ton concierge a ordre de distribuer une livre de pain et deux sous à tous ceux qui se présentent; ça te coûtera peut-être quinze ou vingt francs par jour dans les mois d'hiver, quand le travail manque, mais tu verras ce que ça te rapportera. D'ailleurs, avant votre mariage, ta femme donnait plus que ça, et ta générosité fraternelle lui permettra de restreindre dans une certaine mesure ses aumônes, puisque bien souvent elles iraient aux mêmes personnes. La dépense sera donc à peu près la même, mais l'effet produit sera tout différent ; tu verras.

Ce programme commandait l'habitation au château, et comme, d'autre part, pour remplir les fonctions qu'il tenait à conserver, Saniel devait aller à Paris presque tous les jours, il s'était partagé entre Paris et Venette. Depuis longtemps, il avait pris l'habitude de lire et d'écrire en voiture, et, comme il était doué de la précieuse qualité d'être toujours dispos, il travaillait en wagon aussi bien que dans son cabinet, sans effort d'application, sans distraction, l'esprit tendu sur son sujet, les oreilles sourdes pour ce qu'elles entendaient, les yeux aveugles pour ce qu'ils voyaient. S'il était libre le soir, il revenait à Venette ; s'il ne l'était point, il couchait à Paris, et, de même qu'il ne se plaignait pas de ses continuels voyages, sa femme, de son côté, ne se plaignait pas de ses fréquentes absences : absences comme voyages étaient des nécessités de l'existence qu'ils avaient adoptée, et tous deux avaient trop intérêt, la mère comme le candidat, à la continuer, pour constater tout haut les inconvénients et les ennuis qu'elle pouvait présenter.

D'ailleurs, si elle avait des ennuis, elle avait aussi des plaisirs auxquels il était très sensible : élevé aux champs, il aimait la campagne non pour les beaux horizons, les effets de lumière, l'harmonie des lignes, la poésie qui se dégage d'un paysage ni rien de ce qui touche ceux dont l'éducation artistique a formé le goût et développé les sens, car de ce côté il était complètement fermé ; mais il l'aimait en paysan quand ses arbres étaient vigoureux, ses herbes grasses, ses récoltes pleines de promesses ; il l'aimait pour l'odeur nourricière de la terre et des blés mûrs, le parfum des foins secs et pour tout ce qui rappelle le travail de l'homme aux prises avec la nature, c'est-à-dire sa jeunesse. Pendant plus de vingt années, il n'était guère sorti de Paris : aussi maintenant, quand il descendait de voiture, sa figure s'épanouissait-elle, ses narines se dilataient, ses yeux s'animaient, un grand bien-être le pénétrait : « Ça sent bon ! » disait-il. Et dans les jardins ou dans le parc, quand on le rencontrait se promenant, on voyait toujours entre ses dents un brin d'herbe ou une feuille qu'il mâchonnait de ses fortes mâchoires avec placidité.

Cette existence nouvelle près d'une femme intelligente et douce, dans un milieu tranquille, avec tout le bien-être de la fortune, si différente de celle qu'il avait menée pendant ses années de lutte dans un âpre isolement, l'aurait donc pleinement satisfait, car elle était un heureux commencement dont il pouvait tout attendre, si ses beaux-fils avaient eu pour lui les sentiments qu'il avait le droit d'exiger d'eux ; mais, de ce côté, il avait au contraire rencontré une répulsion qui, si dissimulée qu'elle fût sous la politesse, n'en était pas moins réelle, et qu'il ne s'expliquait pas. Qu'ils eussent été peinés de voir leur mère se remarier, rien n'était plus naturel ; mais n'étaient-ils pas assez grands et assez raisonnables pour ne pas persister inutilement dans une jalousie enfantine ?

XII

Après de longues discussions sur ce qu'ils avaient à faire, Calixte et Valérien s'étaient arrêtés au parti de ne rien faire.

— Il me paraît si monstrueux d'admettre ce qu'insinue le cousin Sophronyme, que je ne peux l'accepter.

— Ni moi non plus ; et pourtant je me dis qu'à nous deux nous ne devons pas nous figurer que nous sommes plus malins que tout le monde ; or, par ce que nous ont dit et le cousin Sophronyme et le Normand, nous avons la preuve que tout le monde croit ce que nous ne voulons pas croire. Qui a raison ?

— Je n'ai pas confiance dans le cousin Sophronyme.

— Ni moi non plus,

— Il est furieux du mariage de maman.

— Mais le Normand, il n'a pas de raisons pour être furieux du mariage de maman ?

— C'est un écho.

— Raison de plus pour faire attention à ce qu'il dit, puisqu'il est tout le monde.

— Tout ce monde, c'est un tas de paysans.

— Ils ne sont donc pas malins pour les choses d'intérêt et les affaires d'héritage, les paysans, et ils n'en savent pas plus que nous... qui ne savons rien ?

— Ils sont peut-être trop malins ; car enfin on n'a jamais tué des garçons de notre âge en les faisant travailler...

— On les fatigue ; en les fatiguant, on les expose à gagner une maladie ; la maladie, tout naturellement, les expose à mourir, et cela peut d'autant mieux arriver qu'on est médecin et qu'on les soigne.

— Eh bien, nous n'avons qu'à ne pas nous fatiguer ; nous sommes bien libres de ne prendre de travail que ce que nous voulons.

— Pas tant que ça. Que dira maman quand elle verra que nos tas de bois ne montent pas ?

— Je lui répondrai que nous ne voulons pas nous rendre malades ; ce sera un avertissement.

— Si elle insiste ?

— Nous verrons bien,

Valérien avait eu raison de croire que leur mère leur ferait des observations ; elles ne tardèrent pas à se produire, car la surveillance qu'elle exerçait sur ses fils était toujours la même, elle ne pouvait pas ne pas remarquer leur nouvelle façon de travailler, si différente de celle d'autrefois. Qu'avaient-ils donc ? Etaient-ils malades ?

Ce fut la question qu'elle leur adressa avec inquiétude, un jour qu'elle les regardait bêcher une planche de leur jardin.

Ils s'interrogèrent d'un coup d'œil rapide, pour

décider qui répondrait, et ce fut Calixte qui prit la parole :

— Pourquoi veux-tu que nous soyons malades ? dit-il, répondant à la demande par une autre demande.

— Parce que vous travaillez comme si vous étiez fatigués.

— C'est pour ne pas nous fatiguer.

— Vous avez peur de vous fatiguer maintenant ? dit-elle avec surprise.

A ce moment, Florentin, qui allait et venait à l'autre bout du potager, s'était peu à peu rapproché ; il s'agenouilla au bord d'une planche de carottes qui aboutissait à l'allée dans laquelle la mère et les fils s'entretenaient, et il se mit à la sarcler d'un air naturel, comme si c'était sa tâche, paraissant ne s'intéresser qu'à son travail silencieux, qui lui permettait d'écouter et d'entendre ce qui se disait près de lui.

— Pourquoi n'aurions-nous pas peur de nous fatiguer ? dit Valérien.

— C'est pour vous fatiguer que vous travaillez.

— Et c'est en se fatiguant que Valérien a gagné la fièvre scarlatine dont il a failli mourir, dit Calixte d'un ton grave.

Avant son mariage, elle eût discuté franchement avec eux ; mais elle rencontrait maintenant une résistance si ferme souvent sur tant de points, qu'elle n'osait plus s'aventurer : elle avait cru que son mari lui donnerait plus de force en l'appuyant, et au contraire elle devait reconnaître qu'il la rendait plus faible qu'elle ne l'avait jamais été.

— Je ne comprends rien à votre résistance, dit-elle. Quand vous étiez maladifs, ou tout au moins faibles, vous ne craigniez pas de vous fatiguer, et, maintenant que vous êtes plus vigoureux, vous ne voulez pas faire ce que vous faisiez facilement l'année dernière.

— Nous désirons nous épargner ce que nous croyons être mauvais pour nous.

— Si c'était mauvais, M. Saniel ne le conseillerait pas ! s'écria-t-elle.

Ils s'interrogèrent du regard pour savoir qui répondrait ; mais, n'osant ni l'un ni l'autre s'aventurer sur ce terrain dangereux, ils se jetèrent à côté :

— Enfin, dit Calixte, nous te demandons de renoncer à ce sciage qui non-seulement nous est mauvais, mais encore est ridicule pour des garçons de notre âge, à ce point que les domestiques qui nous voient au travail ont pitié de nous, et que, dans le pays, on parle de cette besogne qu'on nous impose d'une façon mortifiante.

— Et qui a pu vous dire qu'on parlait de vous d'une façon blessante ?

— Notre cousin Sophronyme, qui, se faisant l'écho de ce qui se répète partout, nous a dit qu'on ne comprenait rien à ces travaux... pour tout le monde inexplicables. Nous te demandons donc de renoncer au sciage, et pour le jardinage nous demandons que tu nous autorises à prendre avec nous un jardinier ce que nous avons fait d'ailleurs en ton absence, nous te l'avouons.

— Ce n'est pas moi qui vous ai conseillé ces travaux, c'est M. Saniel ; vous devez comprendre que je ne peux pas les supprimer ou les modifier sans le consulter.

— Si tu lui expliques nos raisons, il ne peut pas ne pas reconnaître ce qu'elles ont de juste.

Lorsqu'elle transmit à son mari la demande de ses fils en lui expliquant les raisons qu'ils lui avaient données pour l'appuyer, il fut stupéfait.

— Qu'est-ce que c'est que ce M. Sophronyme Ranson?

— Un vieux paysan madré et doucereux, un maquignon retors.

— Et c'est un vieux paysan qui se préoccupe de ce qui est ou n'est pas ridicule ! Voilà qui est bizarre. Il y a autre chose certainement.

— Quand on a formé le conseil de famille de mes fils, M. Héline, qui se défie de lui et le trouve chicanier, toujours prêt aux procès ou aux contestations, lui a préféré d'autres parents, qui d'ailleurs étaient au même degré que lui; il s'en est fâché, car il espérait devenir leur subrogé-tuteur, et en cette qualité se mêler de leurs affaires en même temps que des miennes. Il n'a pas paru nous en tenir rancune, car il m'a accablée de démonstrations d'amitié, se mettant à ma disposition pour tous les services qu'il pouvait me rendre.

— Un besoigneux ?

— Pas du tout ; on le dit à son aise et même riche, j'entends pour un paysan ; plusieurs pièces de terre dont il est propriétaire touchent les nôtres, et je crois qu'elles sont la cause de l'intérêt qu'il nous témoigne : il aurait désiré joindre l'administration des nôtres aux siennes. Bien entendu, je ne sais pas au juste ce qu'il aurait voulu, car cela doit être fort ténébreux et visé de loin ; mais certainement il voulait quelque chose qu'il n'a pas obtenu.

— Et, repoussé par la mère, il se tourne du côté des enfants : d'où la sollicitude qu'il leur marque en les avertissant d'un ridicule auxquels ils s'exposent. Comment se laissent-ils prendre à ces démonstrations intéressées !

— Ils sont très sensibles à tout ce qui est attention ou affection. Il ne faut pas s'étonner qu'à leur âge ils n'aillent pas au fond des choses et ne suspectent pas les intentions.

— Que voulez-vous que je fasse ?

— Croyez-vous qu'il y ait pour eux de meilleurs exercices que ceux que vous leur avez ordonnés ?

— Non.

— Alors il ne faut pas les supprimer parce qu'il plaît à un vieux paysan de ne pas les trouver à son gré ; ce serait une faiblesse coupable, à laquelle je vous demande de ne pas céder.

— Je leur parlerai.

— Ils sont assez raisonnables, j'en suis sûre, pour se soumettre sans mauvaise humeur ; ce n'aura été qu'un enfantillage.

Comme Calixte et Valérien tenaient maintenant conseil sur tout et à propos de tout, ils avaient examiné l'accueil qui serait fait à leurs plaintes et à leur demande : Céderait-il ? Résisterait-il ? S'il cédait, ils s'étaient trompés, et avec eux se trompait tout le monde ; s'il résistait, tout le monde avait donc vu juste, et ils ne devaient pas fermer les yeux à ce qui frappait ceux des autres ; il faudrait bien se rendre à l'évidence et ne pas s'obstiner dans des espérances vagues, sans autres raisons que de se dire et de se répéter qu'on ne pouvait pas, qu'on ne voulait pas croire.

Quand, au lieu de répondre directement, leur mère leur dit que Saniel s'expliquerait avec eux, ils eurent le pressentiment de la résistance qu'ils allaient rencontrer.

Ils étaient donc préparés quand, après le dîner, Saniel aborda l'entretien :

— Votre maman me dit que vous vous plaignez des exercices physiques que je vous ai conseillés.

— C'est vrai, répondit Calixte, qui devait porter la parole comme étant le plus maître de soi.

— Pourquoi ?

— Parce qu'ils nous fatiguent, et aussi parce qu'ils nous exposent à la pitié de nos domestiques.

— Arrêtons-nous à la question de la fatigue ; nous examinerons ensuite celle de la pitié qu'ils inspirent, croyez-vous.

— Nous ne croyons pas, nous sommes sûrs.

Calixte était assis en face de Saniel, ayant son frère à côté de lui. Il se tourna vers celui-ci, bien plus pour marquer leur accord que pour invoquer son témoignage, et Valérien fit un signe de tête affirmatif sans desserrer les lèvres.

— Que parlez-vous de pitié? interrompit leur mère.

Cette fois, ce fut Valérien qui le premier riposta : c'était son frère qui, selon leur convention arrêtée, devait répondre à Saniel, de peur que lui ne lâchât des choses imprudentes ; mais il ne s'était pas interdit de parler à leur mère :

— Ça se marque, la pitié, dit-il, quand on en a dans le cœur.

Le mouvement était si vif qu'elle resta suffoquée. Comment ce petit Valérien, si tendre, si passionné, en était-il arrivé à lui parler sur ce ton? Qu'avait-elle fait? Elle le regarda, mais il tenait ses yeux obstinément voilés.

— Ce que je ne comprends pas, dit Saniel, c'est que ces exercices, que vous supportiez très bien quand vous n'étiez pas aguerris, vous fatiguent maintenant que vous l'êtes.

— Nous ne les avions jamais bien supportés; la maladie de mon frère en est la preuve.

— La maladie de votre frère n'a pas eu ces exercices pour cause.

— Mon frère et moi, nous le pensions; mais, si vous êtes certain du contraire, il est évident que nous ne pouvons pas soutenir notre conviction contre la vôtre.

— Vous ne vous plaigniez pas.

— Je vous demande pardon; maman peut vous dire que nous nous plaignions.

— Mais vous n'alliez pas jusqu'à demander de les interrompre.

— Nous n'aurions pas voulu peiner maman.

— Et maintenant?

— La situation n'est plus la même.

— En quoi donc?

— C'est vous qui êtes le maître ici.

Saniel l'examina d'un coup d'œil habitué à fouiller les cœurs : cette résistance, qu'il sentait si ferme, jointe à cette correction dans la défense, révélaient un état d'esprit qui l'étonnait, comme l'étonnaient aussi les regards rapides qu'échangeaient les deux frères : demande et réponse, à coup sûr.

Quant à la mère, elle était aux abois : en rien, ni dans l'attitude, ni dans la parole, elle ne reconnaissait ses fils; comment une chose, en somme aussi simple que cette plainte, avait-elle pu les monter à ce diapason? c'était à n'y rien comprendre; et, de fait, elle n'y comprenait rien; que cachait donc cet accord si extraordinaire chez eux?

— Voulez-vous vous rappeler, dit Saniel, ce que vous étiez quand, pour la première fois, votre maman vous a amenés à ma consultation?

— Nous nous le rappelons.

— Vous devez vous rappeler que vous ne ressembliez point aux garçons que vous êtes aujourd'hui.

— Vous ne nous avez point trouvés malades, il me semble?

— Non, sans doute.

Il quitta sa chaise et, venant à Calixte, il le prit

par la main, le fit lever et le plaça en face de la glace :

— Aviez-vous alors ce développement de poitrine? dit-il.

— Nous avons grandi.

Il prit l'avant-bras et, le repliant, il fit saillir les muscles de l'humérus :

— Aviez-vous ces biceps ?

Il se baissa et, lui tâtant la jambe :

— Aviez-vous ces mollets? A qui devez-vous poitrine, biceps, mollets, développement musculaire, si ce n'est à ces exercices contre lesquels vous vous révoltez aujourd'hui? Rappelez-vous votre respiration courte et essoufflée de cette époque, et dites si elle ressemble à celle que vous avez maintenant, large et profonde! Je ne prends que des exemples qui sautent aux yeux; combien d'autres me serait-il facile d'invoquer, si je voulais parler médecine avec vous!

Cela avait été dit simplement, mais avec fermeté, cependant.

— Il est certain, répondit Calixte, que nous ne pouvons pas parler médecine; mais vous nous permettrez bien de vous dire pourquoi nous désirions ne pas continuer ces exercices et sur quoi nous nous appuyions.

— Non seulement je vous le permets, mais encore je vous le demande.

— Ce que vous ne permettez pas, n'est-ce pas, c'est de revenir sur la scarlatine de Valérien ?

— Ces exercices n'ont été pour rien dans cette scarlatine.

— Pour nous, ils l'ont déterminée...

Sa mère l'interrompit vivement :

— Calixte !

— Je veux dire qu'ils l'avaient déterminée : c'était à la suite d'un refroidissement que Valérien avait été pris de malaises avec fièvre, et c'était après avoir eu trop chaud, en sciant du bois, que ce refroidissement s'était produit : donc, nous trouvions mauvais et dangereux cet exercice. Vous le trouvez bon; nous ne pouvons pas discuter. Mais enfin, il n'en est pas moins vrai que tous les malaises que nous avons éprouvés, mon frère et moi, et ils ont été fréquents, maman peut l'attester, sont survenus à la suite de refroidissements après des exercices violents, soit de sciage, soit de jardinage. Combien de fois nous sommes-nous enrhumés, avons-nous eu la fièvre, des courbatures ! Que les exercices soient bons c'est possible; mais ce sont les suites qui sont mauvaises pour nous : si, au lieu d'un rhume, nous gagnions une fluxion de poitrine...

— Vous avez peur d'une maladie sérieuse, voilà qui est bizarre !

— Pourquoi n'en aurions-nous pas peur ?

Il parlait franchement, les yeux levés sur Saniel; mais, à ce mot, il les baissa, sans oser regarder son frère, qui, lui-même, baissait les siens aussi.

— Je ne dis pas, répondit Saniel, que cette crainte ne soit pas naturelle; ce qui m'étonne, c'est qu'elle ne se manifeste que maintenant.

Ce mot était si bien celui de la situation, qu'ils éprouvèrent un moment de stupeur : il reconnaissait donc tout haut que cette situation n'était pas maintenant ce qu'elle était avant le mariage de leur mère.

— N'était-ce pas quand vous n'étiez pas aguerris que vous pouviez avoir ces craintes ? reprit Saniel.

Calixte hésita un moment, puis à mi-voix :

— Nous ne savions pas alors ce que nous savons maintenant.

— Pourquoi ne dites-vous pas que vous vous êtes laissé influencer par certains propos ?

— Ces propos n'étaient inspirés que par l'intérêt qu'on nous porte.

— Et moi, est-ce que je ne vous porte pas intérêt ? Croyez-vous que je veuille vous rendre malades ?

Cette fois, ils se regardèrent bouleversés ; mais ni l'un ni l'autre ne répondit.

— Non, n'est-ce pas ? reprit Saniel. Eh bien, laissez dire les gens qui parlent sans savoir, et n'ayez pas de ces préoccupations véritablement puériles, peu dignes de grands garçons comme vous. Si je vous ai conseillé ces exercices, c'est que je les jugeais indispensables à votre santé, et je vous ai démontré à l'instant que je ne m'étais pas trompé : demandez à votre mère si elle reconnaît, dans les gaillards que vous êtes devenus, les enfants affaiblis et mous que vous étiez. Je serais donc coupable de faiblesse si je cédais à votre demande; et, malgré mon très vif désir de vous être agréable, en cela, comme en tout, d'ailleurs, je ne puis qu'insister pour que ces exercices soient continués. Puisque vous avez eu la chance d'échapper à la vie de collège, profitez-en, et n'amenez pas votre mère à regretter de vous avoir privés de ce qu'il y a de bon dans l'éducation en commun. Mais, comme je veux, dans la mesure du possible, vous donner satisfaction, je vous propose de remplacer le sciage du bois par des leçons d'armes : par ce moyen, vous serez dispensés de ce travail, qui, je ne sais pourquoi, a un côté ridicule à vos yeux. Seulement, je vous préviens que les armes ne seront pas moins fatigantes que le sciage ; elles vous feront suer aussi, sans être un exercice aussi complet, aussi parfait pour vous que le sciage ; mais enfin je vous aurai donné la preuve que je tiens à vous contenter.

XIII

Quand Saniel restait au château, il était de règle qu'on passât la soirée avec lui jusqu'à dix heures ; on causait, on regardait des journaux à images, des ouvrages illustrés ; les enfants parlaient de leurs études, de leur promenade de la journée ; et, au premier coup de dix heures, ils se levaient pour monter chez eux, tandis que Saniel se retirait dans le laboratoire qu'il avait fait aménager en prenant une vaste pièce du rez-de-chaussée, attenante à la bibliothèque, où il travaillait tard tous les soirs, ayant gardé l'habitude qu'il s'était imposée dès sa jeunesse de ne donner que peu de temps au sommeil.

Comme, ce soir-là, Saniel n'était rentré qu'à huit heures de Paris, la séance dans le salon ne pouvait pas être longue. Il avait à peine fini de parler que dix heures sonnaient : aussitôt Calixte et Valérien allèrent à leur mère pour l'embrasser, tendirent la main à leur beau-père et sortirent vivement.

Sans échanger une parole, ils montèrent l'escalier quatre à quatre, comme s'ils se sauvaient avec un ennemi à leurs trousses. Arrivés dans leurs chambres, ils fermèrent leurs portes précipitamment ; alors ils vinrent dans la pièce aux vasistas, où on ne pouvait ni les entendre ni les surprendre, ils se regardèrent franchement.

— Tu sais, dit Valérien, quand il t'a pris le bras et a tâté ton mollet, j'ai cru que nous étions des fichus bêtes de croire... ce que nous croyons ; car enfin il n'y a pas à dire non, nous ne sommes pas aujourd'hui ce que nous étions en arrivant de Bakou.

— J'ai eu la même pensée que toi.

— Tu vois !

— A ce moment ; mais je n'ai pas tardé à voir qu'il ne fallait pas se laisser emballer et duper. Tu comprends, mon petit, qu'il est plus fort que nous : il faut donc que nous nous tenions en défiance. Il en serait resté à sa comparaison de ce que nous sommes aujourd'hui avec ce que nous étions en arrivant de Bakou, que j'aurais dit, comme toi, que nous étions de fichues bêtes et que, malgré ce qu'on pense, nous ne devions pas accepter les accusations qu'on porte contre lui. Mais il n'en est pas resté là. Quand il s'est aperçu que nous étions émus, il a voulu aller jusqu'au bout et savoir au juste quelles étaient nos idées et nos craintes ; c'est alors qu'il nous a posé cette question qui m'a anéanti et qui t'a troublé aussi...

— Pourquoi ces craintes ne se manifestaient pas autrefois et pourquoi elles se manifestaient maintenant?

— Précisément. Est-ce que ce mot « maintenant » n'était pas terrible, comme un aveu ?

— C'est vrai.

— C'est pour cela que je lui ai répondu que nous ne savions pas alors ce que nous savons maintenant.

— Je t'ai admiré de parler avec tant de hardiesse et tant de calme.

— Ne crois pas que j'étais calme ; la sueur m'inondait les mains ; mais il n'y avait pas de danger que je faiblisse : je sentais quelle était ma responsabilité. Tu te moques quand je dis que je suis le chef de la famille ; eh bien, je t'assure que, si cette pensée ne m'avait pas à ce moment donné du cœur, je n'aurais eu ni cette hardiesse ni ce calme ; c'était pour nous tous que je faisais tête : pour maman, pour toi, pour moi.

Valérien lui prit la main et, en la serrant, il lui passa l'autre bras autour du cou :

— C'est maintenant que je vois combien j'avais tort de t'appeler capon ; il n'y a que les capons pour être braves...

— Quand il le faut ; mais ce qui fait les capons, je

crois que c'est le manque de volonté ; une fois qu'ils se sont décidés à vouloir, ils vont comme les autres. J'étais décidé. Il y a eu un moment pourtant où je n'ai pas osé aller jusqu'au bout, c'est quand il nous a dit : « Croyez-vous que je veuille vous rendre malades ? » J'ai trouvé cela si fort, si audacieux, que j'ai été paralysé et n'ai pas lâché la réponse que j'avais sur les lèvres.

— Quelle réponse ?

— Que les gens malades meurent souvent et qu'alors on hérite d'eux.

— Tu aurais dit cela !

— Tu vois bien que je n'ai pas osé le dire.

— Et maman !

— J'ai pensé à elle ; et puis c'était si gros que je n'ai pas pu ouvrir la bouche : ça ne serait pas sorti ; mais maintenant, quand j'y pense, je le regrette presque : au moins ce serait fini.

— Tu as remarqué qu'il parlait de collège ?

— Certainement, et tu dois bien imaginer que j'ai senti que c'était une menace : il espère nous effrayer avec le collège, et nous garder ainsi sous sa main pour faire de nous... ce qu'il voudra ; mais tu dois bien penser qu'il ne veut pas que nous allions au collège, puisque nous lui échapperions ; c'est pourquoi j'ai décidé de le forcer à nous y mettre. Au collège on ne pourrait rien sur nous, rien contre nous ; trouves-tu que ce n'est pas quelque chose de dormir en repos, de n'avoir peur de personne ?

— Maman ne voudra pas.

— Maman voudra ce qu'il l'obligera à vouloir ;

table là-dessus. Si un refus vient, ce sera de lui, et alors nous aurons une preuve de plus qu'il tient à nous avoir près de lui.

— Je n'y suis plus du tout.

— Tu vas comprendre ; seulement, ce que je veux, je ne peux le faire que si tu le veux comme moi.

— Je le voudrai comme toi.

— Tu le promets ?

— Je le promets ; c'est pour des bêtises que je tiens à mes idées ; parle donc.

Calixte prêta l'oreille un moment ; puis, n'entendant aucun bruit, il répondit en maintenant sa voix dans un ton bas :

— Je n'ai pas dit à M. Saniel que nous acceptions de faire ce qu'il veut.

— J'ai vu cela.

— Eh bien, nous ne le ferons pas.

— Alors nous nous révoltons ?

— Justement.

— Ça me va. Vive la révolte ! Plus de scie ! Plus de jardin ! Pas d'armes ! Conspuée, la médecine ! Zut ! Je n'en veux pas, de votre petit remède bénin, bénin ; prenez-le vous-même, si cela vous fait plaisir.

Il se mit à chanter :

Aux armes, citoyens !...

Mais tout de suite il s'arrêta, son frère continuait :

— De vrai, c'est autant maman que nous défendons que nous-mêmes ; seulement, nous ne pouvons pas le lui dire, pas plus que nous ne pouvons lui demander la permission d'agir. Comme toi, j'ai pensé au chagrin que nous allions lui causer par notre refus d'exécuter les ordres de... son médecin. Mais ce n'est pas notre faute s'il faut qu'il en soit ainsi. Si nous mourions, crois-tu que sa douleur serait comparable au mécontentement que va lui causer notre révolte ?

— Non, bien sûr.

— Eh bien ! c'est cela que nous devons nous dire et non autre chose ; ce n'est pas contre elle que nous nous révoltons...

— C'est contre son médecin. A bas ! à bas le médecin !

— Ne crie pas si fort. Voici donc ce que je propose : demain, nous ne descendrons pas à la remise...

— Nous ne descendrons pas.

— Dans la journée, nous irons à nos jardins, parce que nous n'avons pas de raisons pour les abandonner.

— Mais alors ?

— Alors nous ferons faire notre travail par le Normand.

— Je le commanderai.

— Si tu veux. Si maman ne nous a rien dit pour le bois, certainement elle nous fera des observations pour le jardin ; nous répondrons que nous sommes trop fatigués, et que désormais nous chargerons le Normand de ce qui est dur, parce que nous ne voulons pas nous rendre malades, car il faudra bien préciser.

— Qui est-ce qui répondra ?

— Toi et moi ; tu comprends qu'il faut que nous soyons d'accord dans notre résistance et que nous tenions jusqu'au bout, malgré le chagrin que nous en éprouverons : si tu faiblis tout est perdu.

— Je ne faiblirai pas plus que toi.

— Maman tâchera de nous amener à céder ; il ne faut pas que nous cédions.

— Nous ne céderons pas.

— Alors il est certain que maman en parlera à.... son médecin ; et nous verrons quel parti il prendra.

— Qu'est-ce que tu crois qu'il fera ?

— Il ne peut faire que deux choses : ou bien il se fâchera de notre résistance, et alors la menace du collège se réalisera.

— Oh! pauvre maman ! Et nous, Calixte, penses-tu à nous ?

— Ecoute, garçon : s'il ne devait pas y avoir du chagrin pour nous dans ce que j'entreprends, pensant à celui de la pauvre maman qui me touche autant qu'il te touche toi-même, je ne l'entreprendrais pas ; car, si nous allons au collège, habitués à la liberté comme nous le sommes, cela sera dur ; mais cette perspective de chagrin ne peut pas tenir contre l'immense avantage que nous obtiendrons.

— Quel avantage ?

— Celui d'avoir la preuve que tout le monde se trompe en soupçonnant M. Saniel ; que nous nous sommes trompés nous-mêmes, et qu'il n'a nullement les intentions dont on l'accuse, puisqu'il nous laisse aller librement, au lieu de nous retenir sous sa main pour... faire de nous ce qu'il veut.

— Mais c'est vrai, cela !

— Je suis content que tu trouves cela vrai, parce que je vois ainsi que je ne raisonne pas à tort et à travers, comme quelqu'un qui a perdu la tête.

— Et s'il ne se fâche pas ?

— S'il ne se fâche pas, malheur à nous, mon pauvre bonhomme, car nous en aurons assez fait, pour notre révolte, pour mériter vraiment qu'il ne veuille pas garder dans sa maison — tu sais que nous sommes dans sa maison — des garçons qui lui tiennent tête, qui le bravent sans raisons sérieuses et qui, franchement, se fichent de lui, de lui médecin autant que de lui mari de notre mère, ce qui, en vérité, n'est pas supportable ; donc, s'il ne se fâche pas malgré tout cela, c'est qu'il a intérêt à nous garder, et alors nous serons fixés sur ce que nous avons à craindre... ou plutôt nous saurons que nous avons tout à craindre, sans pouvoir nous dire que c'est ceci ou cela, aujourd'hui ou demain, en réalité à sa discrétion.

— S'il en est ainsi, que ferons-nous ?

— Je ne sais pas ; nous chercherons. Mais avant il faut voir s'il en sera ainsi ; c'est pourquoi je te demande, maintenant que tu peux te rendre compte des conséquences auxquelles nous entraîne notre résistance, si tu es prêt à soutenir cette révolte.

— Ce que tu feras, je le ferai ; où tu iras, j'irai.

— Quoi qu'il arrive ?

— Quoi qu'il arrive.

En même temps ils se tendirent la main, et d'un même mouvement ils se la serrèrent avec une émotion grave.

— Te souviens-tu comme nous étions heureux quand nous sommes entrés dans ce château?

— Et maintenant!

Calixte sentit qu'ils allaient faiblir, quand c'était au contraire s'encourager qu'il fallait.

— Allons, couchons nous, dit-il.

Mais, au lieu d'entrer dans sa chambre en même temps que Calixte entrait dans la sienne, Valérien suivit son frère.

— Qu'est-ce que tu veux? demanda Calixte avec douceur.

— Contre lui, oui, tout ce que tu voudras je le voudrai, tout ce que tu me diras je le ferai : sois sûr que je ne te lâcherai pas; mais maman... Nous allons lui causer une si grande douleur, que je voudrais qu'elle fût bien certaine que nous n'avons pas changé pour elle, que nous l'aimons comme nous l'avons toujours aimée, plus que nous ne l'avons jamais aimée. Alors il faudrait trouver quelque chose qui lui fît grand plaisir, une grande joie.

Ils cherchèrent en se regardant, en s'interrogeant, mais sans trouver.

Alors Calixte, secouant la tête :

— Vois-tu, il n'y a, dans la situation où nous sommes, qu'une chose qui puisse la rendre heureuse comme tu voudrais, c'est que nous fassions plaisir à M. Saniel; et c'est la seule précisément que nous ne puissions pas faire.

XIV

L'attitude de Calixte et de Valérien avait désespéré leur mère : comment pouvaient-ils répondre sur ce ton à leur beau-père, qui, lui, leur parlait si affectueusement? C'était à n'y rien comprendre, avec des enfants ordinairement si dociles, d'un caractère si doux, si affectueux.

Cette douceur et cette docilité dont elle avait eu tant de preuves, lui fit espérer qu'ils ne persisteraient pas dans leur résistance. Quelquefois elle avait dû leur imposer sa volonté, et sur le premier moment ils s'étaient cabrés, mais jamais leur contrariété n'avait persisté; si le soir ils étaient fâchés, le lendemain ils ne s'en montraient que plus soumis et plus tendres.

Sans doute, il en serait ainsi cette fois encore : la nuit les ferait réfléchir; ils sentiraient leurs torts et voudraient les racheter. Justement parce qu'on les avait autorisés à ne plus scier du bois, ils voudraient en scier. Quelle meilleure manière de témoigner leurs regrets d'un mauvais mouvement! Et cette manière était tout à fait dans leur caractère.

Le lendemain matin, elle descendit donc à la remise, écoutant de loin si elle n'allait pas entendre le bruit de leurs scies ou leurs bavardages comme autrefois. Mais elle n'entendit rien, et quand elle entra dans la remise, elle la trouva déserte : les scies étaient accrochées à un clou contre le mur, les chevalets étaient rangés à leur place ordinaire.

Ce fut une déception ; mais elle se dit qu'ils pouvaient être en retard, qu'ils allaient sans doute venir.

Elle attendit : ils ne vinrent point. Alors il fallut qu'elle reconnût qu'elle s'était trompée ; et comme elle avait trouvé des raisons pour croire qu'ils voudraient scier du bois, elle en trouva d'autres non moins bonnes pour s'expliquer qu'ils ne vinssent point : il leur était si désagréable, cet exercice ; ils avaient si souvent protesté contre, qu'il était naturel qu'ils fussent tout à la joie d'être enfin délivrés de ce qu'ils considéraient comme un supplice.

Après le déjeuner elle sortit avec eux ; c'était le moment où ils devaient travailler à leur jardin. Elle les accompagna.

— Qui est patron aujourd'hui ? demanda-t-elle.

C'était le jour de Calixte ; mais, celui-ci ne répondant pas tout de suite, ému à la pensée de ce qui allait se passer, Valérien prit la parole. Il avait promis de ne pas faiblir ; c'était son devoir d'aller de l'avant, ce serait un soulagement pour son frère :

— Moi, dit-il.

Mais pour ce qu'ils voulaient faire ce jour-là, il n'y avait ni patron ni compagnon : tous deux se mirent en même temps à couper les fleurs fanées de leurs rosiers qu'ils ramassaient dans une corbeille dont chacun tenait une anse : ils ne se pressaient point, et même ils affectaient d'en prendre à leur aise.

Pour être près d'eux et les regarder, elle s'était

assise sur un banc dans une allée, sous un parasol formé de rosiers qui faisaient au-dessus d'elle une voûte de feuillage et de fleurs parfumées.

— Est-ce que vous n'arrosez pas aujourd'hui? demanda-t-elle en les voyant éterniser le coupage des roses.

Puisque Valérien était le patron, c'était à lui de répondre, ce qu'il fit d'une voix un peu vibrante :

— Nous attendons le Normand, dit-il.

A ce moment, Florentin parut, rentrant de déjeuner.

— Hé! Normand, cria Valérien.

Florentin s'empressa d'arriver, le chapeau à la main.

— Vous allez arroser nos semis, commanda Valérien.

— Oui, monsieur Valérien.

— Vous arroserez aussi les fraisiers.

— Tout ce qu'a souef, quoi! oui, monsieur; seulement, sauf vot' respect, il fait ben chaud dans ce moment ici.

— Vous avez peur de la chaleur?

— C'est pas mé, c'est les plantes qui vont tout de suite deuler si je les mouille par ce soleil.

— Eh bien, attendez qu'il soit moins fort.

— Comptez sur mé, monsieur Valérien.

Comme ils se remettaient à leurs roses, elle quitta son banc et vint à eux :

— Vous n'arrosez pas? dit-elle.

C'était le moment de montrer la fermeté qu'il s'était engagé à avoir; au contraire, il faiblit.

— Tu n'as pas entendu ce qu'a dit le Normand ? que par ce soleil les plantes *deuleraient*.

— Mais alors vous n'arroserez pas aujourd'hui ? dit-elle.

Un coup d'œil de Calixte avait rappelé à Valérien que s'échapper ainsi par une réponse détournée n'était pas tenir la promesse donnée.

— C'est précisément ce que nous voulons : ni aujourd'hui ni demain.

Puis appelant son frère à son aide :

— N'est-ce pas, Calixte ?

— Nous l'avons dit hier à M. Saniel, répondit Calixte.

— Mais M. Saniel ne s'est pas rendu à vos raisons.

— Nous non plus, nous ne nous sommes pas rendus aux siennes.

Florentin, qui ne s'était pas éloigné, paraissait très attentif à serrer un lien d'osier autour du tuteur d'un rosier.

— Tu comprends, dit Valérien ému par le trouble de sa mère, que nous savons mieux que M. Saniel ce qui nous fatigue ou ne nous fatigue pas.

— Vous êtes ridicules avec votre fatigue ; j'ai eu tort, je le vois, de croire à un enfantillage : c'est bien décidément de la méchanceté.

Il voulut lui prendre la main, elle la retira.

— Où est la méchanceté, s'écria Valérien, où est-elle ?

Calixte voulut intervenir et ne pas laisser cet entretien glisser sur la pente où, par sa faiblesse, Valérien l'entraînait.

— Je t'assure maman, dit-il en s'efforçant d'empêcher sa voix de trembler, qu'il n'y a chez nous ni enfantillage ni méchanceté, et qu'il faut que nous soyons bien fermement convaincus que ces exercices... nous sont mauvais, pour t'imposer le chagrin de notre résistance.

— C'est de la révolte, la révolte indigne de deux enfants qui auraient souci du repos de leur mère, d'une mère qui n'a mérité en rien que vous la traitiez ainsi, d'une mère qui vous aime, qui vous chérit, tandis que vous...

Valérien lui coupa la parole :

— Crois à notre méchanceté; ne doute pas de notre tendresse.

— Mais alors qu'avez-vous? s'écria-t-elle. Qu'avez-vous contre moi?

— Contre toi, ah! chère mère...

— Si ce n'est contre moi, c'est donc contre M. Saniel! Que vous a-t-il fait? Quels griefs avez-vous contre lui? Voyons, expliquez-vous.

Tous deux avaient baissé les yeux; ils ne les relevèrent pas et ne répondirent point.

— Vous voyez bien que vous n'avez pas une plainte juste à formuler, puisque vous vous taisez, vous baissez les yeux. Au lieu de prendre ces moyens détournés, pourquoi, puisque vous ne vouliez pas suivre les conseils de M. Saniel, ne le lui avez-vous pas dit hier franchement?

— Il ne nous l'a pas permis.

— N'est-ce pas vous qui avez quitté le salon comme deux automates?

— En nous menaçant du collège, il nous fermait la bouche.

— Il vous a menacés du collège? Vous perdez la tête, je pense. Vous mériteriez vraiment qu'on vous y mît.

— Que n'y sommes-nous? Au moins nous n'aurions pas ces luttes à soutenir.

— Des luttes! vous parlez de luttes! Mais c'est à se demander si nous sommes dans un rêve ou dans la réalité.

Valérien fit un signe à son frère pour dire que, quant à lui, il en avait assez, et qu'il n'y avait plus à compter sur son concours.

Calixte n'était pas moins ému que son frère; mais il sentait que s'il laissait échapper un mot de tendresse, il se jetterait dans les bras de sa mère, et que tout ce qu'il avait si laborieusement échafaudé s'écroulait; ce n'était pas pour eux seuls qu'il luttait, c'était pour leur mère aussi, et cette pensée devait l'affermir. Il s'était promis d'être homme, il le serait; d'agir en chef de famille : il en aurait l'énergie, si bouleversé que fût son cœur.

Elle avait attendu un moment pour leur laisser le temps de la réflexion et du repentir. Quand elle vit qu'ils restaient silencieux dans une attitude morne qui, chez Calixte, avait une expression de sombre résolution, elle crut que mieux valait ne pas aller plus loin :

— Vous m'avez fait aujourd'hui le plus grand chagrin que j'aie jamais reçu de vous, à vrai dire le premier. Je ne veux pas discuter en ce moment votre résistance. Laissez-moi. Je réfléchirai.

Elle fit un pas pour s'éloigner.

— Maman ! s'écria Valérien.

Calixte se plaça entre son frère et sa mère :

— Valérien veut te dire que, si grand que soit ton chagrin, il ne peut pas l'être plus que le nôtre.

Elle se retourna vivement et les enveloppa d'un regard tout plein d'une tendresse indulgente.

Ils ne répondirent rien et baissèrent les yeux.

Jusqu'à l'heure du dîner, ils ne la revirent point, et quand ils se mirent à table, il leur fut facile de constater que son visage gardait les traces de ses larmes.

— Eh bien, demanda Saniel en s'adressant à elle, vous êtes-vous occupée aujourd'hui du maître d'armes ?

— Nous reparlerons de cela ce soir, répondit-elle.

Pressentant quelque incident nouveau, Saniel n'insista pas ; l'attitude de sa femme, comme celle de ses beaux-fils, était significative, et la discussion de la veille lui avait été assez ennuyeuse pour qu'il désirât s'en épargner une seconde du même genre.

Ce fut seulement quand ses fils eurent quitté le salon qu'elle raconta à son mari ce qui s'était passé dans la journée, sans rien atténuer : ses espérances, le matin, basées sur l'expérience qu'elle avait de leur caractère, et, après le déjeuner, leur résistance pour le travail du jardin.

— Alors c'est un parti pris, dit Saniel, c'est une révolte.

— Que me conseillez-vous?

— A qui demandez-vous conseil? Au mari? Au médecin?

— Aux deux. Autant à l'un qu'à l'autre.

Il réfléchit un moment.

— Le mari, dit-il, préférerait s'abstenir, car il est délicat pour lui de prendre position entre la mère et les enfants.

— Je vous en prie; n'êtes-vous pas mon protecteur et le leur?

— Il est certain que, si vous insistez, je ne dois pas me dérober.

— J'insiste.

— Eh bien, la réponse du mari sera la même que celle du médecin : ne faisons attention ni vous, mère, ni moi, médecin, à cet enfantillage.

Elle laissa échapper un soupir de soulagement, car l'indulgence était dans son cœur et, en consultant son mari par obéissance à ce qu'elle considérait comme son devoir, elle craignait qu'il n'inclinât à la sévérité.

— Comme vous je ne vois dans tout cela qu'un enfantillage, dit-elle.

— Il faut reconnaître cependant qu'il n'est pas de leur âge et je ne me l'explique que par l'intervention auprès d'eux de ce vieux paysan : je les connais, les paysans, et bien, parce que j'en suis un : pour eux, le travail manuel est une fatalité et une déchéance; on ne travaille pas quand on a des rentes, on vit les mains dans ses poches. Imposer à des enfants riches de scier du bois, de jardiner, quelle barbarie ! C'est un martyre, et en même temps un ridicule. Ce sont des considérations de ce genre que M. Sophronyme Ranson aura présentées à vos fils, je le parierais. Le martyre, ils l'auraient accepté. Ils se sont révoltés contre le ridicule. C'est un sentiment qui est trop de leur âge pour que nous nous en étonnions.

— Comme je suis heureuse de vous entendre parler ainsi. Mais si vous acceptez la suppression de ces exercices, leur santé n'en souffrira-t-elle point ?

— Nous les remplacerons par d'autres. Je leur avais ordonné ceux-là parce que je les regardais comme les meilleurs pour eux; mais ils ne sont pas les premiers insurgés contre la médecine, qui dans une certaine mesure doit tenir compte des répugnances des malades et se plier à leurs fantaisies. Soyez certaine que ce n'est pas la fatigue même qui les effraye, mais certaines fatigues qu'ils ne trouvent pas dignes de leur âge et de leur situation. Les armes sont nobles; ils accepteront les armes. On allongera les courses à cheval. On leur fera faire des promenades à pied, moi le dimanche, vous dans la semaine, M. Buscail tous les jours si ses petites jambes d'universitaire étiolé lui permettent de marcher. Nous donnerons un prétexte à ces courses, ce qui les rendra acceptables pour lui et pour eux : la géologie, la botanique. Nous arriverons ainsi à une somme suffisante d'exercice ; et tout sera concilié.

— Vous êtes le meilleur des hommes, dit-elle en lui tendant la main.

— Je vous assure que je voudrais le devenir ; mais, en ce moment, je ne mérite pas vos compliments, car j'agis dans mon intérêt, au moins autant que dans le vôtre et celui de vos fils, en cherchant à établir et à maintenir l'accord entre nous tous. Ce n'est pas pour vivre isolé que je me suis marié. Il a été une époque où l'isolement ne me faisait pas peur, et où je croyais que l'homme qui veut être fort doit vivre seul. L'expérience m'a appris que je n'étais pas ce fort, mais simplement un homme comme beaucoup d'autres, et que j'avais besoin des joies communes à tous; ces joies, cet intérieur peut me le donner : mais pour cela la première condition est qu'y règne la paix dans l'intimité. Je veux devenir l'ami de vos fils dans le présent, comme je veux que plus tard, si nous avons des enfants, vos fils forment avec eux une famille de frères et de sœurs.

XV

Comme Saniel descendait le lendemain le perron pour monter en voiture, il se croisa avec Calixte et Valérien. Il les arrêta :

— Parce que votre mère m'a rapporté, dit-il, je vois qu'il y a entre nous un malentendu que je tiens à dissiper. Vous avez donné au mot « collège », que j'ai prononcé, un sens qui n'était pas dans ma pensée : pas plus pour vous que pour votre mère ou pour moi, je ne voudrais que vous fussiez mis au collège.

Il leur tendit la main.

— Qu'il soit bien compris une fois pour toutes que je tiens à vous garder.

Comme c'était l'heure où ils allaient se mettre au travail, dans la bibliothèque, sous la direction de leur précepteur qui les attendait, ils ne purent échanger qu'un regard.

Ce jour-là, la leçon fut particulièrement mauvaise.

— A quoi pensez-vous, Calixte ? Vous n'écoutez pas, Valérien ?

Buscail allait de l'un à l'autre sans rien obtenir.

Mais il n'était pas homme à s'obstiner : quand sa conviction fut faite qu'il n'en obtiendrait rien, il jugea qu'il était inutile de continuer. Indulgent pour lui-même, il l'était pour les autres, ne prenant jamais rien au tragique ; se fâcher, gronder, eût effacé de ses grosses joues rebondies les fossettes rabelaisiennes que creusait son sourire sceptique, et vraiment l'inattention de ces gentils garçons, pour lesquels il s'était pris d'affection, ne méritait pas un si dur effort. Ils balbutiaient des réponses vagues ; il cesserait de les interroger et parlerait lui-même. Justement il venait de boire, à la taverne du Sport, deux verres d'un excellent vermout qui l'avaient mis en train. La leçon du jour était : le Siècle de Périclès ; il leur fit sur Alcibiade une conférence qui dans un amphithéâtre eût été, à chaque période, interrompue par des applaudissements enthousiastes.

Pour eux, ils l'entendaient sans rien dire, et, comme il avait ôté ses lunettes, ses gros yeux saillants et ronds de myope les regardaient sans les voir ; il s'écoutait.

Ce fut seulement après la leçon qu'ils purent s'expliquer.

— Crois-tu qu'il nous traite en imbéciles ? dit Valérien.

— Trouves-tu que j'avais tort de croire qu'il voulait nous garder sous sa main ? L'espérance du collège avait un peu écarté cette idée... au moins le jour, car la nuit elle me revenait si fort, que je ne pouvais pas la chasser ; je dormais avec elle, ou plutôt elle m'empêchait de dormir. C'est fini, le temps où je me réveillais du même côté que je m'étais couché, bien qu'à ce moment je ne fusse pas las comme je le suis maintenant...

— Es-tu malade ? s'écria Valérien.

— Malade ? Non, je ne crois pas ; et d'ailleurs, si je l'étais, je me garderais d'en parler.

— Mais, à moi ?

— A toi, je peux dire seulement que depuis quelques jours j'ai souvent grand mal à la tête, mes yeux se troublent, les oreilles me tintent, je me mets à table sans appétit, et, tu l'as vu, j'ai plusieurs fois saigné du nez. Donc, pendant que je ne dormais pas, j'ai examiné ce que nous pouvions faire au cas où, comme j'en avais le pressentiment, on ne nous envoyait pas au collège.

— Et tu as trouvé ?

— Appeler maman à notre aide, il n'y faut pas penser.

— Nous avons déjà dit que cela ne se pouvait pas.

— Profiter des ouvertures du cousin Sophronyme n'est pas possible non plus.

— Si tu crois que nous pouvons nous confier à quelqu'un, pourquoi pas à notre subrogé-tuteur?

— D'abord je ne trouve pas du tout que nous puissions nous confier à quelqu'un. Quelle confidence faire? Que nous soupçonnons notre beau-père de vouloir hériter de nous? Je mourrais de honte avant de pouvoir formuler tout haut une pareille accusation. Je rougis même d'en parler avec toi. Et puis sur quoi l'appuyer? Nous croyons; nous avons peur; on nous a dit... rien de précis, pas un fait. On ne nous écouterait même pas, ou ce ne serait que pour nous prendre en horreur. Ensuite je trouve que, si nous pouvions, réduits aux abois et ayant aux mains une accusation formelle, nous décider à cette confidence effroyable, notre subrogé-tuteur serait la dernière personne à laquelle nous devrions penser. Tu l'as vu quand il est venu dîner ici : il est en admiration devant M. Saniel, ne croit qu'en lui, et trouve que c'est pour nous un bonheur extraordinaire, une chance miraculeuse que nous ayons un pareil beau-père. Nous vois-tu lui demandant de nous défendre! Si nous devons nous défier des roueries du cousin Sophronyme, nous ne devons pas nous fier à la bonnasserie du cousin Athanase.

— Je vois bien ce que nous devons ne pas faire, et je pense comme toi; mais ce que nous devons faire?

— Nous y arrivons; sois tranquille, j'ai commencé par le commencement. Le danger de notre situation, n'est-ce pas, c'est que M. Saniel doive hériter de nous si nous mourons, j'entends hériter dans la personne de maman, ce qui est la même chose que s'il héritait lui-même, puisqu'il profite de la fortune de maman et la dirige.

— Précisément.

— S'il ne devait pas hériter de nous, il n'aurait donc pas d'intérêt à notre mort, et le danger que nous croyons suspendu au-dessus de nous n'existerait plus.

— Sans doute.

— Eh bien, il faut que maman n'hérite pas de nous.

— Comment cela?

— En faisant notre testament.

— Pouvons-nous faire notre testament et pouvons-nous déshériter maman?

Je ne sais pas si nous le pouvons tous les deux, si tu as l'âge et si moi-même je l'ai; c'est à étudier. Cette idée ne m'est venue que cette nuit; ce matin, j'ai cherché un Code dans la bibliothèque, je n'en ai pas trouvé; il faut qu'après déjeuner nous allions en acheter un à Senlis : nous lirons la loi, elle nous dira ce que nous pouvons.

Valérien parut réfléchir.

— Ma combinaison te paraît mauvaise? demanda Calixte.

— Ce n'est pas cela; mais il y a une chose que je ne comprends pas... Pour que nos testaments produisent sur M. Saniel l'effet que tu en attends, il faut qu'ils soient connus.

— S'ils ne l'étaient pas, ils ne signifieraient rien.

— Alors nous lui dirons que nous avons fait notre testament; c'est ça qui ne sera pas facile.

— Qui est-ce qui fait les testaments? C'est les notaires, n'est-ce pas? Quel est le meilleur ami de M. Saniel, celui qui a arrangé son mariage avec maman? C'est M. Héline, n'est-ce pas? Alors, si M. Héline fait nos testaments, crois-tu qu'il ne dira pas à M. Saniel ce qu'ils contiennent? Nous profiterons donc des deux heures que nous prenait le jardinage pour aller à Senlis.

Mais, après le déjeuner, leur projet ne put pas s'exécuter, contrarié qu'il fut par leur mère.

Puisqu'ils devaient faire maintenant des courses à pied pour remplacer le sciage et le jardinage, elle prendrait sa part de ces courses pour les encourager. A la vérité, elle aimait peu la marche, qu'elle n'avait jamais pratiquée : jeune fille, parce qu'elle n'avait personne pour l'accompagner; mariée, parce qu'elle habitait un pays où l'on ne se promène pas à pied; depuis qu'elle était à Venette, parce que le temps de ses enfants se trouvait strictement pris par le programme qu'ils avaient à remplir. Mais c'était de ce qui pouvait leur être utile qu'elle devait se préoccuper, non de ce qui lui plaisait, à elle, ou ne lui plaisait point. Sans doute, elle pouvait demander à Buscail de les accompagner; mais elle n'avait pas confiance dans les petites jambes du précepteur, qui ne s'allongeraient pas assez vite pour faire de cette promenade un exercice utile.

Pendant le déjeuner, elle leur adressa donc sa proposition :

— Puisque vous n'avez rien à faire avant deux heures, voulez-vous que nous en profitions pour aller au Signal-des-Gendarmes ?

— La route est bien mauvaise, coupée par des ornières creusées cet hiver.

— A pied, on passe partout.

— C'est plus de deux lieues aller et retour.

— Avez-vous peur de deux lieues ?

— C'est à toi que nous pensons, non à nous. Le soleil est chaud aujourd'hui.

— J'ai besoin de marcher.

— Quel bonheur ! dit Valérien qui ne voyait que le plaisir d'une promenade avec leur mère.

Et il lança un coup d'œil à son frère pour arrêter ses objections : comment n'était-il pas touché par cette proposition qui, d'une façon si délicate, prouvait que leur mère n'était point fâchée contre eux et leur pardonnait leur révolte. Ce tête-à-tête de deux heures leur fournirait plus d'une occasion de lui faire oublier le chagrin qu'ils lui avaient causé la veille.

— Qui mange du dessert aujourd'hui est convaincu de gourmandise honteuse, dit-il en avalant les morceaux les uns par-dessus les autres.

Ils partirent.

Comme Calixte l'avait dit, le soleil était chaud, et, avant de gagner l'ombre des grands bois, ils avaient à traverser des espaces dénudés où sa chaleur pesait; cependant leur mère ne ralentissait pas l'allure de marche qu'elle avait prise dès le départ : ce n'était pas à une promenade qu'elle les conduisait, mais à un exercice.

— J'espère que tu vas ! dit Valérien.

— Je ne trouve pas.

— C'est que tu es une grande marcheuse, voilà tout.

En réalité, la grande marcheuse était déjà essoufflée et, pour ne pas se trahir, elle était obligée de ne parler qu'en espaçant ses mots; cependant elle continuait son allure.

Ses fils marchaient près d'elle et, si elle n'avait pas eu à veiller sur elle-même, elle aurait remarqué que Calixte suivait difficilement ce train : au bout de cinq minutes à peine, la fatigue dont il avait parlé à son frère s'était fait sentir, elle pesait sur ses épaules, rendait ses jambes lourdes et lui troublait la vue; cependant, lui aussi, ne disait rien de ce qu'il éprouvait, car il ne pouvait pas se plaindre.

Heureusement, Valérien le remplaçait et, par son bavardage qui ne s'arrêtait pas, il empêchait leur mère de voir que de ses deux fils il n'y en avait qu'un qui parlât et eût de l'entrain.

Lorsqu'on fut arrivé au Signal-des-Gendarmes, qui est le point culminant d'une colline d'où la vue s'étend librement sur un océan de vertes forêts, celles de Chantilly, du Lys, de Pontarmé, d'Ermenonville, d'Halatte et, en suivant le blanc ruban de l'Oise, jusqu'à celle de Compiègne, il aurait bien voulu s'asseoir et se reposer ; mais sa mère n'y consentit pas, de peur d'un refroidissement, dit-elle, et il fallut retourner du même pas qu'on était venu.

— Sais-tu pourquoi maman nous a fait faire cette promenade? dit Calixte lorsqu'ils furent seuls.

Valérien donna son explication :

— Pour nous prouver qu'elle ne nous en veut pas.

— Et aussi pour remplacer nos deux heures de jardinage. Trouves-tu que ce n'est pas touchant? Elle qui déteste marcher, elle est morte de fatigue ; et moi aussi, d'ailleurs, j'en suis mort.

XVI

Malgré sa fatigue qui n'avait fait qu'augmenter, Calixte voulut aller quand même à Senlis, aussitôt qu'ils furent libres ; Valérien essaya de l'empêcher, mais sans réussir.

— Je ne peux pas ne pas monter à cheval, répondit Calixte ; maman s'en étonnerait, me questionnerait, verrait que je suis souffrant, me ferait soigner par son grand médecin, et je n'en veux pas.

Quand ils eurent trouvé dans une librairie de Senlis un exemplaire des Codes français, ils durent attendre pour l'ouvrir qu'ils fussent montés chez eux.

— Comme je ne peux plus me tenir debout, dit

Calixte, je vais me coucher, tu t'installeras auprès de mon lit et tu me liras la loi.

C'était la première fois qu'ils avaient un Code entre les mains ; lorsque Valérien, assis auprès du lit de son frère, l'eut ouvert, il resta embarrassé.

— Il doit y avoir une table, dit Calixte, cherche-là.

— Elle est alphabétique, nous sommes sauvés.

Il lut :

— « Testament. — Civ. 895, 967. »

— Cela veut dire, interrompit Calixte, que nous devons lire depuis l'article 895 du Code civil jusqu'à l'article 967 ; cherche.

Valérien eut bientôt trouvé, et il commença à lire ; mais, quand il fut arrivé à la fin du chapitre, il s'arrêta :

— Y comprends-tu quelque chose ?

— Pas un mot.

— Ah ! bien tant mieux ; je me demandais si j'étais idiot.

— Continue ; nous comprendrons peut-être tout à l'heure.

Valérien reprit sa lecture à mi-voix en approchant de la bougie son livre, dont le texte imprimé en caractère très fin avait été tiré sur des clichés usés :

— « Article 904. Le mineur parvenu à l'âge de seize ans... »

— C'est mon cas, interrompit Calixte.

— «... Ne pourra disposer que par testament. »

— Ça m'est égal, puisque précisément c'est mon testament que je veux faire.

— »... Et jusqu'à concurrence seulement de la

moitié des biens dont la loi permet au majeur de disposer. »

Ils se regardèrent.

— Qu'est-ce que ça peut vouloir dire? demanda Valérien.

Calixte réfléchit, et se refit lire deux fois la fin de l'article.

— J'y suis, dit-il ; ça signifie que celui qui a seize ans ne peut donner que la moitié de ce qu'il donnerait s'il en avait vingt et un.

— Alors, combien pourrais-tu donner si tu avais vingt-un ans ?

Ils étaient devant un mur noir dans lequel ils ne voyaient aucune ouverture.

— Ça n'est pas facile à lire, la loi, dit Valérien.

— Il faut savoir la langue, et nous ne la savons pas ; pourtant il me semble que, puisqu'elle règle la condition de ceux qui peuvent donner, elle doit régler quelque part ce qui s'applique à ce qu'on peut donner et dans quelle proportion on peut donner.

— Veux-tu que je te lise tout ?

— Non, pas ce soir ; j'ai trop mal à la tête : quand je m'applique pour comprendre, elle se fend. D'ailleurs, nous en savons assez pour nous présenter chez M. Héline et lui expliquer ce que je veux : faire mon testament, ce qui m'est permis, puisque j'ai seize ans, et te donner tout ce que je peux te donner ce sera à lui d'arranger les choses.

— Mais puisque je ne peux pas faire mon testament, à quoi sert que tu fasses le tien ? Ce n'était pas cela que tu voulais.

— Il faut bien nous contenter de ce qui est possible, et c'est déjà quelque chose que je puisse faire mon testament, puisque c'est une accusation que je laisse si je meurs. Comme ce testament est connu, la crainte de l'accusation qu'il contient peut avoir une influence ; c'est comme la crainte des gendarmes qui empêche les voleurs de voler... quelquefois. Nous irons demain chez le notaire, qui ne pourra pas nous renvoyer comme des enfants, puisque nous savons ce que nous voulons... ou à peu près. Maintenant, laisse-moi dormir, si je peux.

Quand Valérien se fut mis au lit, il continua de lire le Code, et au bout d'un certain temps, entendant son frère s'agiter, il l'appela à mi-voix :

— Je crois que j'ai trouvé ; veux-tu que j'aille te le lire ?

— Oui, viens.

Valérien, en chemise de nuit, la bougie d'une main, le Code de l'autre, revint dans la chambre de son frère.

— Ce qu'on peut donner, dit-il, ça s'appelle la portion de biens disponible, et voici, me semble-t-il, ce qui s'applique à nous : « 915. Les libéralités par testament ne pourront excéder les trois quarts des biens si le défunt ne laisse d'ascendants que dans une ligne. » D'ascendant, nous n'en avons qu'un : maman. Tu pourrais donc, si tu avais vingt-et-un ans, donner les trois quarts de ta fortune ; comme tu n'en a que seize, tu ne peux donc donner que la moitié des trois quarts. Ça doit être cela.

— A moins que ce ne soit tout autre chose. Quel casse-tête ! Va te coucher et tâche de bien dormir, sans penser à tout cela. C'est assez que je sois malade ; ne le deviens pas toi-même.

C'était toujours une curiosité quand, dans les rues de Senlis, on voyait passer à cheval ces deux jolis garçons suivis de leur groom bien sanglé dans sa large ceinture de cuir et coiffé du chapeau à haute forme ; et plus d'un boutiquier se mettait sur le pas de la porte pour les regarder.

Ce jour-là, vers cinq heures, ils s'arrêtèrent sur le parvis de la cathédrale, devant les panonceaux du notaire, et ceux qui les suivaient des yeux purent remarquer que c'était sans souplesse que Calixte descendait de cheval, presque péniblement ; mais, quand il passa sous la vieille porte ogivale, il avait une allure résolue, et ce fut la tête droite qu'il entra dans l'étude des clercs, précédant son frère.

— M. Héline ?

— Il est dans son cabinet.

Surpris de les voir, Héline pensa tout de suite à Buscail et se dit que c'était quelque nouvelle escapade du précepteur, plus forte que les autres, qui les amenait ; aussi, son premier mot, après avoir demandé des nouvelles de M. et de madame Saniel, fut-il une question sur lui :

— Et Buscail ? Est-il toujours bon garçon ?

Ce fut Valérien, moins préoccupé que son frère, qui répondit :

— Si vous saviez ce qu'il est précieux quand on e

une recherche à faire ! Il nous dit aussi vite de quelle dynastie est la reine Hatasou, que de quelle famille est la carotte.

Voyant qu'il n'avait rien à craindre du côté de son ancien camarade, le notaire attendit.

— Monsieur, dit Calixte, c'est pour faire mon testament que je viens vous trouver.

Certes, le notaire était un homme qui savait, en toutes circonstances, garder une attitude correcte ; cependant, il ne fut pas maître d'arrêter le mot qui lui vint aux lèvres :

— C'est une farce de Buscail !

— Non, monsieur, rien n'est plus sérieux.

Cela fut dit si gravement, que le notaire sentit qu'il avait lâché une sottise, — ce qu'il n'aimait pas.

— Pardonnez-moi, dit-il, mais en considérant votre bon état de santé, surtout en pensant à votre âge, je ne pouvais imaginer qu'une plaisanterie.

— J'ai eu seize ans le 14 de ce mois, dit Calixte.

— Il est vrai ; je sais parfaitement.

— Je viens donc vous demander de recevoir mon testament.

Pour racheter sa maladresse, le notaire voulut faire montre de sa supériorité :

— Quel testament ? demanda-t-il avec simplicité.

Frappé de l'air grave de Calixte et de son apparence souffrante, Héline, qui tout d'abord avait été disposé à considérer cette visite comme une plaisanterie, voyait maintenant qu'elle était sérieuse. Sans doute il était bizarre que ces deux garçons vinssent ainsi s'adresser à lui, à l'improviste, et qu'à son âge Calixte voulût faire son testament; mais, si extraordinaire que fût cette intention, il n'avait pas à l'examiner dans ses causes, qui, bientôt sans doute, seraient connues et s'expliqueraient.

— Je dois vous faire observer, dit-il, que le testament par acte public, c'est-à-dire dressé par moi, en présence d'un de mes collègues et de deux témoins, a cet inconvénient, que son nom indique d'ailleurs, de n'être pas secret; je puis répondre de la discrétion de mon collègue comme de la mienne, elles sont professionnelles, mais non de celles des témoins; c'est pourquoi le testament olographe...

— Mais je ne tiens pas à ce que mon testament soit secret, interrompit Calixte.

Ce fut une nouvelle surprise pour le notaire; que se passait-il donc?

— Cependant...

— Je n'ai rien à cacher; il ne me déplaît pas que tout le monde sache que je donne ce que je peux donner à mon frère; je suis même bien aise qu'on le sache.

Comme le notaire attachait un regard curieux sur lui, il voulut expliquer ce dernier mot:

— C'est prouver l'affection qui nous unit.

— Comme cette preuve n'a pas besoin d'être faite pour qui vous connaît, le testament olographe, qui, vous le savez, n'est assujetti à aucune autre forme que d'être écrit en entier, daté et signé de la main du testateur, pourrait présenter certains avantages.

Calixte le laissa aller jusqu'au bout, en l'écoutant

aussi attentivement que sa tête chancelante le lui permettait.

— J'aime mieux l'acte public, dit-il, quand le notaire se tut.

— Eh bien ! nous dresserons un acte public.

— Je vous prie de le dresser tout de suite.

— Comment ! à cette heure ?

— Est-ce que vous avez un empêchement ?

— Non ; mais comme il n'y a pas urgence...

— J'aime mieux qu'il soit fait tout de suite.

— Encore faut-il que j'aie le temps de prier un de mes collègues de m'assister, et que je réunisse les témoins.

— Nous attendrons.

Pendant que le notaire passait dans son étude pour donner ses instructions, Calixte et Valérien restèrent seuls dans son cabinet.

— Tu as l'air de souffrir, dit Valérien.

— Ma tête se fend.

— Rentrons ; tu te coucheras.

— Quand le testament sera fait.

Le collègue et les témoins étant réunis, Héline expliqua dans quel but ils étaient convoqués. En entendant parler de testament et en regardant celui qui voulait le faire, il y eut un mouvement de surprise qui touchait à la stupéfaction, et Calixte eut la satisfaction de voir que ce qu'il voulait se réaliserait : on parlerait de son testament.

Assis à son bureau, devant une feuille de papier timbré, Héline se tourna vers Calixte :

— Voulez-vous bien répéter, devant ces messieurs,

les intentions que vous m'avez fait connaître? dit-il.

— Mon intention est de donner à mon frère Valérien tout ce que la loi me permet de lui donner par testament.

L'acte, très court d'ailleurs, fut vivement dressé par Héline, et, après lecture, il fut signé par Calixte, les témoins et les notaires.

— Ma foi, monsieur Ranson, dit le collègue d'Héline en répondant au remerciement de Calixte, vous n'êtes pas en retard pour tester.

— Je ne serai pas plus en retard que lui quand la loi me le permettra, dit Valérien.

XVII

Sur le parvis, le groom les attendait, tenant leurs chevaux en main.

— Aide-moi à monter, dit Calixte bas à son frère.

Après avoir aidé son frère, Valérien allait lui-même se mettre en selle, quand Morche, accompagné d'une personne, vint à passer. Morche appartenait à la catégorie des médecins qui vivent le chapeau à la main et les paroles de politesse aux lèvres. Vivement il s'approcha de Valérien pour lui demander des nouvelles de madame sa mère, de M. Saniel, de lui-même et de son frère.

Alors une idée passa par l'esprit de Valérien :

— C'est mon frère qui ne va pas, répondit-il.

— Comment, vous êtes souffrant ! demanda le médecin en s'adressant à Calixte lui-même.

Mais ce fut Valérien qui répondit, tandis que son frère se tenait sur son cheval, froid et mécontent :

— Je ne le trouve pas bien.

— Et qu'avez-vous donc ?

— Il se plaint de maux de tête, de mauvaise bouche, de lassitude.

— Tout cela n'est rien, répondit Calixte d'un ton fâché.

— Moi, je ne trouve pas, dit Valérien.

— Peut-être n'est-ce rien, en effet, dit le médecin, une simple courbature ; mais peut-être aussi est-ce quelque chose. Il faudrait surveiller cela.

— Est-ce que vous rentrez chez vous ? demanda Valérien.

— Tout à l'heure ; mais pourquoi ?

— Vous pourriez examiner mon frère.

Morche leva les bras en l'air, tandis que Calixte adressait à son frère un coup d'œil fâché.

— Vous n'avez pas consulté M. Saniel ? dit Morche.

— Ce serait vous que nous désirerions consulter, répliqua Valérien.

Puis, voyant l'air surpris de Morche et comprenant qu'il convenait d'expliquer ses paroles, il ajouta :

— Vous savez comme maman s'inquiète facilement ; si Calixte parle de ses malaises à M. Saniel, elle va tout de suite voir mon frère au plus mal, tandis qu'il n'a peut-être qu'une légère indisposition qu'un mot de vous lui enlèverait.

— Et comment voulez-vous, cher monsieur, que j'examine M. votre frère, quand vous avez le bonheur d'être les fils d'un médecin tel que mon illustre maître !

— Evidemment, dit Calixte, mon frère n'avait pas réfléchi à sa demande ; excusez-le. Au revoir, monsieur.

Valérien allait suivre son frère quand Morche le retint :

— Ne manquez pas d'avertir M. Saniel en rentrant : l'aspect général de M. votre frère n'est pas bon.

— Qu'a-t-il ?

— Je n'en sais rien ; je ne parle que de l'aspect.

— Eh bien, voilà des garçons qui tiennent à n'être pas soignés par leur beau-père, dit la personne qui accompagnait Morche quand Valérien se fut éloigné.

Mais Morche jugea inutile de répondre à cette ouverture.

Ce fut en marchant au pas que Calixte et Valérien sortirent de la ville. Quand ils furent sur la grande route, Calixte fit signe à son frère de venir tout contre lui.

— Quelle idée de parler de mes malaises à ce médecin ? dit-il.

— Ne me gronde pas, mon grand ; je vois bien que j'ai eu tort, mais mon intention était bonne : ça me tourmente que tu sois malade.

— Je ne suis peut-être pas très malade, bien que je me tienne à peine à cheval.

— C'est ce que je me suis dit : alors l'idée m'est venue d'en parler à M. Morche, pensant qu'il pouvait te donner quelque chose qui te guérirait tout de suite sans que le grand médecin ait à te soigner... ce que je ne voudrais pas.

Calixte, à l'heure du dîner, se mit à table, comme tous les soirs ; mais il lui fut impossible de manger : il portait sa cuillère pleine à sa bouche, puis la remettait pleine dans son assiette, malgré les regards furtifs et rapides de Valérien, qui lui disaient de faire violence à sa répulsion. Sa mère laissa passer le potage sans rien remarquer, mais au premier service elle vit qu'il ne mangeait pas.

— Tu n'as pas faim ? dit-elle.

— Etes-vous souffrant ? demanda Saniel en l'examinant.

— Je n'ai pas faim.

Un haut-de-cœur le força à quitter la table.

Alors, pendant son absence, on interrogea Valérien, qui répondit que son frère était aujourd'hui dans le même état que la veille.

Bientôt Calixte rentra ; il était pâle, cependant il reprit sa place à table et, par un effort de volonté, il put avaler quelques morceaux.

— Ce n'est rien, dit-il, rien du tout.

Pourquoi se serait-il caché s'il avait eu quelque chose ? Ni sa mère ni Saniel ne voyaient ce pourquoi.

Quand on fut dans le salon, Valérien, qui ne quittait guère son frère des yeux et remarquait sa pâleur de plus en plus grande, voulut sauver la situation avant qu'elle devînt trop grave.

A plusieurs reprises, il bâilla, en ayant l'air de se cacher avec d'habiles précautions, mais en réalité de façon que sa mère le remarquât.

— Qu'as-tu ? lui demanda-t-elle.

— Je suis fatigué, très fatigué, et c'est probablement la fatigue qui a coupé l'appétit à Calixte ; si tu le permets, je voudrais bien me coucher.

— Mais tu as quelque chose ? dit-elle avec inquiétude.

— Je ne suis pas à mon aise, mais pas du tout.

— Mon ami, voulez-vous voir ce qu'il a, dit-elle à Saniel.

Saniel lui tâta le pouls, le regarda dans les yeux, lui fit tirer la langue, et ne trouva rien d'anormal dans son état :

— Cela ne sera rien du tout, dit-il.

— Je l'espère bien ; seulement, si tu voulais le permettre, maman, j'emmènerais Calixte : en attendant que je m'endorme, il me ferait la lecture.

— Comme c'est bien toi !

— N'est-ce pas, c'est si amusant de se faire lire quand on est au lit ? Les histoires racontées sont amusantes aussi, mais Calixte n'est pas riche en contes.

Elle ne pouvait pas refuser ; car c'était elle autrefois qui racontait des histoires à ses enfants quand ils étaient au lit ; et ce soir-là, n'osant pas quitter son mari, pour la première fois elle manquait à son rôle.

Ils sortirent.

— Qu'as-tu? demanda Calixte tout bas à son frère quand ils furent dans le vestibule.

— Comment! toi aussi, tu as cru à mon malaise? Ce que c'est que d'être un bon comédien! Mais, godiche, c'est pour que tu puisses te coucher que je suis malade.

Ils arrivaient au bas de l'escalier.

— Appuie-toi sur moi, mon pauvre grand, mais adroitement, de façon que tu aies l'air de me soutenir, tant je suis fatigué.

Quand ils furent chez eux, Calixte, qui n'avait tenu bon qu'en se raidissant de toutes ses forces, s'abandonna : un frisson le secoua, et il se mit à trembler en claquant des dents.

Valérien le fit asseoir, et doucement le déshabilla comme un petit enfant, avec des mots de tendresse ; puis il le coucha, le borda dans ses draps, et, comme Calixte continuait de trembler, il s'agenouilla près du lit et, passant ses mains sous les couvertures, il lui prit les pieds.

— Je vais te réchauffer; dors, ferme les yeux, ferme les poings.

Mais Calixte ne se réchauffa pas plus qu'il ne s'endormit; pelotonné sous ses draps, il continuait à trembler.

— Il faut que tu prennes quelque chose de chaud, dit Valérien.

— Ne sonne pas.

— N'aie pas peur; je vais allumer la lampe à esprit de vin et te faire chauffer de l'eau.

— Si je bois de l'eau chaude, je vais vomir ; tu ne sais pas comme j'ai mal au cœur.

Il parlait par mots saccadés.

— Crois-tu que je vais être assez bête pour ne te donner que de l'eau chaude, tout simplement sucrée? Ce qui est bon pour le mal de cœur, c'est la feuille d'oranger.

— Tu n'as pas de feuilles d'oranger?

— Je vais aller en chercher dans le jardin ; sois tranquille, on ne me verra pas et on ne m'entendra pas.

Quand il eut allumé la lampe à esprit de vin et mis dessus une petite casserole d'argent pleine d'eau ; il fila vivement en étouffant le bruit de ses pas légers.

Bientôt, il revint :

— Personne ne m'a vu ; j'ai mes feuilles : n'aie pas peur, je ne me suis pas trompé.

L'infusion fut vite préparée et il la goûta :

— Elle m'a brûlé la langue, dit-il en présentant la tasse à son frère, mais c'est comme ça qu'il faut la prendre pour qu'elle te fasse du bien.

Docilement, bien qu'il se brûlât aussi, Calixte avala toute la tasse.

— Maintenant, couvre-toi vite.

— Quel bon garde-malade tu es.

— Si tu es vraiment malade, tu verras comme je te soignerai.

— Je crois bien que je le suis, mon pauvre bonhomme.

— Il ne faut pas penser à cela ; il faut dormir tout de suite. Ne parle plus, mon grand.

Calixte tremblait déjà moins; la chaleur ne tarda pas à revenir, et il s'endormit d'un sommeil agité.

Si Valérien avait été maître de faire ce qu'il voulait, il serait resté auprès de son frère; mais il lui semblait vraisemblable de croire qu'avant de se coucher leur mère viendrait voir comment il allait, et il ne fallait pas qu'elle trouvât le soi-disant malade gardant le bien portant.

Il se mit donc au lit en se promettant de ne pas dormir, de façon à l'arrêter au passage si elle venait et à ne pas la laisser entrer dans la chambre de Calixte, qu'elle ne devait ni réveiller ni voir.

Ordinairement il s'endormait aussitôt la tête posée sur l'oreiller; mais il n'eut pas d'effort à faire pour rester éveillé : l'inquiétude l'enfiévrait. Qu'allaient-ils faire si Calixte était vraiment malade, comme il semblait à craindre? Comment arriveraient-ils à empêcher leur beau-père de le soigner?

Toutes les questions qui s'étaient agitées entre eux en ces derniers temps se dressaient maintenant devant lui, plus pressantes, plus menaçantes, et il était seul pour les résoudre.

L'heure arriva où sa mère montait habituellement chez elle ; il prêta l'oreille, et bientôt il entendit qu'elle mettait doucement la main sur le bouton de la porte.

Il avait décidé qu'il lui parlerait et ne la laisserait pas entrer auprès de Calixte; lorsqu'elle eut ouvert sa porte, il feignit donc de s'éveiller :

— C'est toi, maman? dit-il à voix basse. Comment te trouves-tu?

— Très bien.

Elle lui prit les mains, lui tâta la tête.

— Ta peau est bonne.

— J'étais fatigué : le sommeil m'a guéri ; je suis très bien... N'éveille pas Calixte, il dort comme un loir.

Elle hésita un moment ; mais ce n'était pas Calixte qui l'inquiétait ; puisqu'il dormait, mieux valait ne pas le réveiller.

Elle sortit, et Valérien, sautant à bas de son lit, entra pieds nus dans la chambre de son frère, qui dormait toujours, la respiration haute ; alors il se recoucha et bientôt s'endormit. Mais au petit jour il fut réveillé par des gémissements étouffés, et vivement il courut auprès de son frère, qui s'agitait et se débattait sur son lit bouleversé.

— Je vais te préparer une tasse de tisane, dit-il ; celle d'hier t'a fait du bien ; elle te calmera.

Mais ce ne fut pas cet effet qu'elle produisit ; Calixte, qui la veille avait la fièvre froide, l'avait maintenant chaude : l'infusion lui donna une poussée plus forte, qui dura plus de deux heures sans que Valérien éperdu sût que faire.

Cependant elle finit par s'apaiser un peu, et Calixte cessa de s'agiter et de se plaindre.

— Ce qu'il faut maintenant, dit Valérien, c'est qu'on te croie assez bien pour que M. Saniel parte sans te voir : il ne doit pas revenir ce soir, nous aurons du temps à nous ; je vais arranger cela, sois tranquille. Si, après son départ, tu es plus mal, maman enverra chercher M. Morché, qui ne pourra pas ne pas venir; et, soigné par M. Morche en même temps que par M. Saniel, tu comprends ce que cela veut dire. J'ai mon plan, n'aie pas peur !

Incapable de discuter ce plan, Calixte se contenta de dire :

— Ne fais pas de bêtises.

— Sois tranquille.

Il s'habilla et, à l'heure où Saniel devait sortir de son appartement, il le guetta, de façon à le rencontrer au passage.

— Déjà levé? dit Saniel. J'allais vous voir. Vous êtes bien?

— Très bien ; je vous remercie.

— Et votre frère ?

— Il dort encore.

Valérien rentra tout joyeux dans la chambre de son frère.

— Sauvés ! Il est parti.

Mais sa joie dura peu : Calixte, qui voulut se lever, eut une défaillance, et il fallut le remettre au lit tout tremblant.

— C'est le moment, dit Valérien.

Son frère ne lui opposa aucune résistance : son regard était vague, ses traits exprimaient l'hébétude.

Alors Valérien alla trouver sa mère et lui raconta que Calixte venait de se réveiller, qu'il s'était trouvé mal, et que maintenant il était dans son lit comme un hébété.

— Puisque M. Saniel est parti, dit-il, tu devrais envoyer chercher M. Morche.

Il comptait sur cette insinuation, qu'il croyait très habile. Mais elle ne l'accepta pas : après être accourue auprès de son fils aîné et l'avoir interrogé, ce ne fut pas Morche qu'elle envoya chercher, ce fut une dépêche adressée à son mari qu'elle fit porter au télégraphe, avec ordre d'attendre la réponse.

Une heure après, elle la reçut :

« Envoyez voiture au train de dix heures cinquante minutes. »

— M. Saniel va arriver, dit-elle.

Calixte sortit de sa stupeur et échangea avec son frère un regard de désespérance.

XVIII

Après l'arrivée de Saniel, les premières nouvelles que Valérien eut de Calixte lui furent apportées par leur mère, terribles pour lui.

— Puis-je voir Calixte? s'écria-t-il quand sa mère entra dans la bibliothèque, où il travaillait avec Buscail.

— Non, mon enfant.

— Qu'a-t-il?

— Une fièvre, une forte fièvre d'un caractère indécis qui peut être contagieuse; c'est pourquoi M. Saniel ordonne qu'il n'y ait aucune communication entre vous.

— Je ne le verrai plus! Tu ne nous sépareras pas, maman, maman!

Il se jeta sur sa mère.

— Je t'en prie, maman, si tu nous aimes toujours!

— Oh! monsieur Buscail, s'écria la mère éperdue en appelant le précepteur à son secours.

A ce moment, Saniel entra dans la bibliothèque, l'attitude grave, le visage assombri.

— Vous ne voulez pas que je voie mon frère! s'écria Valérien, quittant sa mère pour aller vers lui.

Saniel ne lui répondit pas :

— Votre bras, dit-il froidement.

Il lui tâta le pouls.

— Votre langue.

D'instinct, Valérien obéit.

— Défaites votre veston et votre gilet, commanda Saniel.

Quand Valérien se fut déshabillé, Saniel l'ausculta; son examen terminé, il laissa échapper un soupir de soulagement :

— Vous n'avez rien.

— Je n'ai jamais rien eu.

— Hier, vous vous plaigniez.

Valérien avait oublié la maladie de la veille et la scène qu'il avait si bien jouée.

— Hier, j'étais fatigué.

— Aujourd'hui vous n'êtes qu'agité.

— Par la maladie de mon frère; maman me dit que vous voulez me séparer de lui.

— Il le faut.

— Vous ne nous séparerez pas ; si mon frère est malade, je dois être près de lui ; vous ne vous placerez pas entre nous !

Cela fut crié avec une exaspération désordonnée, plutôt que dit.

Sans lui répondre, Saniel s'adressa à Buscail :

— Dès maintenant, dit-il, vous allez, vous et votre élève, vous installer dans l'orangerie.

Au-dessus de l'orangerie, il y avait un logement complet, composé de cuisine, salle à manger, chambres, qui avait été autrefois habité par le régisseur du château, et où Calixte avait été relégué pendant la fièvre scarlatine de Valérien : c'était là que Valérien, à son tour, devait être interné pendant la maladie de son frère.

— Prenez avec vous les livres qui seront nécessaires à votre travail, continua Saniel ; car, à partir d'aujourd'hui et tant que durera la maladie de Calixte, vous n'entrerez pas dans le château. On va vous porter la provision de linge dont vous aurez besoin. A votre service seront attachés des domestiques qui n'auront de relations qu'avec vous, et qui feront une cuisine spéciale pour vous et pour eux. Vous ne boirez avec votre vin que de l'eau de Saint Galmier, et pour la toilette vous ne ferez usage que d'eau bouillie. Enfin vous comprenez que, ce que je veux, c'est un isolement complet, la cessation de toutes communications entre le château et vous ; je donnerai des instructions formelles à ce sujet. Libre, je vous aurais envoyé faire un voyage avec votre élève; mais, comme il ne convient pas qu'aux inquiétudes que va causer à la mère la maladie de son aîné s'ajoutent celles de l'absence du jeune, je prends toutes les précautions, même celles qui peuvent paraître exagérées, pour éviter la contagion.

— Mais qu'a donc mon frère? s'écria Valérien.

— Quand j'aurai une certitude je vous dirai quelle est la maladie de votre frère.

— Si vous n'avez pas de certitude, pourquoi me séparez-vous de lui?

Sa mère voulut intervenir, mais il se révolta :

— Ne te mets pas du côté de M. Saniel, s'écria-t-il; n'est-il pas assez fort déjà? Ne nous abandonne pas, ne nous sépare pas. Je veux voir mon frère, c'est mon droit de le soigner; si je gagne sa maladie, eh bien, nous serons malades ensemble; ce sera plus vite fait.

— Mais c'est de la démence! s'écria-t-elle éperdue; est-ce que ton frère nous a opposé cette résistance quand tu as été malade?

— Ce n'était pas maintenant.

Puis, n'osant pas appuyer sur ce mot qu'il avait lâché inconsciemment malgré lui, il ajouta tout de suite :

— On savait que j'avais la fièvre scarlatine; on ne sait pas ce qu'a mon frère.

— Si votre frère a la fièvre typhoïde, l'isolement n'est-il pas tout aussi impérieux? répondit Saniel avec fermeté, mais sans se laisser emporter. J'admets que vous soyez anxieux de connaître la maladie de votre frère, et je ne le suis pas moins que vous, moi, qui ai, en plus, la responsabilité de le soigner; mais vous devez comprendre, mon enfant, que les maladies ne se présentent pas toujours sous une forme simple, répondant à un nom du dictionnaire; il en est bien souvent de complexes, d'indécises, qui ne se caractérisent que peu à peu, faisant ainsi le tourment du médecin. Quelle que soit la maladie dont votre frère est atteint, elle me paraît commander l'isolement, et je ne manquerai pas à mon devoir, qui est double ici, comme médecin et comme chef de famille. Ou vous partez en voyage immédiatement avec M. Buscail, comme je le voudrais, ou vous habitez l'orangerie, comme le désire votre maman; choisissez et prononcez-vous.

Valérien regarda longuement sa mère et, sentant qu'il n'y avait aucun secours à attendre d'elle :

— Oh! maman, dit-il, pauvre maman!

L'accent était si désespéré, le regard si plein de reproches et de douleur qu'elle fut remuée jusqu'au plus profond des entrailles.

Alors il releva la tête et, se tenant droit devant Saniel avec une résolution farouche :

— J'habiterai l'orangerie, dit-il; au moins je saurai.

L'installation de Valérien et de son précepteur dans l'orangerie fit connaître la gravité de la maladie de Calixte de toute la domesticité, et ce fut ainsi que Florentin l'apprit.

Ses pressentiments et ses prévisions ne l'avaient donc pas trompé; le premier acte du drame qu'il attendait depuis tant de jours venait de commencer;

ce pauvre enfant allait être tué par Saniel, comme l'avaient été Caffié et madame Dammauville; cette justice, en qui il avait obstinément cru, suivait sa marche mystérieuse, dirigée par des règles immuables.

Bien que, depuis son arrivée à Venette, il eût vécu avec la pensée et eut été soutenu par l'espérance qu'à un moment donné la mort de ces enfants lui livrerait Saniel, il ne put pas ne pas éprouver un moment d'émotion profonde quand il vit la mort, non plus suspendue sur eux, mais la main levée, prête à frapper, et ayant même dû frapper plus d'un coup peut-être.

Devait-il laisser s'accomplir ce crime, que seul il savait être un crime? Ne devait-il pas, au contraire, se placer entre eux et l'assassin? La pitié qui l'avait pris au cœur, en les voyant condamnés, s'était peu à peu transformée en sympathie; il les aimait, et d'une affection que le danger qu'ils couraient lui faisait sentir plus forte qu'il ne croyait. Allait-il les laisser égorger, et rester témoin impassible de leur assassinat, s'enfermant dans son rôle de greffier, en attendant qu'il parlât comme justicier?

Courbé sur la planche de terre qu'il labourait, il agita cette question, en apparence tout à son travail, en réalité tout à ses pensées.

S'il ne prenait pas la suprême résolution de se faire connaître, d'accuser la tête haute, qui ajouterait foi à des avertissements et à des insinuations? Saniel assassiner ses beaux-fils, le Saniel honoré de tous, puissant, glorieux : cette mère elle-même ne l'admettrait pas un instant. Encore s'il avait aux mains les indices qu'il espérait, en arrivant à Paris, réunir sur la mort de Caffié et de madame Dammauville, il pourrait s'appuyer sur des faits réels; mais, ces indices il ne les avait pas, et de ce côté il en était resté au même point qu'au jour où, dans la boutique du marchand de vin de Palaiseau, il interrogeait la mère Bouchu. La fille du garde de Plailly n'était pas revenue de Madère. Pendant qu'il l'attendait, arrêté dans ses recherches, paralysé par cette absence, le temps avait marché, et la prescription de dix ans s'était accomplie au profit de Saniel, qui, maintenant, ne pouvait rendre des comptes à la justice humaine que s'il était poursuivi pour un nouveau crime. Dans ces conditions, allait-il empêcher ce crime? Et lui qui n'était qu'un misérable forçat évadé, sans armes aux mains, allait-il partir en guerre contre un homme dans la position de Saniel, en même temps que contre les juges qui l'avaient condamné? Ce serait pure folie. Le temps des élans de sentimentalité était passé; le bagne l'en avait guéri, et aussi l'expérience de la vie. Qui avait eu pitié de lui? Pourquoi aurait-il pitié des autres? A plaindre, les pauvres petits, oui, ils l'étaient, et il les plaignait. Mais lui aussi était à plaindre, et jamais personne ne l'avait plaint. De ce drame, il ne pouvait donc être que spectateur, jusqu'au jour où il entrerait en scène à son tour, pour prendre le premier rôle dans le dénouement.

Du château il surveillerait la marche de la maladie et noterait les points importants qui, plus tard, pourraient servir de base à une instruction judiciaire;

comme de la taverne du Sport il aiguillerait sur la bonne voie les bavardages que cette maladie n'allait pas manquer de soulever dans la tribu des Ranson.

Il était donc bien placé pour suivre la bataille, — dedans comme au dehors.

Cependant il rencontra des difficultés d'information qu'il n'avait pas prévues : Saniel avait fait venir de Paris deux sœurs de charité qui soignaient Calixte — une vieille à moustaches, la sœur Eudoxie; une jeune, à la figure angélique, la sœur Renée; — c'était par elles que tout passait, que tout se faisait, sans que la domesticité du château eût à se mêler de rien, si ce n'était pour les servir; et, ces religieuses, il ne pouvait pas procéder avec elles comme il eût fait avec des domestiques, c'est-à-dire des camarades qu'on questionne. Tout au plus pouvait-il attraper au hasard quelques mots vagues sur les symptômes de la maladie : fièvre continue, accidents pulmonaires, phénomènes abdominaux; ou sur le traitement : sulfate de quinine, ventouses, purgatifs; mais il n'y avait pas de quoi lui fournir des armes contre Saniel, — au moins pour le moment. C'était au fond des choses qu'il faudrait pénétrer, et il n'en voyait même pas la surface; mais plus tard les faits se grouperaient, et il les recueillerait. Ce n'était pas, comme dans les vieux mélodrames, en versant du poison dans le verre de son beau-fils que Saniel allait le tuer; cependant, si habile qu'il pût être, il y aurait bien quelques côtés par où il se trahirait, et qui, plus faibles que les autres, permettraient de l'attaquer.

Pour les bavardages, son action était plus facile sur un terrain depuis longtemps préparé, et où pas un grain de ce qu'il avait semé adroitement n'avait été perdu, poussant au contraire, se développant, cultivé, arrosé, soigné par lui avec une patience et une science qui savaient tirer parti de tout. En organisant des distributions quotidiennes de pain et de sous, Héline avait cru qu'il vaudrait à Saniel une réputation de charité et de générosité : à la taverne du Sport, où presque tous ces sous étaient dépensés aussitôt que donnés, c'en était une tout autre qu'il lui avait faite.

— Faut-il qu'il gagne facilement son argent, ce médecin, pour le jeter comme ça !

— Faut qu'il le vole !

— Ce n'est pas naturel ; il y a donc quelque chose de terrible dans son existence qu'il voudrait se faire pardonner ?

Comment ces insinuations avaient-elles été formulées ? C'est ce qu'il était impossible de savoir ; mais elles n'en avaient pas moins enrichi la légende qui s'amassait sur Saniel et qui chaque jour se grossissait tantôt d'un fait, tantôt d'un autre. Évidemment un homme qui, tous les matins, donne deux sous aux mendiants de la contrée qui sonnent à sa porte ne peut être qu'un criminel ou un malfaiteur. Et ce n'était pas seulement à la taverne du Sport que cette opinion avait été admise ; rares étaient dans le pays les gens assez hardis pour la contester.

La maladie de Calixte connue, c'avait été une bien

autre explosion. Le cousin Sophronyme était arrivé en toute hâte, la physionomie désolée :

— Ce pauvre garçon ! c'est y un malheur ! Je m'y attendais ; je vous l'avais bien dit qu'il les tourmenterait tant avec ses inventions du diable qu'il les rendrait malades : le v'là malade, ce pauvre cher enfant, que j'aime comme si c'était mon propre fils. Et de quelle maladie ? Il paraît qu'on n'en sait rien. Je vous demande un peu si c'est naturel ! Une maladie a toujours un nom. Voulez-vous que je vous dise : eh bien, ça ne sent pas bon ; pour sûr que ça ne sent pas bon.

Et tout le monde avait été d'avis que ça sentait même très mauvais.

— Si ce n'était pas un grand médecin qui le soigne, on pourrait dire qu'il ne connaît pas son affaire ; mais c'est un grand médecin que ce M. Saniel. Eh ! Normand, qu'est-ce qu'on dit au château ?

— On ne dit rien, rien de rien ; et ce n'est pas étonnant, puisqu'on ne sait rien de rien. Il est défendu d'aller dans la partie du château où il est couché.

— On le cache, quoi !

— Il est défendu de porter son linge à la lingerie ; on doit le jeter dans des cuviers avec des drogues qui sentent rudement mauvais.

Là-dessus, Sophronyme avait fait une observation qui, au premier abord, ne paraissait pas s'enchaîner aux autres, mais qui cependant avait produit une forte impression : c'est que lui, à son âge, ne connaissait pas une veuve de médecin, tandis qu'il connaissait plusieurs médecins veufs.

Ce n'était pas seulement à la taverne du Sport qu'on parlait de la maladie de Calixte, mystérieuse, innommée; c'était un peu partout aux environs. Par les témoins, on avait connu le testament fait chez Héline, et aussi, par la personne qui accompagnait Morche, la demande que Valérien avait adressée à celui-ci de soigner son frère : tout cela n'était-il pas caractéristique ?

— Moi, je m'attends à tout, répétait Sophronyme de plus en plus désolé.

Et, dans la majorité du public, on s'attendait si bien à tout que, quand le vingtième jour on avait appris la mort de Calixte, le mot général avait été :

— Qu'est-ce que je vous disais ?

FIN DE LA DEUXIÈME PARTIE

TROISIÈME PARTIE

I

Depuis quatre mois, Valérien accompagné de son précepteur, habitait La Haye avec sa mère, et leur maison en briques roses, aux vitres bombées, coquette de propreté, faisait face au bois, où, dans les prairies de Maliebaan et de Koehamp, passent des troupes de cerfs et de biches.

Le jour même de l'enterrement de Calixte, Saniel avait voulu leur faire quitter Venette et, simplement parce qu'on était dans la saison chaude, il avait décidé, qu'ils partiraient pour la Hollande, dont le nom est le synonyme de fraîcheur et de verdure; à Creil, ils avaient pris le train de la Belgique, pour coucher le soir à Bruxelles et arriver le lendemain, dans la matinée, à La Haye, où, après les avoir installés dans la maison du quai de Prinsesse-Gracht. il les avait quittés pour rentrer à Paris.

Par ce brusque départ, il avait voulu les mettre à

l'abri de la contagion, en même temps que, par cette réunion, il espérait apporter une consolation à leur douleur désespérée. Pour lui, la répulsion que ses beaux-fils lui avaient témoignée avait pour unique cause une jalousie enfantine ; en s'effaçant et en laissant la mère et le fils dans un étroit tête-à-tête pendant un certain temps, Valérien pourrait s'épancher plus librement, et dans sa tendresse satisfaite trouver un soulagement ; il aurait sa mère à lui, tout à lui, et elle ferait oublier le frère disparu.

Mais il s'était trompé ; la mère n'avait pas remplacé le frère, et dans leurs longs tête-à-tête il y avait eu plus de mornes désespoirs que de doux épanchements.

Farouche s'était montrée, dans les premières semaines, la douleur de Valérien, muette, si profonde et si noire qu'elle paraissait insondable ; et à le voir assis devant sa mère, au coin de la fenêtre, ne fixant presque jamais les yeux sur elle, les détournant même le plus souvent quand elle le regardait, ne parlant pas, ne lisant pas, il était impossible de reconnaître le garçon si tendre et si expansif qu'il avait toujours été. Qu'elle lui adressât la parole, il répondait d'un mot et c'était tout : il laissait tomber l'entretien comme s'il lui était toujours pénible, quel qu'en fût le sujet.

Quelquefois cependant, il la regardait à la dérobée, et s'il voyait qu'elle restait absorbée dans ses pensées sans tourner les yeux vers lui, il paraissait s'oublier dans une contemplation involontaire, jusqu'au moment où tout à coup il se jetait sur elle en l'embrassant passionnément ; mais, au lieu de se laisser envelopper dans ses caresses, brusquement il s'arrachait de ses bras, essuyait ses larmes, refoulait ses sanglots, et courait à la chambre de son précepteur :

— Monsieur Buscail, sortons.

Et il se sauvait comme si le feu le poursuivait. Buscail, à une certaine distance derrière lui, allongeait ses petites jambes, en assurant sur son nez ses lunettes, qui n'étaient pas habituées à de pareilles secousses ; mais bientôt, sentant qu'il n'avait pas son précepteur sur les talons, il ralentissait sa marche et l'attendait. Si c'était l'heure d'un train, ils montaient en wagon et s'en allaient à Harlem, à Leyde, à Rotterdam, même à Amsterdam, les distances ne comptant guère dans un pays tassé sur lui-même. Ou, plus simplement encore, ils prenaient le tramway de Scheveningen quand il passait devant eux, et après que Valérien s'était baigné, ils se promenaient sur la grève, ils s'asseyaient dans les herbes des dunes, et restaient de longues heures en face de la mer, à regarder la flottille des barques de pêche qui arrivaient avec la marée, jetaient l'ancre et, balancées par la houle ou échouées sur la plage, débarquaient leur poisson que des femmes emportaient dans des voitures traînées par des chiens.

Il avait été convenu qu'on ne ferait travailler Valérien qu'autant qu'il le voudrait bien, et seulement pour l'occuper, le distraire sans le fatiguer ; alors Buscail, qui ne perdait jamais une occasion de professer, faisait remarquer à son élève combien peu la vie hollandaise avait changé, et comme ce qui se passait sous leurs yeux était la reproduction exacte des tableaux des vieux maîtres hollandais qu'ils voyaient dans les musées de La Haye et d'Amsterdam : même ciel gris, même mer jaune, même forme des barques ventrues à dérive, mêmes couleurs de voiles, mêmes types et mêmes costumes de pêcheurs ; ou bien il lui racontait la bataille navale que Ruyter livrait aux flottes alliées de France et d'Angleterre, en face de ce village, et, entraîné par le sujet, il entamait l'histoire de la lutte des Provinces-Unies, qui l'amenait logiquement à la *Révocation de l'édit de Nantes*, et non moins logiquement à la *Révolution de 1688*.

Valérien paraissait écouter, au moins en ce sens qu'il gardait le silence, les yeux fixés au loin, dans les profondeurs de l'horizon ; mais souvent il lui échappait des mots qui prouvaient à Buscail qu'il avait parlé pour le vent de la mer.

La première fois qu'il avait ainsi fait une savante leçon, la réponse de Valérien avait été si bizarre qu'il était resté un moment sans comprendre. Elle portait sur le caractère de Guillaume III, cette leçon, et, en s'écoutant lui-même, il se disait qu'elle était vraiment bien ; quand il se tut, Valérien, après un moment de silence, lui prit la main et la lui serra. Heureux, souriant, Buscail serra celle de son élève :

— N'est-ce pas ? dit-il.

Sans doute, ce n'était que l'approbation d'un enfant, mais d'un enfant intelligent qui pour n'avoir pas pénétré la profondeur de certains aperçus, avait cependant senti les beautés de l'ensemble.

— Monsieur Buscail, je vous aime bien, dit Valérien.

C'était seulement après plusieurs minutes que Buscail avait compris d'où sortait Valérien et quels sentiments ce mot traduisait ; alors la sympathie avait effacé la blessure faite à son amour-propre d'auteur :

— Moi aussi, mon cher enfant, je vous aime bien, dit-il avec une parfaite sincérité.

— Il ne faut pas qu'on nous sépare, continua Valérien ; que deviendrais-je sans vous ?

— Mais nous avons encore de longues années à rester ensemble, je l'espère.

— Moi aussi, je l'espère ; seulement, je veux dire qu'il faut tâcher qu'on n'ait pas de raisons pour nous séparer.

Buscail n'était pas homme à ne pas comprendre ce qu'il y avait sous ce langage à dessein obscur et entortillé.

— J'espère qu'il n'y en aura pas, dit-il.

Et, de fait, il n'y en avait pas eu ; Buscail avait même eu la force, en passant dans Kalverstraat, de ne pas entrer chez Erven Lucas Bols, ou dans Pylsteeg, chez Wynand Focking, pour boire quelques verres de curaçao, bien qu'il sût, comme il savait toutes choses, que celui qu'on sert là ne ressemble en rien à celui qui s'exporte et se vend en cruchons à l'étranger.

Il arriva quelquefois cependant, plus tard, que Valérien voulût bien s'entretenir avec sa mère, et même qu'il la provoquât à parler ; mais toujours c'était au même sujet qu'il revenait par la même question :

— Qu'a-t-il dit quand tu lui as annoncé que nous devions être séparés ?

— Après un premier moment de chagrin très vif, il s'est résigné. D'ailleurs, il était déjà dans un état de stupeur qui ne lui laissait pas sa liberté d'esprit et de sentiment, écrasé, anéanti par la maladie.

— Qu'est-ce que tu appelles un état de stupeur ?

— Son regard était vague et ne se fixait sur rien ni sur personne, pas même sur moi.

— Pas même sur toi !

— Il ne demandait rien, ne se plaignait pas, ne répondait que quand je l'interrogeais ou quand les sœurs le questionnaient, et alors il fallait élever la voix, car l'ouïe était dure, comme il fallait lui poser, et lui répéter des questions bien précises, son esprit étant paresseux et incapable d'attention. « Vous me fatiguez, » disait-il. — Si on faisait appel à sa mémoire, elle ne lui obéissait que difficilement et le trompait souvent. Cependant, il souffrait moins ; ses douleurs de tête disparaissaient. La plupart du temps, il restait immobile dans une demi-somnolence. Comme son corps, ses traits étaient immobiles aussi ; ses yeux sans regard étaient éteints, bien que ses pupilles fussent dilatées, Ah ! mon cher enfant, pourquoi veux-tu que j'évoque ces souvenirs qui me brisent ?

— Pour le voir, puisque vous m'avez séparé de lui. Toi, tu l'as au moins emporté ; moi, il faut que je me fasse raconter. Et de moi, que disait-il ?

— Dans les premiers jours, il semblait qu'il n'eût de souvenir et de pensée que pour toi : « Où est Valérien ? Que fait Valérien ? Comment est-il ? » Il se mit même dans l'idée que tu étais malade aussi.

— Ah ! le pauvre malheureux.

— Ce fut alors que je te fis demander de lui écrire : il ne pouvait pas lire tes lettres, mais je les lui lisais et il les regardait ; je les mettais ouvertes sur son lit. Un jour, comme s'il pressentait la terrible réalité...

— Il la savait, maman ; il savait bien qu'il était condamné, le malheureux !

— ... Il me parla de toi, non dans le présent, mais dans l'avenir ; déjà il avait eu plusieurs crises de délire que remplaçait la somnolence. Dans l'une de ces crises, les sœurs étant absentes, il me fit signe qu'il voulait me parler : « Veille bien sur Valérien, me dit-il ; il ne faut pas le quitter. Tu ne le quitteras pas d'un instant ; promets-le moi. » Je lui fis cette promesse ; il me serra la main, faiblement, bien faiblement et retomba dans le délire.

— Que disait-il ?

— C'était un marmottement plutôt que des discours incohérents ; ses lèvres s'ouvraient et se refermaient, et il n'en sortait, que des mots qui n'avaient pas de sens, les mêmes presque toujours répétés, sans suite, sans enchaînement.

— Quels mots !

— « Han, han, han ! » ou bien « scie, scie, scie ! il faut, il faut ! »

— Tu vois bien que ces mots avaient un sens. Ne

le comprends-tu pas maintenant ? Et encore que disait-il ?

— Il avait un caprice qui lui revenait à chaque instant : il voulait que je le peigne, et pendant des heures, il répétait : « peigner, peigner, » si faiblement qu'il n'y avait que moi qui devinât; puis il s'engourdissait, restait inerte, n'avait que des mouvements inconscients avec quelques plaintes qui n'étaient pas des paroles.

Pendant ces quatre mois, Saniel était venu presque régulièrement de quinzaine en quinzaine passer la journée du dimanche à La Haye; il arrivait dans la nuit du samedi, tard, et repartait dans la nuit du dimanche, de bonne heure.

Ces jours-là, malgré les prières de sa mère, Valérien s'arrangeait pour s'en aller au loin faire quelque excursion avec Buscail; mais il fallait bien quand même qu'il rentrât le soir et qu'il vît Saniel, comme souvent il l'avait vu avant de partir.

Alors Saniel le visitait à fond, ainsi qu'il eût fait pour un client qu'il ne connaîtrait pas, et il n'était aucun organe qui ne subît son examen.

Valérien se défendait, répondait à peine, Saniel ne se rebutait pas.

— Je ne suis pas malade, vous le voyez.

— Je veux savoir que vous ne l'êtes pas; vous avez assez de chagrin pour qu'il soit de mon devoir de vous surveiller de près.

— Ce n'est pas le chagrin qui tue; mon frère n'avait pas de chagrin et il est mort !

Si Valérien n'était pas malade comme il l'affirmait, il y avait cependant un point qui tourmentait Saniel et le rendait rigoureux dans ses examens, c'était une croissance rapide qui, pour n'avoir rien de grave en soi, devait cependant être surveillée, et il la surveillait.

Avec l'automne étaient arrivés les mauvais temps, les journées de froid, de brouillard, d'humidité, qui rendaient la Hollande peu agréable à des étrangers. Pendant cette longue absence, Saniel avait fait faire à Venette les travaux d'assainissement que la prudence la plus rigoureuse pouvait demander, et il trouvait que, pour sa femme comme pour Valérien, le moment était venu où ils pouvaient rentrer au château sans danger. D'ailleurs, pour sa femme, une raison déterminante rendait son retour nécessaire : elle était enceinte, et il ne voulait pas qu'elle passât loin de lui sa grossesse, dont les premiers mois avaient été assez difficiles.

La première fois qu'il fut question de quitter La Haye, Valérien se révolta contre sa mère.

— Pourquoi ne pas rester ici ?

— M. Saniel trouve que le climat est mauvais maintenant pour toi comme pour moi.

— Eh bien ! si nous devons quitter la Hollande, puisque M. Saniel le veut, allons en Italie, en Algérie, où le climat sera bon pour toi comme pour moi.

— Je ne peux pas en ce moment entreprendre de longs voyages.

— Allons dans le Midi de la France, ce n'est pas un long voyage.

— Il faut bien qu'un jour ou l'autre, nous rentrions à Venette.

— Je voudrais n'y rentrer jamais.

— Je comprends le sentiment qui inspire ta répulsion...

— Si tu le comprenais, tu le partagerais.

— Quel est-il ?

— J'ai peur; oui, maman, j'ai peur, peur de rentrer dans la maison où mon frère est mort.

— Mais toutes les précautions ont été prises par M. Saniel, qui est certain qu'il n'y a maintenant aucun danger.

— Si tu veux que je quitte la Hollande, laisse-moi aller en Italie avec M. Buscail; tu vois que tu peux avoir confiance en lui maintenant.

— Nous serions séparés! Tu m'abandonnerais, toi! Ce n'est pas assez que j'aie perdu ton frère, je te perdrais aussi !

— Ton nouvel enfant te consolera.

Elle fut suffoquée et un flot de larmes jaillit de ses yeux.

— Tu sais que j'ai promis à ton frère de veiller sur toi; quand même je pourrais me dégager de cette promesse, je ne devrais pas consentir à ce voyage sans que M. Saniel l'autorisât.

— Dès lors que mon sort est entre les mains de M. Saniel, j'irai à Venette.

En effet, quand elle parla de ce voyage en Italie à son mari, Saniel répondit que pour son repos, à elle, comme pour la santé de Valérien, il importait qu'ils fussent tous réunis

II

Quand après l'enterrement de Calixte, on avait vu Valérien partir pour la Hollande, le sentiment de plus d'un Ranson avait été qu'il ne reviendrait jamais à Venette.

C'était ce que le cousin Sophronyme avait nettement affirmé :

— Il disparaîtra à l'étranger, le pauvre cher enfant; c'est plus commode !

Accuser Saniel d'avoir tué Calixte, c'était quelque chose ; mais il était autrement intéressant pour lui qu'on ne tuât pas maintenant ce pauvre cher enfant, le dernier des Ranson.

Il avait pensé à dénoncer Saniel; mais, en cherchant à réunir les éléments sur lesquels on pourrait bâtir cette dénonciation, — non pas lui directement, mais l'opinion publique, qui parlerait par la bouche des autres Ranson ou même par celle des indifférents — il avait été obligé de reconnaître combien peu seraient solides les fondations sur lesquelles on l'appuierait. Des présomptions, oui, on en trouvait de nombreuses et de fortes ; mais pas un fait précis, et, si les présomptions suffisent à l'opinion publique, elles ne suffisent point à la justice. Dans son embarras, il avait voulu consulter son fils le vétérinaire, sans le conseil de qui il n'entreprenait rien de sérieux, et celui-ci l'avait dissuadé de se jeter dans une pareille aventure. Bien que resté paysan par plus d'un côté, le vétérinaire ne l'était pas au même degré que son père, et par conséquent il n'avait ni la même âpreté ni les mêmes illusions en fait d'héritage : imaginer qu'ils pouvaient recueillir un jour une part de la grosse fortune des petits cousins, quelle rêverie, et comme pour la suivre il fallait vivre dans l'oisiveté patiente des champs, quand on n'a rien de mieux à faire que de s'enfoncer dans les longs calculs ; D'autre part, s'attaquer à un homme dans la situation de Saniel, dont il pouvait mesurer la force mieux que son père, ne lui paraissait point une petite affaire, et la tenter sans armes solides, accuser, sans avoir des preuves plein les mains, un personnage tel que Saniel, protégé par la considération publique, un passé glorieux, les honneurs qui le couvraient, les places qu'il occupait, ne pouvait avoir d'autre résultat que de rendre odieux ou ridicule celui qui se mettrait en avant. Bien que Sophronyme trouvât son fils naïf de croire qu'un vieux malin comme lui se mettrait jamais en avant dans une bataille où l'on pouvait faire donner les autres en se tenant prudemment derrière eux, il avait dû subir la justesse de ces raisons. Pas de preuves ! Canaille de médecin !

Comme Sophronyme, Florentin s'était dit que Valérien ne reviendrait pas à Venette, et, comme lui aussi, il s'était demandé si la mort de Calixte ne suffisait pas pour livrer Saniel à la justice.

Mais, comme le vieux maquignon et son fils le vétérinaire, il avait dû s'avouer que, si fortes que fussent les présomptions qui accusaient Saniel, elles ne constituaient cependant pas des preuves ni même des commencements de preuve.

Sans doute il y avait la clameur publique, et aussi le testament de Calixte, qui indiquait une situation d'esprit tout à fait caractéristique, alors surtout qu'il s'agissait d'un jeune homme de cet âge; de même il y avait le témoignage de la personne qui accompagnait Morche quand Valérien avait demandé les soins de celui-ci ; comme il y avait encore l'étrangeté de cette maladie mystérieuse, ainsi que les précautions prises pour qu'on ne sût rien de cette maladie et pour que fût dénaturé, dans des lavages chimiques habilement préparés par un médecin sûr de son savoir, tout ce qui pouvait révéler le poison auquel ce pauvre garçon avait succombé; mais, à y regarder de près, cela ne constituait pas des charges suffisantes pour que la justice admît la culpabilité d'un homme qu'une cuirasse d'or protégeait. Et dans ces conditions, risquer une attaque franche, c'était courir à un échec certain; car sur ces présomptions, si graves qu'elles fussent, il n'y aurait personne, — en dehors de celles que leur propre intérêt influençait, — qui admît la culpabilité de Saniel : parce qu'il était médecin, parce qu'il héritait de son beau-fils, cela ne suffisait pas pour qu'il eût tué celui-ci. Qui connaissait le vrai Saniel, c'est-à-dire l'assassin de Caffié et de madame Dammauville? Tant que celui-là ne serait pas dévoilé, on ne devait voir que celui qui, par dix années de travail et de succès, était monté si haut que le soupçon ne pouvait pas l'atteindre.

Forcée de se rendre à la puissance de ces raisons, la déception de Florentin avait été écrasante; n'aurait-il combiné un plan qui lui paraissait si sûr, ne se serait-il jeté dans une aventure si pleine de périls que pour aboutir à ce misérable résultat : assister impuissant au triomphe du misérable, à qui tout réussissait?

Comment avait-il été assez maladroit pour ne pas prévoir ce départ à l'étranger; assez naïf pour s'imaginer que Saniel aurait l'audace de se débarrasser de ses deux beaux-fils dans le même pays et de la même façon?

Ainsi tout lui manquait successivement, ce qu'il avait combiné s'effondrait, ce qu'il attendait ne se réalisait en rien de ce qui touchait ces deux garçons, comme plus tôt ce qu'il avait espéré du côté de Caffié ou tout au moins de madame Dammauville.

Il eut un moment de découragement où il se demanda s'il ne devait pas renoncer à la partie qu'il avait entreprise, trop lourde pour ses forces, trop difficile pour un pauvre diable dans sa position: seul, sans appui, n'ayant d'autres ressources que celle qu'il devait trouver dans sa volonté.

Il commençait à en avoir assez de la vie de garçon jardinier, des journées au soleil ou à la pluie, des soirées à la taverne du Sport, du rôle de paysan niais qu'il avait pris et qu'il devait jouer constamment sans une minute de détente, des camaraderies qu'il lui imposait; ce n'était pas pour en arriver là et y rester qu'il s'était échappé de l'île Nou.

Philis aussi, qui tremblait toujours qu'il ne fût

découvert, pesait sur lui pour qu'il ne s'obstinât pas dans ce chemin dangereux, pour elle sans issue, et, chaque fois qu'il allait le dimanche à Paris passer quelques heures avec elle et avec leur mère, elle lui répétait sur tous les tons et lui démontrait que, si vraiment Saniel était, comme il le croyait, capable de tuer ses beaux-fils, il le ferait assez habilement pour se mettre à l'abri non seulement d'une accusation, mais même d'un soupçon sérieux.

Deux mois après le départ de Valérien, il en était arrivé à ce point de désespérance qu'il s'était décidé à abandonner Venette. Qu'y faisait-il, puisque certainement la victime de Saniel n'y reviendrait jamais?

Mais, prêt à réaliser la promesse qu'il avait faite à Philis, il se révolta contre sa lâcheté. Tant que Valérien ne serait pas mort, on ne pouvait pas avoir la certitude absolue qu'il ne reviendrait pas. Il fallait donc attendre cette mort qui, pour lui, ne faisait pas de doute, et jusque-là supporter patiemment la triste existence qu'il s'était imposée.

Il resterait donc à Venette jusqu'à la fin du drame qui se jouait, et alors seulement il verrait s'il pouvait ou ne pouvait pas y ajouter un dénouement.

De temps en temps, il continuait à aller à Plailly prendre des nouvelles de Sophie Aubry, l'ancienne femme de chambre de madame Dammauville, et savoir si enfin elle devait revenir de Madère. Au commencement d'octobre, un dimanche, ce fut elle-même qui lui ouvrit la porte et lui répondit.

L'histoire qu'il avait inventée pour la vieille conclerge était bonne pour la femme de chambre, et, après avoir servi à Palaiseau, elle pouvait servir encore à Plailly : il se présentait au nom d'une maison de librairie qui publiait les causes célèbres, et qui l'avait chargé de réunir des renseignements sur l'affaire Caffié. Comme il avait ses vêtements du dimanche, il pouvait, en abandonnant son air de paysan normand, se faire prendre pour ce qu'il disait être.

— Nous avons bien la déposition que vous avez faite dans le procès; mais je vous prie de la compléter sur certains points.

— Je ne demande pas mieux; seulement il faut que vous me posiez des questions, car je ne sais pas ce que vous voulez.

— Ce qui serait intéressant, ce serait de savoir dans quel état se trouvait madame Dammauville après le départ des deux médecins, le soir de la consultation; vous les rappelez-vous?

— Ah! je crois bien; jamais je ne l'avais vue comme ça : ce que je m'expliquai en pensant que les médecins lui avaient dit de mauvaises choses sur sa maladie, ce qui l'inquiétait, comme il est naturel. Je n'osai pas l'interroger, parce que mes questions ne pouvaient que l'inquiéter encore. C'était une très bonne femme, facile de caractère, pas avare, et, j'avais de l'affection pour elle. Je lui servis à dîner, mais je me souviens qu'elle ne mangea presque rien.

— Et après le dîner, qu'a-t-elle fait?

— Elle a reçu la visite d'une amie ; de sa meilleure amie, qui venait lui dire adieu.

— Vous vous rappelez le nom de cette dame ? demanda Florentin d'une voix tremblante.

— Je crois bien : madame Thézard.

— Où demeure-t-elle ?

— Elle demeurait rue des Capucines, n° 9 ; mais, maintenant, je ne sais pas. Vous comprenez, depuis le temps ; ce soir-là même, elle partait pour rejoindre son mari, consul en Australie.

— Son entretien avec madame Dammauville a-t-il été long ?

— Je ne me rappelle pas ; cependant il me semble que non.

— Vous avez ouvert la porte à madame Thézard pour qu'elle sorte ?

— Oui, je pense.

— Dans quel état était-elle ?

— Je n'y ai pas fait attention, ou je ne me rappelle pas.

— Savez-vous ce qu'a fait madame Dammauville après le départ de son amie ?

— Elle a écrit une lettre au docteur Saniel et elle m'a envoyé la porter.

— Le docteur Saniel est venu ? Il est donc entré dans sa chambre et il est resté seul avec elle ? Pendant longtemps ?

— Une demi-heure peut-être.

— Où étiez-vous pendant ce temps-là ? Tâchez de vous rappeler.

— Je me rappelle très bien, parce que madame

nous avait fait une singulière recommandation, à la cuisinière et à moi : la cuisinière ne devait pas se coucher, bien qu'il fût son heure de monter à sa chambre ; et, moi, je devais me tenir dans le salon, où ce n'était pas ma place.

— Vous a-t-elle appelé ?

— Non, si ce n'est pour reconduire le médecin.

— Comment était le docteur Saniel lorsqu'il est sorti ?

— Il avait la tête rentrée dans les épaules comme s'il portait un poids.

— Qu'avez-vous fait quand vous êtes rentrée dans la chambre de madame Dammauville ?

— Je lui ai donné ce qui lui était nécessaire pour sa nuit, et je me suis couchée.

— Est-ce que vous avez touché au poêle ?

— Ce n'était pas la peine ; je l'avais préparé avant d'aller porter la lettre au médecin.

— Il marchait bien ?

— Très bien ; le tirage était parfait.

— Et la nuit, que s'est-il passé ?

— Rien du tout. Le lendemain matin, quand je suis entrée, madame était morte. J'ai couru chez M. Balzajette, il était parti à la campagne ; j'ai couru alors chez M. Saniel, qui est venu avec moi. Il a dit qu'elle avait succombé à une asphyxie par le charbon.

— A-t-il expliqué d'où venait l'asphyxie ?

— D'un mauvais tirage du poêle ou d'un vice de la cheminée.

— Ce qui n'était pas vrai ?

— Pas du tout vrai.

— Il faut donc qu'on ait touché au poêle, et, comme vous seule et le médecin êtes entrés dans la chambre de madame Dammauville, c'est lui ou c'est vous.

— Ce n'est pas moi, j'en suis sûre.

— Donc, c'est lui ; cela serait curieux : la malade tuée par le médecin !

III

Voilà que la main de Saniel, trouvée dans l'assassinat de madame Dammauville, la montrait dans celui de Caffié, les deux preuves s'ajoutant l'une à l'autre et se complétant l'une par l'autre.

Florentin sortit de chez Sophie Aubry porté par le triomphe : il le tenait donc enfin.

A la vérité, ce témoignage arrivait trop tard : maintenant la prescription de dix ans était acquise au profit de Saniel, aucun acte d'instruction ou de poursuite n'ayant été fait contre lui dans cet intervalle ; maintenant la revision de son procès, à lui Florentin, ne pouvait être demandée, et sa réhabilitation ne pouvait être poursuivie, puisque aucun arrêt ne pouvait condamner Saniel pour ces assassinats, mais de quel poids ne pèserait-il pas cependant sur la conscience des jurés quand Saniel, amené en cour d'assises sous l'accusation d'avoir tué ses beaux-fils, serait convaincu, par Sophie Aubry et par madame Thézard, si celle-ci existait encore, d'avoir été l'assassin de Caffié et de madame Dammauville !

En moins d'une heure, il franchit la distance qui sépare Plailly de la station de Survilliers et, en descendant de wagon, à Paris, il courut rue des Capucines.

Qu'allait-on lui répondre ? Madame Thézard était-elle morte ? Avait-elle quitté cette maison ? Où la chercherait-il ?

Ce fut d'une voix que l'émotion rendait tremblante qu'il interrogea le concierge :

— Madame Thézard.

— Elle n'est pas à Paris pour le moment.

Il respira : elle vivait donc : le reste semblait-il, était pour lui de peu d'importance ; si elle n'était pas à Paris, il pouvait attendre son retour.

Mais il vit bientôt qu'il s'était trop vite laissé emporter par l'espérance : c'était un domicile de passage que madame Thézard avait rue des Capucines ; en réalité, elle habitait avec son mari à l'étranger, en ce moment à Smyrne, où M. Thézard était consul. Elle était venue au printemps passer deux mois à Paris ; on ne savait pas quand elle reviendrait, au printemps suivant vraisemblablement.

Libre et ayant en poche l'argent du voyage, Florentin serait le soir, même parti pour Smyrne, tant il était convaincu de trouver auprès de madame Thézard un témoignage plus accablant encore pour Saniel que celui de Sophie Aubry ; mais, cette liberté, il ne l'avait point, pas plus que cet argent, d'ailleurs.

Il suffisait de savoir pour le moment que madame Thézard était vivante, et qu'à l'heure voulue on la trouverait.

— Qu'as-tu? lui demanda Phillis, lorsqu'elle put l'interroger librement.

— Je le tiens.

Il expliqua comment par le témoignage de Sophie Aubry et par celui de madame Thézard.

Pour celui de la femme de chambre, Phillis reconnut son importance : évidemment il renfermait des charges graves contre Saniel ; mais pour madame Thézard il en fut autrement.

— Sais-tu si madame Dammauville lui a dit que, dans le médecin qui venait de la visiter, elle avait reconnu l'assassin de Caffié?

— Comment ne le lui aurait-elle pas dit? Est-il vraisemblable que, dans l'état de trouble où elle se trouve au moment où son amie, sa meilleure amie, arrive chez elle, elle ne lui explique pas ce qui l'a provoqué? Elle n'avait pas de raisons pour ménager Saniel.

— Tu te places au point de vue de madame Dammauville, et tu peux avoir raison ; mais, d'un autre côté, comment admettre que madame Thézard, instruite par son amie, a gardé pour elle une révélation d'une si grande importance? Rien ne l'obligeait au secret ; au contraire, tout l'obligeait à parler puisqu'elle pouvait sauver un innocent.

— Tu oublies que madame Thézard partait pour l'Australie à ce moment, et que, n'étant pas en France à l'époque où l'on me jugeait, elle n'avait personne à qui parler des révélations de son amie.

— Et après, quand elle a appris la mort de son amie ?

— Il y a là un point obscur et que madame Thézard seule peut expliquer : mais de son silence il ne faut pas conclure à son ignorance. Madame Dammauville a parlé, j'en suis aussi sûr que si je l'avais entendue ; madame Thézard s'est tue, je ne sais pourquoi ; mais de ce qu'elle s'est tue depuis dix ans, il n'en résulte pas qu'elle se taira maintenant.

— Qu'appelles-tu « maintenant » ? Avant l'expiration des dix ans, son témoignage et celui de la femme de chambre pouvaient donner ouverture à un nouveau procès ; mais, puisqu'après ces dix années écoulées on ne peut pas revenir sur ce qui a été jugé, à quoi ces témoignages peuvent-ils te servir ?

— Ils serviront contre Saniel quand, accusé de la mort de ses beaux-fils, le moment sera venu de le faire connaître.

— Tu vas beaucoup trop loin dans tes accusations.

— A-t-il tué Caffié ?
— Oui.
— Et madame Dammauville ?
— Oui.
— Et ce pauvre enfant ?
— Non.
— Comment ! non ? il ne l'a pas tué.

— Je ne le crois pas, et même, à dire vrai, je suis sûre qu'il ne l'a pas tué ; voilà pourquoi je ne peux pas être entièrement avec toi dans l'œuvre que tu poursuis.

— Tu es pour l'assassin contre l'innocent ?

— Je suis avec l'innocent pour qu'il se fasse rendre justice, et que son innocence soit reconnue ; voilà pourquoi je te suivais quand nous étions encore dans les délais de la revision de ton procès, et que j'admettais tous les moyens pour l'obtenir. Mais aujourd'hui que ces délais sont expirés, je n'admets pas que l'assassin de Caffié soit accusé d'être l'assassin de son beau-fils, alors que je ne crois pas à sa culpabilité.

— Moi j'y crois, et cela suffit.

— Les souffrances dont ta haine est faite t'aveuglent ; moi, j'espère voir plus juste. C'est parce qu'il a tué Caffié et madame Dammauville que tu conclus qu'il a tué l'aîné de ses beaux-fils, et que fatalement, dans un délai rapproché, il doit tuer le jeune.

— Certes.

— Eh bien, moi, c'est parce qu'il a tué Caffié et madame Dammauville qu'il n'a pas tué, qu'il ne peut pas tuer ses beaux-fils.

— Tu connais les criminels mieux que moi, sans doute.

— Celui-là, oui. Je ne sais s'il y a un type de criminel duquel se rapprochent tous ceux qui commettent un crime...

— Un crime et des crimes, cela n'est pas la même chose.

— Enfin, je connais celui-là, et c'est de lui seul que je veux parler. Quand il a assassiné Caffié, il était dans la plus affreuse détresse ; il a tué comme un animal, un sauvage, si tu veux : pour vivre, et il a commis son crime avec d'autant plus de tranquillité que, pour lui, en vertu de certaines idées avancées ou reculées, je ne sais au juste, la conscience n'existait pas.

— Et madame Dammauville ?

— Il se défendait ; c'était un duel. Voilà dans quelles conditions il a tué Caffié et madame Dammauville.

— Tu l'excuses ?

— Je l'explique. A ce moment il était parfaitement calme. Mais peu à peu, je ne sais quel mystérieux travail s'accomplit en lui, et il vint un jour où, obligé de s'avouer qu'il avait mal pesé son acte de violence envers Caffié et madame Dammauville, il dut reconnaître que son crime ou ses crimes, excusables chez une brute, étaient insupportables pour un homme civilisé, l'homme supérieur qu'il était. J'ai assisté à ses luttes, à ses tourments, à ses remords, aux supplices que lui imposait cette conscience qu'il avait niée, et qui tout à coup prenait naissance, grandissait et finalement l'étouffait. Et voilà pourquoi je t'affirme aujourd'hui qu'il ne peut pas avoir la pensée de tuer ses beaux-fils. S'il y a des natures que le crime conduit au crime, il y en a que le crime éloigne du crime ; et j'ai la conviction la plus ferme qu'il est de ces derniers : il a l'horreur non seulement de ses crimes, mais du crime, car il sait ce qu'il en coûte d'être criminel.

— Ah ! malheureuse, tu l'aimes encore ?

— Je te jure que tu te trompes : mon amour est mort le jour où je me suis éloignée de lui ; mais pour ne pas l'aimer, il ne s'ensuit pas que je doive le voir avec les mêmes yeux que toi.

— Je le hais.

— Moi, je le méprise et je le plains.

— Si Valérien meurt d'ici quelques mois, que diras-tu ?

— J'avouerais que la coïncidence est terrible ; et pourtant un beau-père peut perdre ses beaux-fils sans qu'on l'accuse de les avoir tués. Parce qu'une mort vous profite, il n'en résulte pas qu'elle est un crime ; vois combien de crimes seraient profitables, je ne dis pas seulement dans la vie privée, mais encore dans la vie publique, et par là jusqu'à un certain point nécessaires et légitimes, qu'on ne commet pas cependant !

— La mort de Valérien te répondra.

IV

Malgré les travaux que Saniel faisait exécuter au château, Sophronyme et Florentin avaient longtemps cru que Valérien ne reviendrait pas à Venette.

Cependant, quand le retour fut formellement annoncé pour la fin d'octobre, quand le jour précis fut fixé et quand, ce jour-là, à la nuit tombante, Florentin vit la mère et le fils, accompagnés du précepteur, descendre de voiture et monter le perron, tandis que Saniel venait au-devant d'eux, il fallut bien se rendre à l'évidence : on ne l'avait pas fait disparaître.

Autant qu'il en pouvait juger dans l'ombre du soir, Florentin le trouva grandi, pâli aussi, un peu veule, mais non malade ; il est vrai qu'il avait eu à peine le temps de le regarder et encore dans de mauvaises conditions.

Le lendemain matin, de bonne heure, Florentin, qui était au travail dans leur ancien jardin, le vit venir vers lui.

— Bonjour, Normand.

— Bonjour, monsieur Valérien. Me permettez-vous de vous demander comment vous allez ? C'est du fond du cœur, je vous assure.

— Je vous remercie ; je ne vais pas mal, vous voyez. C'est vous qui avez soigné nos jardins ?

— Oui, monsieur Valérien ; comme j'y avais travaillé avec vous dans les derniers temps, je les ai demandés et on me les a laissés.

— Je vois que vous les avez bien arrangés.

— De mon mieux, monsieur Valérien.

En effet, ils étaient tous les deux, celui de Calixte comme celui de Valérien, dans un état d'entretien méticuleux, et, comme il n'avait pas gelé, la floraison d'automne était encore très belle : aux géraniums, aux bégonias, aux glaïeuls, aux roses-thé qui finissaient se mêlaient les chrysanthèmes qui commençaient.

Valérien marchait lentement dans les allées où le sable jaune gardait les sillons des dents du râteau, et de temps en temps, en s'arrêtant devant une plante à laquelle pour une raison quelconque se rattachait le souvenir de son frère, « de son pauvre grand », qu'il retrouvait à chaque pas, il essuyait les larmes qui de ses yeux gonflés coulaient continûment.

Et à une certaine distance Florentin le suivait, sans lui adresser la parole, sans paraître le regarder, le cœur ému de sympathie et de pitié pour cette douleur muette, attendri malgré les longues années de souffrance et de honte, qui lui avaient laissé si peu de compassion pour les malheurs des autres. Et ce n'était pas seulement le présent qui le touchait, c'était aussi l'avenir : en se disant que ce pauvre garçon, qui pleurait son frère, était condamné à le rejoindre bientôt, demain peut-être.

Arrêté devant une planche de chrysanthèmes qui commençaient à ouvrir leurs fleurs, Valérien appela Florentin :

— Normand, voulez-vous aller me chercher votre brouette et votre bêche?

— Oui, monsieur Valérien, tout de suite.

Florentin ne tarda pas à revenir. Alors Valérien, lui prenant la bêche des mains, se mit à arracher un pied de chrysanthème.

— Laissez ça, monsieur Valérien ; je vas vous arracher les touffes que vous me marquerez.

— Je vous remercie ; je veux les arracher moi-même ; j'aurai besoin de vous pour me pousser la brouette quand nous irons au cimetière ; en attendant, allez chercher de petits tuteurs et des brins de raphia.

Choisissant les meilleures plantes, celles qui avaient les couleurs les plus brillantes et les fleurs les mieux épanouies, Valérien en eut bientôt empli la brouette et, quand Florentin revint, ils partirent.

Comme il n'y a pas de caveau provisoire à Corcy, Calixte, en attendant que la chapelle qu'on lui construisait fût achevée, avait été enterré simplement dans un coin du cimetière, comme un pauvre paysan ; et c'était sur cette tombe que Valérien voulait planter les chrysanthèmes qu'avait cultivées son frère.

Son travail fut long, car il ne permit pas à Florentin de l'aider et, après avoir planté ses touffes, il resta longtemps agenouillé sur la terre pour attacher à des tuteurs les tiges flexibles que le poids des fleurs trop grosses entraînait.

— Croyez-vous que le temps se mette bientôt à la gelée ? demanda-t-il.

— Je ne crois pas, monsieur Valérien ; mais, s'il venait de la neige, qui est encore plus mauvaise pour les chrysanthèmes que la gelée, nous avons une collection de nouvelles roses de Noël, qui pourraient les remplacer.

Ils revinrent au château, Florentin poussant la

brunette. En suivant le travail de Valérien, il y avait une question qui, vingt fois, lui était montée aux lèvres et qu'il n'avait cependant pas osé lâcher, si vive que fût son envie; mais en marchant, n'étant plus retenu par les raisons de respect et de pitié qui lui avaient fermé la bouche, il la risqua :

— Vous avez tout de même grandi, dit-il, de son air niais.

— C'est l'influence de la mer, peut-être.

— Ou bien les années tout de même : quel âge au juste que vous avez donc?

— Quinze ans et demi.

— Voyez-vous ça : vous êtes fort pour votre âge.

Saniel avait donc près de six mois à lui avant que ce garçon pût tester : ainsi s'expliquait qu'on ne l'eût pas fait disparaître à l'étranger : rien ne pressait; à tous les points de vue, une mort trop rapide eût été mauvaise, quand ce n'aurait été que pour la santé de la mère, qui devait être ménagée, tant que l'enfant qu'elle portait ne serait pas né.

Florentin avait encore une question à poser :

— Est-ce que vous allez travailler à votre jardin, après déjeuner?

— Je ne crois pas; mais, comme je désire que le mien et celui de mon frère restent ce qu'ils étaient quand nous les cultivions, je vais demander à ma mère que vous soyez seul chargé de leur entretien : ils ne subiront aucun changement.

— Oh! pour sûr; et puis vous serez là pour me dire ce que vous voulez, et vous pouvez compter que ça sera fait.

— Ce que je veux, c'est qu'ils restent tels que mon frère les a laissés.

Ainsi Saniel ne lui imposait plus les travaux fatigants auxquels ils étaient astreints avant la maladie de l'aîné; et cela était intéressant à savoir, bien que fussent obscures les conclusions à en tirer.

En effet, quand le retour à Venette avait été fixé dans la dernière visite de Saniel à La Haye, la question du régime à suivre, lorsqu'on serait rentré au château, avait été examinée, et Saniel s'était prononcé pour la liberté la plus complète.

— Vous ferez ce que vous voudrez, avait-il dit à Valérien; je n'ai jamais changé de sentiment sur la nécessité, pour vous, des exercices physiques, qui vous sont nécessaires autant qu'ils ont jamais pu l'être; mais comme, d'autre part, j'estime que toute contrariété doit vous être évitée, et qu'avant tout votre sensibilité surexcitée doit être ménagée, je ne vous impose rien; vous prendrez dans ces exercices ceux qui vous plairont; ce que je vous demande, c'est que l'usage de ceux que vous conserverez ou que vous adopterez balance à peu près la suppression de ceux que vous rejeterez.

Valérien avait mis à profit cette liberté pour rester au château aussi peu que possible et passer son temps dehors, avec Buscail, qui, pour faire plaisir à son élève, avait consenti à monter à cheval, si peu agréable que lui fût à lui-même l'équitation.

— Vous vous y ferez vite, lui avait dit Valérien.

Et Buscail avait cédé, n'ayant rien à refuser à ce

cher garçon, pour qui il se prenait d'une affection plus vive de jour en jour. Autrefois, gamin, en fils de paysan qu'il était, il avait monté à poil les chevaux de son père pour les conduire à l'abreuvoir ou au labourage, il savait donc se tenir à peu près, et cela suffisait ; le reste viendrait ou ne viendrait pas, par l'usage, peu importait : ce n'était pas dans ses grâces cavalières qu'il mettait sa coquetterie.

Ils partaient donc dès le matin — ce que Buscail n'aimait pas beaucoup non plus, mais ce qu'il acceptait cependant — et, chaudement vêtus, munis de manteaux en caoutchouc, ils faisaient des promenades aux environs, non plus seulement dans la forêt d'Halatte ou de Chantilly comme au temps de Calixte, mais au loin : Ermenonville, Mortefontaine, Royaumont, Beaumont, partout où il y avait quelque chose à voir ; ils déjeunaient où le hasard les conduisait et ne rentraient que tard au château. Quand la course était trop longue, ils la faisaient en voiture ou bien ils prenaient le train, et alors ils partaient souvent de meilleure heure encore, pour ne rentrer que plus tard. Si le temps était trop mauvais ou trop dur, ils s'en allaient à Paris et, reprenant complètement son rôle de précepteur, Buscail conduisait son élève à quelques cours intéressant ou bien lui faisait lui-même une leçon au Louvre, à Cluny, dans les galeries du jardin des Plantes : et toujours, partout, sur toutes choses, il parlait également bien, de science, d'art, d'histoire, avec compétence, ingénieusement, brillamment même le plus souvent. Valérien écoutait ou n'écoutait point, peu importait ; il était distrait, secoué, jeté hors de ses pensées.

Et c'était cette considération qui faisait que sa mère acceptait ces longues absences, alors qu'elle aurait voulu le garder près d'elle. Lorsqu'il rentrait, il racontait sa journée, et en voyant comment elle avait été employée, elle acceptait sans résistance, sinon sans souffrance, que celle du lendemain en fût la continuation : promenades à cheval comme courses à Paris lui étaient également bonnes, celles-ci pour sa santé, celles-là pour sa culture intellectuelle, les unes et les autres pour son état moral.

Tout d'abord elle avait craint que ce genre de vie ne fût trop pénible pour lui, comme elle avait craint aussi que cette étroite intimité avec Buscail ne pût avoir de fâcheuses conséquences, eu égard aux anciennes habitudes de celui-ci ; mais Saniel l'avait rassurée.

Pour parer au danger qui pouvait venir du côté de Buscail, le moyen était simple et facile : il consistait à demander à Valérien de tenir compte de ses dépenses, uniquement comme mesure d'ordre, pour savoir où passait l'argent que sa mère lui donnait aussi largement qu'il voulait, et, sur ce compte, de vérifier ses notes de restaurant : ainsi elle avait vu que leurs déjeuners, où qu'ils les prissent, dans une auberge de village ou dans un grand café de Paris, étaient toujours sobres, non seulement pour la nourriture, mais encore pour le liquide, — ce qui était le grand point. Si Buscail avait encore des faiblesses qu'elle apprenait quelquefois, ce n'était jamais avec son élève; il attendait qu'il fût seul et alors, quand la tentation était trop forte, il lui faisait quelques concessions, mais sans s'abandonner entièrement, comme aux premiers temps de son séjour au château.

Pour la fatigue, il lui avait représenté qu'elle ne devait pas s'en inquiéter, puisque c'était lui, médecin, qui la conseillait.

— Quand vous êtes partie pour La Haye, la douleur de Valérien m'a inquiété, je puis vous le dire maintenant; il se montrait si sombre, si accablé, si froid avec vous, si farouche avec moi, que j'avais des craintes sérieuses : ces pauvres enfants s'aimaient trop. La demande qu'il vous a adressée d'aller en Italie, même en se séparant de vous qu'il aime si tendrement, prouvait la peur qu'il avait de ce château, où son frère est mort : et je vous aurais conseillé de céder à sa demande si, d'une part, je n'avais pas tenu à surveiller sa santé, et si, d'autre part, la séparation n'eût pas été trop cruelle pour vous. Son horreur pour cette maison persiste. Il la fuit autant qu'il peut. Il ne faut pas l'y retenir plus qu'il ne convient. Laissez-le donc courir dans la campagne ou aller à Paris quand il veut, et ne craignez rien de la fatigue : elle use son chagrin. Estimons-nous heureux qu'il en soit ainsi. C'est pourquoi, au lieu de le retenir, je veux vous proposer de lui accorder une plus grande liberté encore et de lui permettre ce voyage qu'il vous demandait, non tout de suite — je ne veux pas que vous restiez seule — mais quand vous serez accouchée. Rétablie, ayant avec vous notre enfant, qui occupera votre cœur et votre vie, laissez partir Valérien ; ce sera le printemps, le bon moment pour voyager en Italie. L'été arrivé, il reviendra par le Tyrol, la Suisse, où nous pourrons le rejoindre, si vous le voulez, et, quand nous nous installerons, à la fin d'octobre, à Paris, vous aurez la satisfaction d'avoir près de vous votre fils, aussi solide de corps que d'esprit. Sans doute, cette séparation vous sera pénible, je le sens, et vous voyez que j'ai fait le possible pour vous l'éviter ; mais je crois qu'elle est nécessaire pour lui, et c'est pourquoi je la conseille. Si elle vous paraît bien longue, si elle vous est amère, vous penserez au soulagement que vous éprouverez quand nous nous trouverons tous réunis pour ne plus nous séparer : votre deuil terminé vous permettra d'ouvrir enfin votre maison, et dans le monde qui vous entourera, dans ce milieu intelligent, votre pauvre Valérien rencontrera des distractions et, je l'espère, des amitiés qui achèveront sa guérison. Si votre cœur saigne toujours de sa blessure, il y aura encore cependant de beaux jours pour nous, pour vous, pour lui, et laissez-moi ajouter : pour moi-même, dont la vie aussi a eu ses épreuves.

Quand Valérien connut par sa mère ce projet de voyage et sut qui l'avait formé, il ressentit un mouvement de surprise heureuse, qui souleva l'oppression de cauchemar sous laquelle il étouffait.

Alors il s'était donc trompé ! Les idées qui les avaient affolés, son frère et lui, étaient donc fausses ! Rien de ce qu'ils avaient imaginé ensemble, rien de ce qu'il avait cru depuis n'était donc vrai ! Comme il aurait été fou de se sauver, de s'en aller n'importe où, de se cacher ainsi qu'il en avait eu si souvent la pensée ! Non, on ne tenait pas à l'avoir sous la main, et ce qu'on était pour lui prouvait bien que c'était la maladie seule, la fatalité, qui avait tué Calixte.

Pour la première fois, le séjour de Venette ne lui fut pas odieux, et ce fut sans un frisson d'horreur qu'à la table de sa mère il s'assit à côté de son beau-père.

V

C'était le 1er mars que Valérien devait partir pour l'Italie ; mais avant que cette date arrivât, sa mère lui demanda de la reporter plus loin : elle était à peine rétablie et, la séparation approchant, elle cédait à un mouvement de faiblesse et de tendresse.

Valérien, qui n'avait plus les mêmes raisons pour vouloir ce voyage que lorsqu'il le demandait à La Haye, avait, sans se faire prier, consenti à ce retard : lui aussi éprouvait les angoisses de la séparation, et maintenant qu'on ne le retenait plus, il serait volontiers resté près de sa mère : il s'était montré si dur pour elle, qu'il sentait qu'il avait à se faire pardonner son injustice, surtout à se la pardonner lui-même.

Il partirait donc le 5 seulement ; puis, du 5, la

date avait, entre elle et lui, été reportée au 12. Qu'importaient quelques jours de plus ou de moins, puisqu'il n'était pas attendu ? Et puis il faisait froid; les journaux annonçaient que la Lombardie était couverte de neige.

Ce fut Saniel qui, bientôt, eut des raisons pour retarder ce départ : Valérien, qu'il examinait toujours de très près, ne présentait plus le même aspect de bonne santé que pendant le mois de janvier et le commencement de février : il mangeait peu ou mangeait mal, il paraissait las, sa langue était sale, son pouls révélait la fièvre; il y avait de l'embarras muqueux. Interrogé, Valérien avait dit qu'il ne souffrait pas, mais cette réponse ne devait pas être sincère : il semblait que c'était la crainte de ne pas partir qui l'inspirât. Dans cet état, commencer un voyage serait une imprudence.

Quand Valérien entendit Saniel demander que son départ fût différé, il montra une véritable stupeur, qui n'était évidemment pas en proportion avec l'ennui que ce retard pouvait lui causer.

— Vous ne voulez pas que je parte ! s'écria-t-il en le regardant avec effarement.

— Je ne veux vous laisser partir que bien portant, et vous ne l'êtes pas.

— Le voyage me guérirait.

— Je vous promets de vous laisser partir aussitôt que possible; et j'espère que la date fixée ne sera pas différée.

Mais avant que cette date arrivât, Valérien était au lit avec des symptômes rappelant en partie ceux qui avaient caractérisé la maladie de Calixte : accidents pulmonaires, phénomènes abdominaux, fièvre continue, qui, se produisant moins d'un an après la maladie de l'aîné, faisaient pencher dans le sens de la fièvre typhoïde les hésitations qu'avait gardées Saniel, qui doutait encore si le pauvre garçon avait succombé à une fièvre tuberculeuse ou à la fièvre typhoïde.

En constatant cet état, l'émotion de Saniel avait été profonde, comme avaient été vifs ses regrets de n'avoir pas laissé, en octobre, Valérien faire ce voyage d'Italie : pour épargner un chagrin à la mère, il avait compromis et peut-être même sacrifié la vie du fils ; car il n'y avait plus de doutes possibles, c'était, ce ne pouvait être que la fièvre typhoïde qui se présentait avec la forme grave qu'avait revêtue celle de l'aîné.

Et ce n'était pas seulement pour Valérien qu'il avait à craindre, c'était pour sa femme, c'était pour sa propre fille.

Cette fois il ne se laisserait pas arrêter par la sensibilité de la mère, et, tout en poussant jusqu'à l'extrême les ménagements qu'il lui devait, il prendrait cependant les mesures nécessaires pour empêcher la contagion.

Mais, aux premiers mots, il trouva chez sa femme une force de résistance qu'il ne soupçonnait pas.

— J'ai soigné l'aîné, je soignerai le second ; que penserait-il, le malheureux enfant, si je 'abandonnais ?

— Et notre fille?

— Elle vous appartient ; faites d'elle ce que vous jugerez utile, sans vous inquiéter de mes soins. Si la contagion m'atteint, vous lui resterez : elle n'a pas besoin de moi en ce moment, tandis que mon fils malade a besoin de moi, comme j'ai besoin de lui, je lui appartiens.

Tout ce qu'il avait pu dire s'était émoussé sur cette obstination maternelle que rien n'avait pu entamer, et la petite fille avec sa nourrice avait pris dans l'orangerie le logement occupé par Valérien pendant la maladie de Calixte, tandis que la mère, affolée d'angoisse, s'asseyait au chevet de son fils.

Mais, malgré son dévouement passionné, son empressement, elle ne pouvait pas suffire aux soins qu'il fallait lui donner, et de nouveau la sœur Eudoxie était revenue à Venette, accompagnée de la sœur Renée.

Quelle curiosité dans le pays quand elles étaient arrivées au château, et qu'on avait vu leurs cornettes blanches dans le landau qui les amenait du chemin de fer!

— Les religieuses !

On avait déjà vaguement parlé de la maladie de Valérien, mais sans qu'on sût en quoi elle consistait, si c'était une vraie maladie ou une simple indisposition.

Seul, Florentin n'avait pas eu de doutes à ce sujet et, au premier mot de maladie, il avait été certain qu'elle serait mortelle. Valérien allait atteindre ses seize ans : il ne fallait pas qu'il pût faire son testament. Aussi n'avait-il jamais cru au départ pour l'Italie, qui, pour lui, n'était qu'une habile précaution de Saniel. Maintenant que la mère était accouchée et qu'elle se portait bien ; maintenant que Saniel avait une fille, le fils de sa femme devait mourir, et il mourrait. Comment et de quoi ? Là seulement était le point obscur.

Ce qui s'était passé pour Calixte se répétait pour Valérien : les domestiques du château ne savaient que peu de chose, et de ce qu'ils racontaient, forte fièvre, maux de tête, dérangement d'intestins, il semblait ressortir que la maladie du jeune se rapprochait par plusieurs points de celle de l'aîné ; de même la relégation de la petite fille et de la nourrice dans l'orangerie semblait indiquer encore une crainte de contagion. Mais pour Florentin, cette crainte n'était qu'une tromperie de Saniel, qui voulait qu'on crût à la fièvre typhoïde chez son beau-fils, parce le poison qu'il lui administrait produisait des effets analogues, jusqu'à un certain point, à ceux de la fièvre typhoïde.

Si on s'était occupé de la maladie de l'aîné des fils Ranson, si on s'en était étonné, si sa terminaison fatale avait donné lieu à toute sorte de bavardages, à d'étranges suppositions et même à des accusations formelles, à plus forte raison celle du jeune, survenant moins d'un an après et se produisant dans des conditions à peu près identiques, bien faites pour provoquer l'étonnement, devait-elle soulever un bien autre tapage.

Le soir même de l'arrivée des religieuses, Florentin avait vu le vieux Sophronyme entrer à la taverne du Sport et prendre sa place à côté du comptoir de Collier, celle qu'il occupait quand il voulait causer.

En apercevant Florentin dans son coin, il feignit d'être surpris.

— Est-ce que ce n'est pas le Normand qui est là-bas? demanda-t-il.

— Bien sûr que c'est lui, répondit Collier.

— Dites-lui donc de venir un peu.

— Hé! Normand.

Florentin s'avança comme à regret.

Lorsqu'ils furent attablés en face l'un de l'autre, Sophronyme choqua son verre contre celui de Florentin :

— Qu'est-ce donc qu'on dit au château?

— Ce qu'on dit au château?

— Rapport à mon petit cousin, le jeune Ranson?

— Il paraîtrait, censément, qu'il serait malade.

— C'est ce que je me suis laissé dire.

Florentin baissa la voix comme s'il lâchait un secret important :

— Les religieuses sont arrivées, celles qui ont soigné défunt son frère.

— C'est-y possible!

— C'est comme je vous le dis : je les ai vues de mes yeux.

— Vous avez cru, Normand, à son départ?

— Dame! il en parlait tous les jours, et content qu'il était.

— Il y avait de quoi être content de quitter cette

maison de malheur; mais, moi, je n'ai jamais cru qu'il la quitterait... sur ses pieds, s'entend.

Sophronyme n'en dit pas davantage, mais un sourire attendri acheva ce que ses lèvres ne pouvaient pas formuler; et Florentin le regarda d'un air vide comme s'il ne comprenait pas ces paroles mystérieuses et cette restriction.

Au fait, il y avait une chose qu'il ne comprenait pas, c'est que Sophronyme, qui d'ordinaire parlait si franchement de la mort de ses cousins et déblatérait tout haut contre cette canaille de médecin, fût si réservé à cette heure. Et cependant elle était naturelle, cette réserve dans le caractère du vieux maquignon : hâbleur, fanfaron, criard de loin, il devenait prudent et cauteleux au moment de l'action; et la maladie de Valérien lui donnait à croire que ce moment était arrivé; c'était donc celui de raser et de ruser, sans rien livrer au hasard, en vieux loup qu'il était.

Puisque Sophronyme se tenait dans une prudente réserve, Florentin crut qu'il devait le pousser :

— A l'âge de ce pauvre jeune homme, dit-il, c'est-y malheureux d'être malade! Car il n'a pas encore seize ans, vous savez; il ne les aura que dans quinze jours, à ce qu'il me disait lui-même.

Sans répondre, Sophronyme hocha la tête.

On avait assez parlé du testament de Calixte, fait au moment où celui-ci venait d'atteindre ses seize ans, pour que Florentin pût paraître savoir, sans compromettre son ignorance, l'âge auquel la loi permet de tester :

— C'est ça qui serait curieux tout de même, si la maladie empirait ; car elle le peut, pas vrai ?

— Elle le peut.

— Et ce n'est pas parce qu'on a un grand médecin pour vous soigner qu'on est sûr d'être guéri.

— Ça non.

— Eh bien, si elle empirait, il ne pourrait peut-être pas, comme son frère, faire son testament.

Sophronyme hocha la tête plus fort et, après un moment de silence qui donnait plus d'importance à ses paroles :

— C'est ça qui sentirait mauvais.

Puis, s'adressant à Collier :

— Qu'est-ce que vous en diriez, *blacksmith* ?

— Comme vous : ça ne sentirait pas bon.

Puis, tendant à Florentin, par-dessus la table, les deux doigts de sa main droite :

— Vous savez, Normand, que je vous estime...

— Vous êtes bien honnête.

— Pour lors, je voudrais que vous me donniez des nouvelles de l'enfant, quand vous en aurez, s'entend : ce qu'il a, ce qu'on lui fait prendre ; vous comprenez que ce qu'un malade boit dit souvent ce qu'est sa maladie.

— On ne sait pas ce qu'il boit.

— En regardant les ordonnances qu'on porte au pharmacien.

— On n'en porte pas au pharmacien : c'est monsieur qui fait faire lui-même les médicaments à Paris, et il revient avec les médicaments dans sa poche, à ce qui paraît. C'est pour que ça soit meilleur, vous pensez bien.

— Pourtant il y a des bons pharmaciens à Senlis et à Chantilly aussi.

— Enfin faut croire qu'il a son idée pour faire comme ça.

— Oui, je le crois, qu'il a son idée ; je le crois!

Pendant plusieurs jours Florentin n'eut rien de bien neuf à apprendre au cousin Sophronyme, ne parvenant pas, malgré ses questions et ses recherches, à rien recueillir de caractéristique : la fièvre augmentait, la diarrhée aussi; Valérien avait le délire; sa mère ne le quittait pas; Saniel ne restait chaque jour que quelques heures à Paris. Mais le sixième soir, en arrivant, Sophronyme vit que Florentin savait enfin quelque chose :

— Eh bien?

— On le soigne fort, tout à fait fort; la sœur Eudoxie, la vieille, celle qui a des moustaches et qui connaît les maladies, puisqu'elle ne fait que de les soigner depuis plus de trente ans, a dit devant M. Baptiste, le valet de chambre, et mademoiselle Rose, la cuisinière, qu'elle n'avait jamais vu administrer le calomel comme ça.

— Elle a dit ça?

VI

Et partout on se répétait que le jeune Ranson était soigné d'une façon tout à fait extraordinaire, et qu'on lui donnait « le caramel » comme on n'avait jamais vu l'administrer.

— Du caramel ?

Et Sophronyme allait répétant à tout le monde le mot qu'il avait adopté et qui, comme celui de la religieuse, disait tout ce qu'on voulait lui faire dire :

— Ça ne sent pas bon.

Les indifférents même mêlaient leur voix à cette rumeur, et les plus calmes ne pouvaient s'empêcher de conclure « que tout de même c'était bien extraordinaire. »

En constatant l'état du sentiment public qui se manifestait si fortement, la prudence de Sophronyme s'enhardit, et, oubliant les leçons de son fils, il se dit que sans se mettre franchement en avant, celui qui cependant ferait quelque chose pour sauver Valérien serait si bien soutenu par tous, qu'il n'aurait rien à craindre, non du côté de l'odieux ou du ridicule, ce qui ne le touchait guère, mais d'aucun autre côté.

Et la chose valait la peine d'être risquée vraiment; on pourrait plus tard représenter à ce garçon ce qu'on avait fait pour lui, et lui pourrait faire quelque chose pour celui qui l'aurait sauvé ; tout n'est-il pas marché dans la vie ?

Une fois que cette idée se fût présentée à son esprit il ne la balança pas longtemps ; l'affaire pressait, semblait-il, et, après avoir vu Saniel partir pour Paris vers neuf heures, il se présenta au château.

Il n'était point endimanché, mais cependant il avait quitté ses vêtements de travail, pour prendre une tenue de circonstance qui montrât bien qu'il n'était point entré par hasard et parce qu'il passait devant la grille.

Quand il demanda à voir « sa cousine », le domestique répondit que madame ne recevait personne, qu'elle était auprès de son fils et ne le quittait pas ; puis, devant les instances du vieux paysan, qui paraissait décidé à ne partir que quand il aurait obtenu ce qu'il voulait, il s'était décidé à monter à la chambre de Valérien.

A ce moment, celui-ci venait de sortir de l'état de torpeur dans lequel il était presque continuellement plongé, et, sans paraître s'intéresser à rien ni à personne, il était cependant capable de voir, d'entendre et de comprendre ce qui se passait autour de lui.

Aux premiers mots du valet de chambre, son regard vague et mal assuré s'était fixé sur sa mère, et ses traits, qui avaient perdu toute expression s'étaient un peu animés.

— Qu'est-ce qu'il y a, Baptiste? demanda-t-il d'une voix tremblée.

— C'est M. Sophronyme Ranson qui voudrait parler à madame.

Immobile sur son lit comme s'il était privé de mouvement, Valérien s'agita ; son visage atone fut secoué par de petites contractions ; ses yeux éteints sous leurs paupières mi-closes s'éclairèrent d'une flamme ; ses lèvres parcheminées s'ouvrirent et se refermèrent rapidement.

— Le cousin Sophronyme, dit-il, il faut le recevoir.

— Mais, mon enfant...

Il s'impatienta :

— Pourquoi ne veux-tu pas le recevoir ? Tu as donc des raisons ?

— Je ne veux pas te quitter.

— C'est mon cousin, dit-il ; il a bien le droit de s'intéresser à moi. Tu ne dois pas le repousser ; il faut savoir ce qu'il veut.

Elle dut céder ; et, en la voyant sortir, il se laissa aller sur son oreiller, épuisé par cet effort corporel et cérébral.

Quand elle entra dans le salon où Sophronyme l'attendait, elle dut avant tout subir ses politesses :

— Bonjour, ma cousine, bien le bonjour que je vous souhaite ! Je vois que, malgré tout, la santé est bonne : allons, tant mieux !

— Vous avez à me parler ?

— C'est rapport à mon jeune cousin ; comment va-t-il ?

— Il est dans le même état.

— Allons...

Sa phrase favorite : « Allons, **tant mieux !** » lui était venue aux lèvres, heureusement il put la couper en temps :

— Allons, tant pis ! Ce pauvre cher garçon ! C'est-y un malheur : juste comme son frère ; c'est tout de même bien extraordinaire ; tant il y a que tout le monde en est... enfin tout le monde en cause, et c'est pour cela que je me suis décidé à venir vous en parler.

— Expliquez-vous, dit-elle.

— C'est ce que je vas faire, je suis là pour ça. Seulement il faut que je commence par vous dire que ce n'est pas facilement que j'y suis venu : on avait beau me pousser : « Vas-y toi, Sophronyme ! » je me défendais : « Pourquoi que ce n'est pas Athanase qui y va ? lui qui est subrogé-tuteur ? » Je sais bien que ce n'est pas un homme ; mais, puisqu'on l'a choisi, il devrait faire son devoir.

— Quel devoir ?

— Nous allons y arriver. Puisque je vous regarde toujours comme ma cousine, il est bien naturel que je m'intéresse à vos affaires ; et puis rien ne peut faire que votre pauvre garçon et moi ne soyons pas parents puisqu'il est un Ranson comme j'en suis un. Voilà pourquoi vous me voyez ici et me suis permis de vous déranger d'auprès de votre cher garçon.

— Vous n'aviez pas besoin de m'expliquer votre démarche.

— Demande pardon, j'en avais besoin.

— Vous êtes le parent de mon fils...

— Son propre cousin, quoi.

— ... Il est tout naturel que vous vous intéressiez à sa santé.

— Pour lors ils m'ont dit : « Bien sûr qu'elle ne se

doute pas de tout ce que le monde raconte... » Elle, c'est vous, sauf votre respect.

— Que m'importe ce que le monde raconte ou ne raconte pas?

— Faut pas dire ça, croyez-moi; parce que, voyez-vous, à la fin du compte c'est toujours le monde qui a raison.

— Enfin, que dit-il?

Mais elle connaissait mal les paysans en s'imaginant qu'ils répondent aux questions directes qu'on leur pose. En sa qualité de maquignon, le cousin Sophronyme ne se jetait pas brusquement de côté ; seulement, tout en ayant l'air de vous suivre là où vous vouliez le conduire, il ne s'engageait jamais dans un autre chemin que celui qu'il avait décidé de prendre.

— Ce qu'on dit de M. Saniel? mais que c'est un grand médecin, le plus fort des médecins de Paris, à ce que raconte M. Morche. Tout de même, si grand médecin que l'on soit, on peut se tromper, n'est-il pas vrai? Ça s'est vu, ça se voit, ça se verra. Vous pensez bien que je ne dis pas ça pour votre aîné. Sûrement qu'il a été soigné par M. Saniel aussi bien qu'il pouvait l'être; ce qui n'empêche pas qu'il a défunté, et d'une maladie terrible certainement, une maladie traître, puisqu'on n'a jamais su ce qu'elle était, et qu'on ne le sait pas encore en ce moment ci, paraît-il. Enfin quoi, quand la vie n'y est pas, elle n'y est pas...

Les phrases entortillées de Sophronyme, qui tout d'abord l'avaient agacée, l'étreignaient maintenant si fort qu'elles l'étouffaient, comme si chaque mot serrait d'un tour la vis de la presse sous laquelle elle était prise. Haletante, éperdue, elle l'écoutait sans oser l'interrompre, se demandant, angoissée, où il voulait arriver; elle le regardait, mais ne trouvait devant elle qu'une figure bonasse, ne laissant rien lire, sous le masque finaud qui la recouvrait.

— Pour lors, reprit Sophronyme, on se dit comme ça, — pas moi, mais les autres, ceux au nom de qui je parle et qui m'envoient ici, — on se dit comme ça que, si M. Saniel a eu le malheur... mon Dieu, ça arrive à tous les médecins... de laisser mourir l'aîné... oh! sans savoir ce qu'il avait, s'entend...

— M. Saniel a soigné mon fils aîné aussi bien que possible, croyez-le, et moi, sa mère, je vous l'affirme.

— Sûrement il l'a bien soigné, à sa manière au moins; malheureusement, ça ne l'a pas empêché de mourir, le pauvre garçon. Alors on se dit comme ça qu'il ne faut pas qu'il en soit du second comme il en a été de l'aîné.

— Vous-même reconnaissez que M. Saniel est un grand médecin! s'écria-t-elle, perdant un peu la tête.

— Mon Dieu, madame, je vas vous dire... Moi qui vous parle, j'achète des chevaux fatigués et je les revends : pour qu'on s'en défasse, il faut qu'ils ne soient pas en bon état; moi, de mon côté, pour que je les prenne, il ne faut pas qu'ils soient trop avariés, sans quoi je les garderais toujours, ce qui ne ferait pas mon affaire. Eh bien, ça demande du coup d'œil.

Dans le train-train ordinaire, je m'en tire tout seul. Mais quand ça se complique, quand ça n'est pas clair, jamais je ne fais le malin, quoique tout le monde sache qu'en fait de chevaux je m'y connais, comme M. Saniel peut se connaître en humains. J'appelle mon fils, qui est vétérinaire : il examine la bête avec ses connaissances, comme moi je l'ai déjà examiné avec les miennes; il écoute ses poumons, son cœur, il lui tâte les tendons ; nous discutons en bons amis, il me dit des choses que je ne sais pas, moi je lui en réponds qu'il ignore, et je me décide ou ne me décide pas. Pourquoi, sauf le respect que je vous dois, n'en serait-il pas de même pour votre garçon? M. Saniel est un grand médecin, je ne m'en dédis pas; mais il y en a d'autres aussi qui sont des grands médecins.

— C'est M. Saniel qu'appellent les autres médecins quand ils ont besoin de ses conseils, dit-elle avec dignité; ce n'est pas lui qui a besoin d'appeler ses confrères à son aide.

— Vous ne parlez que de médecine.

— De quoi voulez-vous que je parle?

— Vous me comprenez bien; ce n'est pas avec une personne instruite comme vous qu'un paysan comme moi va mettre les points sur les *i*.

— Cependant je vous prie de les mettre, car vous voyez que je ne vous comprends pas.

— Il y a la parenté.

— La parenté?

— Oui, la parenté : M. Saniel est le beau-père de

votre garçon, n'est-ce pas, puisqu'il est votre mari; eh bien, s'il arrivait malheur à votre garçon, qui est-ce qui hériterait de lui? Ce serait vous, et votre dernier enfant, comme ça été vous et ce pauvre M. Valérien qui ont hérité de l'aîné, c'est-à-dire que ce serait M. Saniel, puisqu'il est votre mari et le père de votre petite fille.

Elle se leva indignée :

— C'est assez ! s'écria-t-elle.

Mais Sophronyme ne se laissa pas démonter et ne perdit rien de sa bonhomie :

— Ne me faites pas dire ce que je n'ai pas dit, et n'allez pas croire ce que je ne crois pas moi-même. Je ne crois pas que M. Saniel soit un homme à se débarrasser de ses beaux-fils pour en hériter, et je ne l'ai pas dit, je ne le dirai jamais. Si ç'avait été mon idée, je ne serais pas ici. Mais, en écoutant ce que raconte le monde, j'ai pensé que vous deviez le connaître, puisque ni vous ni votre mari vous ne vous en doutiez, et je suis venu : ce qui ne m'amusait pas, vous devez le penser. Ce n'est pas commode à dire, ces choses-là, et pourtant je les ai dites pour vous avertir et que vous les fassiez taire. C'est bien facile. Que faut-il? Simplement que M. Saniel appelle un de ses collègues avec lui. Alors qui est-ce qui pourra parler? il sera couvert.

Se levant à son tour, après de longues salutations, il se retira, content et fier de la façon dont il s'était tiré de cette affaire : ces médecins que Saniel allait être obligé d'appeler ne laisseraient pas mourir Valérien; sous leurs yeux, il ne pourrait pas continuer à le tuer; ils le sauveraient, car il avait foi dans la médecine, ce père de vétérinaire.

VII

Le coup qui venait de la frapper était trop violent, et il se répercutait de son cerveau à son cœur, et de son cœur à son cerveau en les écrasant.

Les derniers mots si précis de Sophronyme éclaireraient les premiers, si obscurs, et maintenant elle les comprenait, du premier au dernier, dans toute leur horreur.

C'était pour qu'elle ne laissât pas Valérien mourir comme était mort Calixte, qu'il venait lui parler d'une consultation, les réunissant dans une même accusation criminelle, elle et son mari.

Comment ce vieux paysan, qu'elle avait toujours vu si cauteleux, d'apparence si timide et si réservée, respectueux dans ses manières et ses paroles jusqu'à l'obséquiosité, en était-il venu à ce degré d'audace et d'insolence de lui tenir un pareil langage? Ne fallait-il pas, pour qu'il eût risqué cette démarche, si en dehors, semblait-il, de son caractère, qu'il fût porté par une force bien puissante, c'est-à-dire l'opinion publique, ce qu'il appelait « tout le monde? »

Ainsi on admettait la possibilité qu'elle et son mari eussent spéculé sur la mort de leurs enfants, de ses fils, de son cher Calixte qu'elle pleurait si amèrement, de son pauvre petit Valérien qu'elle soignait avec de si cruelles angoisses !

C'était la colère, l'indignation, l'exaspération qui la soulevaient ; à cette évocation de son fils aîné mort, et du plus jeune malade, couché sur son lit, mourant peut-être, elle eut une défaillance, et un flot de larmes jaillit de ses yeux. Elle était anéantie, suffoquée.

Cependant elle ne pouvait pas s'abandonner ; il fallait qu'elle se calmât pour remonter auprès de Valérien, qui devait s'étonner de son absence ; c'était de lui seul qu'elle devait se préoccuper, à lui seul qu'elle devait penser. Pour elle, pour son mari, qu'importait : ils avaient leur conscience.

Après avoir essuyé et séché ses larmes, elle remonta : ce n'était point devant le garçon alerte, au clair regard à qui rien n'échappait, qu'elle allait paraître, mais devant le pauvre malheureux somnolent et apathique que la maladie hébétait.

Cependant elle se trompait : lorsqu'elle entra dans la chambre, il n'était point somnolent ; au contraire il paraissait impatient, autant que l'impatience était compatible avec son atonie, et il fixa sur elle des yeux où se lisait une certaine curiosité.

Il fit signe à sa mère de s'asseoir près de son lit.

— Tout près, dit-il.

Elle se pencha sur lui.

— Que voulait le cousin Sophronyme ? demanda-t-il.

— Prendre de tes nouvelles.

— Qu'est-ce qu'il t'a demandé ?

— Ce qu'on demande en pareilles circonstances

— C'est tout ?

Surprise de cette insistance singulière, surtout dans son état, et que la démarche de Sophronyme rendait plus étrange encore, elle le regarda et vit qu'il l'examinait avec une curiosité qu'elle ne s'expliquait pas.

— Tu as pleuré ?

Elle se troubla.

— Pourquoi ?

Elle resta un moment sans trouver une réponse.

— Parce qu'il m'a parlé de ton frère, dit-elle enfin.

— Reviendra-t-il ?

— Je ne sais pas.

— Je crois, moi, qu'il reviendra ; il faudra le recevoir toujours : c'est le seul parent qui se soit occupé de moi.

Mais cet effort l'avait épuisé ; ses yeux perdirent leur animation, ses lèvres restèrent entr'ouvertes sans former des mots distincts, quelques sons vagues seulement, de temps en temps, ressemblant à un grognement ; il était retombé dans sa torpeur.

Alors elle quitta le lit et alla s'asseoir dans l'embrasure de la fenêtre, se tournant de façon que son fils ne la vît pas s'il la regardait ; là, elle tâcha de réfléchir, se demandant ce qu'elle devait faire, et elle ne trouva qu'une chose : s'ouvrir à son mari, lorsqu'il rentrerait ; lui tout raconter. Pour lui, si dévoué, si bon, le coup serait cruel, mais elle ne croyait pas pouvoir le lui épargner ; il fallait qu'il sût.

Elle ne l'attendait que vers cinq ou six heures ; elle fut surprise, à trois heures et demie, de le voir arriver dans une voiture de louage prise à la gare de Chantilly. Vivement elle descendit au-devant de lui.

Au trouble qu'elle laissait paraître, il eut un mouvement d'émoi :

— Valérien ?

— Il est dans le même état.

Au lieu de monter avec lui au plus vite, comme toujours, elle le fit entrer dans un petit salon dont elle referma la porte avec une attention marquée.

— Qu'y a-t-il ?

— Une chose effroyable, monstrueuse, dont j'aurais voulu vous épargner le récit, mais que vous devez connaître.

Fidèlement, elle lui raconta la visite de Sophronyme, répétant tout ce qu'avait dit le vieux paysan.

Saniel se montrait bouleversé, bien plus profondément troublé, effaré, qu'elle n'avait pu admettre qu'il le serait :

— Moi ! moi ! murmurait-il.

Il ne se calma un peu que lorsqu'elle en vint à rapporter ce qu'elle avait répondu et qu'il vit que cette accusation ne l'avait pas atteinte dans sa foi.

— S'il est des coïncidences qui semblent combinées par la fatalité, dit-il, il en est d'heureuses quelquefois ; savez-vous ce que je faisais pendant que ce misérable se livrait près de vous à ces insinuations ? Précisément, j'arrangeais une consultation avec deux de mes collègues de la Faculté et de l'Académie : Aucamp, dont le grand nom et la grande autorité vous sont connus ; Dayous, dont les travaux sur la fièvre typhoïde ont continué ceux de Louis et de Chomel. Je ne pouvais appeler près de votre fils que des confrères qui fussent mes égaux ; ceux-ci, aux yeux du public, sont des maîtres ; et si, sur plus d'un point de doctrine, il y a des divergences entre nous, cela n'en vaut peut-être que mieux dans le cas présent. Depuis quelques jours déjà, je pensais à cette consultation et, si je ne l'avais point encore provoquée, c'était pour ne pas vous inquiéter inutilement, et aussi parce que j'étais sûr de mon diagnostic. Vous voyez que j'ai eu tort ; mais comment imaginer que pouvait naître une pareille accusation ! C'est pour préparer Valérien à cette consultation que je suis revenu plus tôt. Comment croyez-vous qu'il l'accepte ?

Elle ne savait, car maintenant elle ne connaissait plus son fils, si différent de ce qu'il était autrefois.

Ils furent surpris, autant l'un que l'autre, de voir, à l'annonce de cette consultation, le regard de Valérien s'animer d'un rayon de satisfaction.

— Je vous remercie, dit-il en s'adressant à Saniel.

C'était la première fois depuis sa maladie qu'il lui adressait la parole autrement que pour répondre à ses questions, ce qu'il ne faisait qu'à regret.

Puis il voulut savoir à quelle heure viendraient les médecins et qui ils étaient ; les noms d'Aucamp et de Dayous ne lui disaient rien, car c'avait été une règle pour son frère comme pour lui de n'attacher aucune importance à ce que disait Saniel, et de n'écouter point les noms de ceux pour lesquels il paraissait avoir de l'estime ou de l'amitié ; cependant ses yeux manifestèrent un certain contentement quand sa mère lui expliqua la situation qu'ils occupaient.

Ces questions d'un typhique plongé le plus souvent dans un état de stupeur étonnèrent Saniel, qui assistait à ce dialogue entre la mère et le fils. Qu'importait à ce pauvre enfant que ce fût tel médecin ou tel autre qui vînt le voir ? Que pouvaient lui apprendre les noms d'Aucamp, de Dayous, ou d'un autre ? Et cependant il était incontestable que cette visite l'intéressait et que ces noms, ou tout au moins que les commentaires dont sa mère les accompagnait, le tiraient de sa torpeur.

Quand il eut examiné Valérien, son pouls, sa température, son rythme respiratoire ; quand il eut ausculté le cœur et les poumons, exploré méthodiquement tous les organes, interrogé la mère, interrogé la sœur Eudoxie et la sœur Renée sur ce qui s'était passé pendant la période de temps où chacune d'elle était de garde ; enfin, quand il eut noté sur un cahier commencé depuis le premier jour de la maladie chacune de ces indications, il descendit dans son laboratoire ; mais, au lieu de se mettre au travail comme il le faisait toujours en rentrant, il marcha en long et en large dans cette vaste pièce, que son ameublement d'étuves, de matras, de ballons, de flacons de toutes les formes disposés sur des étagères faisait considérer comme l'enfer d'un sorcier par les gens du pays qui, à travers les fenêtres sans rideaux, avaient pu jeter un regard sur leur entassement.

— Ça un médecin! Est-ce que chez les médecins de Senlis, de Chantilly ou de Creil, on trouvait toutes ces mécaniques diaboliques, faites bien sûr pour des opérations sabbatiques? Même chez les pharmaciens, on n'avait jamais rien vu d'analogue.

Comment la pensée de cette accusation avait-elle pu naître dans l'esprit de ce paysan?

Et comment, ayant eu la hardiesse de la concevoir, avait-il eu l'audace de la formuler avec cette netteté?

A quoi donc servaient les honneurs, la réputation, la force d'une situation acquise par une vie de travail et de dévouement, d'abnégation, de générosité, si on pouvait l'accuser comme un misérable aux abois!

Criminel, lui! Assassin de ses beaux-fils!

En se répétant ces deux mots, il frissonnait; et, chose extraordinaire, ce calme dont il avait parlé à Philis et qu'il disait éprouver aussi complet qu'avant que la fatalité mît Caffié sur son chemin, venait de s'évanouir, emporté par une accusation folle. Ce jour-là même, il avait encore dit à Philis — il s'en souvenait comme si ses paroles étaient d'hier — qu'arrivé dans le monde au degré de considération et d'estime où il était monté il pourrait commettre un crime, sans que jamais personne admît qu'il fût coupable, alors même que Caffié sortirait de sa tombe pour l'accuser.

Voilà que pour un crime qu'il n'avait pas commis, et dont l'idée seule lui eût fait horreur, il était bouleversé au plus profond de son être et perdait la tête.

Accablé sous le poids de l'accusation fausse comme il ne l'avait pas été, autrefois, par la crainte des conséquences de la mort de Caffié et de madame Dammauville, il avait l'affolement de l'inconnu. Coupable, il s'était autrefois préparé à la défense, trouvant un soutien même dans l'action accomplie qui l'avait jeté hors la loi, hors l'humanité, et lui donnait la fièvre du défi, la force de la bravade. Ses mesures prises, à part une faiblesse compromettante, il s'était senti gardé, gardé par un crime bien fait, et il y avait trouvé un appui plus résistant que l'innocence. Meurtrier dans l'invraisemblable, avec une brutalité de primitif, le monde entier devint son complice, la banalité courante n'admettant pas un acte en désaccord, comme conception et comme résultat, avec le raisonnement. Et même le soupçon provoqué, il eût été le protégé de la bêtise humaine. Lui ! commettre un crime si gros, verser le sang, un savant, un médecin ! Allons donc ! cherchez ailleurs ; il n'en manque pas de loqueteux, de brutes qui peuvent, qui doivent l'avoir commis. Mais maintenant c'était le crime de son état, le crime de la civilisation dont on le chargeait, le crime vraisemblable, le crime admissible pour tous. Du petit au grand, tous pouvaient le comprendre : certainement il avait empoisonné ces enfants ; certainement il la voulait entière, cette grosse fortune. C'était clair, et il se trouverait des gens pour affirmer que c'était trop indiqué pour ne pas s'accomplir : un savant, un médecin, ne cherchez pas autre part, vous tenez l'assassin. La logique était si bien contre lui que, dans l'effroi de sa situation, il avait une sensation de culpabilité, mêlant les terribles fautes du passé à ce présent si pur ; et, pour chasser l'horreur de soi-même qui tout à coup le prenait, il fallait qu'il revécût un à un les jours de maladie où, dévoué, infatigable, vraiment paternel, il avait cherché avec toute sa science, tout son cœur, la guérison de ces deux jolis enfants dont il eût voulu la tendresse et qu'il avait tourmentés, désolés. Comme tout cela se dressait en châtiment, le châtiment qui guette une crise de la vie pour s'imposer à l'esprit cultivé, atteint par le souvenir ! Il avait cru expier alors que, dans ses nuits troublées, il se débattait contre les cauchemars du remords ; mais c'était maintenant seulement que sa conscience, engourdie par le raisonnement du fort, s'éveillait. On l'accusait d'un crime qui lui paraissait monstrueux, lâche, infâme, et il était justement l'homme qu'il fallait pour l'avoir commis. Pour se défendre, rien, ni cette fierté de l'homme qui dit : « Voyez mon passé, il parlera pour moi, » ni ses générosités, ni les honneurs de sa situation, puisque tout était tromperie et mensonge, compensation à donner au mal qu'il avait fait. Il n'y avait plus que le criminel devant la clameur publique, enveloppé, comme l'avait dit Philis, de l'ombre de ses crimes, jusqu'au jour où ils retomberaient sur lui foudroyants.

Ce jour allait-il se lever pour lui ?

VIII

C'était vers six heures et demie que les médecins devaient arriver. Un peu après que six heures eurent sonné, Valérien qui depuis plusieurs jours paraissait insensible ou indifférent à ce qui se passait autour de lui, engourdi dans l'apathie, agita ses mains sur son lit, comme s'il voulait quelque chose. Sa mère vint à son lit.

— Les médecins ? dit-il.

— Ils ne peuvent pas être ici avant vingt ou vingt-cinq minutes.

— C'est toi qui as demandé à M. Saniel de les choisir ?

— C'est lui qui les a choisis, comme c'est lui qui a eu l'initiative de cette consultation.

— Ah ? c'est lui !

Il répéta : « lui, lui, lui ! » d'abord avec une satisfaction évidente, puis bientôt machinalement, sans trop savoir ce qu'il disait.

A six heures et demie, le bruit du coupé qui avait été les attendre à la gare, et qui arrivait grand train, le tira de sa somnolence :

— Les voilà, n'est-ce pas ?

Elle sortit pour aller au-devant d'eux et les attendit sur le palier, tandis qu'ils montaient l'escalier :

ce fut là que Saniel, qui les suivait, les lui présenta : Aucamp, noble dans sa prestance, élégant dans sa tenue, s'étant fait dès sa première jeunesse la tête du personnage qu'il voulait devenir et l'ayant gardée, celle d'un pontife; — Dayous, de quinze ans plus âgé, mais en réalité de vingt ans plus jeune, aussi vif que son confrère était grave, aussi affable que l'autre était réservé, l'air simple, ouvert, bon enfant, rien du professeur ni du pédant; plutôt mondain; avec cela cependant, et malgré le sourire de ses yeux riants et de son visage heureux, quelque chose de fatigué qui se traduisait surtout dans son pas traînant et dans son attitude voûtée. Il était facile de voir qu'il flottait dans ses vêtements coupés par un tailleur élégant, ayant maigri des épaules, des bras, surtout des jambes, ne conservant d'un homme de son âge et de son tempérament qu'un ventre un peu rondelet qui était celui d'un grand mangeur.

Quand ils entrèrent dans la chambre, Valérien attacha sur eux un regard dont l'animation les surprit, car ils s'attendaient à trouver la torpeur que Saniel leur avait annoncée.

L'examen commença : il fut long, ne laissant aucun organe inexploré; pour les questions, ils les adressaient le plus souvent à la mère, à Saniel ou aux sœurs, afin de ne pas fatiguer Valérien, qui tout d'abord avait essayé de répondre lui-même, mais qui bientôt avait montré des signes manifestes d'accablement et de prostration.

Lorsqu'il fut terminé, Dayous s'approcha de nouveau du lit et, prenant la main de Valérien, il la lui serra avec un sourire de sympathie :

— Au revoir, mon jeune ami, dit-il, vous nous ferez tirer des lapins à la saison prochaine.

— Vous ne reviendrez pas? demanda Valérien.

— Pour la chasse, oui ; mais pour vous, non : vous n'aurez pas besoin de nous.

Aucamp se contenta de lui adresser un signe de main protecteur, qui voulait dire ce qu'il disait à tous les malades auprès desquels il était appelé :

— Soigné par moi, soyez convaincu que vous n'avez rien à craindre.

Dayous ne trouva pas au-dessous de lui d'adresser quelques paroles à la mère, après celles qu'il avait dites au fils :

— Après notre consultation, nous aurons l'honneur de vous faire nos adieux.

Ils descendirent précédés de Saniel, qui, tenait à la main le cahier des notes recueillies sur la maladie de Valérien ; il les conduisit au rez-de-chaussée, dans la bibliothèque où se trouvait tout ce qui était nécessaire pour écrire.

— Vous savez, dit Saniel, après les avoir fait asseoir et avoir placé devant eux sur la table son cahier, qu'il y a moins d'un an j'ai perdu mon beau-fils aîné qui venait d'atteindre ses seize ans : accidents pulmonaires, phénomènes abdominaux, fièvre continue, la maladie s'est présentée avec ce caractère d'indécision qui semble réservé pour les familles de médecins ; je l'ai traité par le sulfate de quinine, les ventouses, les purgatifs ; il est mort en trois semaines ; et jusqu'à ces derniers temps un doute m'est resté s'il a succombé à une fièvre tuberculeuse ou à la fièvre typhoïde. Mais la façon dont le jeune a été pris : croissance rapide, à plusieurs reprises embarras muqueux, lassitude générale, maux de tête, langue sale, perte d'appétit, fièvre, torpeur, bientôt état typhoïde rappelant en partie la maladie du frère aîné, et venant moins d'un an après celle-ci, a tranché mes doutes et fait pencher dans le sens de la fièvre typhoïde les hésitations que je gardais. Etant données la forme grave et l'hyperthermie infectieuse présentée par l'aîné, forme que semblait vouloir revêtir la maladie du second, je me suis efforcé de mettre en œuvre la médication antiinfectieuse, plus fort et mieux que la première fois, en donnant depuis les huit derniers jours de fièvre vive, de prostration, de selles abondantes et fétides, six paquets de calomel en poudre de 10 centigrammes, soit 60 centigrammes, et voilà où nous en sommes. Maintenant...

Mais à ce mot, Dayous lui coupa la parole :

— Maintenant, mon cher Saniel, dit-il avec son sourire le plus affable, je crois que le mieux est que vous nous laissiez en tête-à-tête ; nous savons quel terrible dialecticien vous êtes, quelle est votre puissance dans une discussion, comme vous réduisez au silence vos adversaires, il est évident qu'en vous écoutant, nous ne garderons pas notre initiative et notre libre arbitre ; vous nous influencerez ; et, comme cela n'est pas ce que vous avez voulu en nous appelant, il est mieux que nous commencions par nous mettre d'accord, Aucamp et moi ; alors, vous nous direz tout ce que vous voudrez, si vous ne partagez pas notre sentiment ou si nous ne partageons pas le vôtre.

Saniel ne pouvait que se rendre à ce raisonnement.

— Vous sonnerez, dit-il, en leur montrant le bouton de la sonnerie.

Dayous, qui s'était levé, l'accompagna jusqu'à la porte, qu'il referma lui-même ; puis allant à une autre porte, il l'ouvrit, regarda dans la pièce sombre sur laquelle elle donnait, la referma et revint à la cheminée, devant laquelle Aucamp était debout, se chauffant tantôt un pied, tantôt l'autre.

Ils restèrent face à face un moment, se regardant :

— Il s'étonne de la diarrhée, dit Dayous.

— Son calomel ! dit Aucamp sans rien perdre de sa gravité.

— Avez-vous jamais vu pareille obstination dans le parti pris?

— Périssent les colonies !

— Et c'est son beau-fils !

— Avec son fils il en serait exactement de même.

— Evidemment ; seulement la situation serait moins grave pour lui : entendez-vous les propos du monde si, comme il n'est que trop probable, le pauvre enfant succombe?

— Le fait est que ces deux morts rapprochées lâcheraient la bride à la malignité et à l'envie.

— Quel triste envers de cette situation si brillante !

— Ma foi, je ne voudrais pas être à sa place, le pauvre diable.

— Ni moi non plus.

Et tous deux éprouvèrent la satisfaction de gens qui plus d'une fois avaient souhaité être à cette place et dans cette situation si brillante.

— Voilà où conduit la théorie chez un homme de foi !

Tandis que Saniel était un théoricien, un savant de laboratoire, à leurs yeux au moins, eux étaient des cliniciens, on aurait même pu dire des praticiens, n'eussent été les hautes situations qu'ils occupaient, en tous cas les représentants de la science *livresque*. De là ces divergences de doctrine qu'il avait annoncées à sa femme, en lui parlant d'eux. Et de là aussi les raisons qui avaient déterminé son choix ; la contradiction, si elle se présentait, la discussion feraient naître la lumière qu'il cherchait.

S'asseyant auprès de la table, Dayous avait pris le cahier de notes et le feuilletait sous la lampe.

— Lundi : température du matin, 39°5 ; température du soir 40°5 ; mardi, le matin 40° ; le soir 41°

A ce moment, Aucamp l'interrompit :

— Tiens ! un *della Robbia !* dit-il en allant vivement à un grand bas-relief en faïence émaillée, accroché au mur entre deux fenêtres.

Son examen ne fut pas long ; il revint à la cheminée :

— Une copie simplement ; je connais l'original, qui est au « Gabinetto archeologico » de Pérouse ; Saniel s'est laissé mettre dedans par des truqueurs.

— C'est peut-être une acquisition du premier mari.

— En tout cas, elle prouve, ce qui n'était pas à démontrer, d'ailleurs, que la fortune ne donne pas la compétence artistique.

Il croyait la posséder, lui, la compétence artistique, ainsi que la science, le goût, et c'était une de ses fiertés. Ah! s'il avait la fortune de Saniel, quelles collections il se formerait! Ce n'est pas lui qui se laisserait fourrer des copies pour des originaux!

Dayous s'était remis à la lecture du cahier :

— « Mercredi matin, 40°5 ; le soir, 41... » Il n'y a pas grande rémission matinale.

— Nous avons affaire à un garçon de seize ans et la signification pronostique de l'hyperthermie est moins grave chez lui qu'elle ne le serait chez un sujet plus âgé.

— Quel âge donnez-vous à la mère?

— Trente-quatre ans, trente-cinq au plus.

— Elle est, ma foi, très bien !

— Comment diable Saniel l'a-t-il épousée ?

— Il a toujours eu une chance extraordinaire.

— Il y a des gens que la chance porte.

— Il paraît qu'il veut se lancer dans la politique.

— Et vous verrez qu'il y réussira.

— Comment, un homme intelligent, riche, qui peut trouver dans la science assez de satisfactions pour son ambition, si haute qu'elle soit, peut-il se laisser prendre par l'engrenage de la politique à une époque de suffrage universel et de liberté de la presse !

Une petite discussion sur le suffrage universel s'engagea entre eux, à la fin de laquelle ils eurent la satisfaction de se trouver en parfaite communauté d'idées.

Dayous tira sa montre :

— Sept heures quarante !

— Le père, la mère qui nous attendent.

— Il faut que je sois à Paris à neuf heures vingt minutes.

— Le train suivant arrive à neuf heures cinquante.

— Ce serait trop tard. Nous avons une première ce soir. C'est notre dernière création avant le départ pour la Russie. Nous comptons sur un succès énorme ; des effets sûrs à toutes les scènes... Je ne veux pas manquer la fin du premier acte.

Aucamp sourit :

— Je vous envie.

Ce qu'il disait envier à son confrère, c'était mademoiselle Gibassier, du théâtre des Bouffes, qui, en quelques années, avait dévoré à Dayous douze ou quinze cent mille francs.

— Ma foi, dit Dayous, fortune, santé : je ne regrette rien.

— Que le départ pour la Russie !

— Comment l'empêcher ? Heureusement, elle reviendra.

Il avait repris le cahier ; vivement, mais d'une façon serrée, ils discutèrent le diagnostic ; d'accord sur le pronostic, il ne restait plus qu'à instituer le traitement.

— Il me semble, dit Aucamp, que, pour lutter énergiquement contre l'hyperthermie, ce serait le cas d'employer votre appareil réfrigérant.

C'était une politesse qu'Aucamp faisait à son confrère, inventeur de cet appareil : présenté tout d'abord avec des éloges, qui s'adressaient au moins autant au nom de l'inventeur qu'à l'invention elle-même, il n'avait pas tardé à tomber dans l'oubli ; et Dayous, qui, pendant un certain temps, avait soigné tous les typhiques par ce moyen, ne l'employait plus.

— Je ne trouve pas que ce soit le cas, dit-il, je craindrais des complications pulmonaires que nous éviterons par la médication quinique à doses massives.

C'était répondre à la politesse d'Aucamp par une autre politesse, car, cette médication quinique à doses massives, Aucamp en était l'inventeur ; il administrait aux typhiques des doses élevées de sulfate de quinine pour déterminer chez eux des effets toxiques qu'il substituait à la typhisation ; et cette proposition était d'autant plus gracieuse dans la bouche de Dayous qu'à l'Académie il avait été l'un des plus rudes adversaires de cette méthode, qu'il avait expérimentée dans son service, rien que pour démontrer combien elle pouvait être désastreuse.

Cependant Aucamp ne l'accepta point, et ils s'accordèrent assez vite sur la médication quinique ordinaire.

Au coup de sonnette, Saniel arriva avec une promptitude qui disait son anxiété.

Ce fut Dayous qui porta la parole ; quand il appuya sur la suppression du calomel, Saniel voulut discuter :

— Dans l'intérêt de l'enfant, dit Aucamp, dans le vôtre, croyez-nous, abandonnez le calomel.

— Si je dois le sauver avec le calomel ?

— Ne vous exposez pas à le perdre en vous mettant en révolte avec les règles de la prudence.

Ils voulurent présenter leurs hommages à madame Saniel.

Dayous la rassura par de bonnes paroles :

— Vous avez remarqué le sourire avec lequel l'enfant a accueilli notre arrivée, dit-il ; Saniel vous expliquera que c'est là le signe presque infaillible d'un heureux changement.

IX

Tous les soirs, depuis le commencement de la maladie, Sophronyme venait à la taverne du Sport pour apprendre de Florentin ce qui s'était passé au château dans la journée. Ce soir-là, malgré sa visite du matin, il vint comme à l'ordinaire s'asseoir à sa table.

Quand Florentin lui raconta qu'en ce moment même deux médecins de Paris, arrivés à six heures et demie, étaient en consultation auprès de Valérien, Sophronyme appliqua un vigoureux coup de poing sur la table, en riant aux éclats :

— Je leur-z-ai fichu la fouasse, criait-il, je leur-z-ai fichu la fouasse.

Il voulut connaître les noms des médecins qui étaient au château; Florentin répondit que la sœur Eudoxie disait que c'étaient de très grands médecins; car, bien qu'il connût les noms de Dayous et d'Aucamp, il ne pouvait pas donner son sentiment personnel; d'ailleurs, l'autorité de la vieille sœur avait un autre poids.

Sophronyme exultait; renversé sur son banc, il affirmait son triomphe par ses coups de poing sur la table :

— Je leur-z-ai fichu la fouasse, répétait-il. Croyez-vous qu'ils se sont dépêchés ? C'est le matin que je préviens la mère : c'est dans l'après-midi qu'arrivent les médecins. Il faut convenir que le télégraphe est une fameuse invention. Dites donc, Collier, c'est étonnant qu'ils ne vous aient pas emprunté vos pigeons.

Si Valérien était sauvé pour le cousin Sophronyme, il ne l'était pas du tout pour Florentin, fermement convaincu que Saniel n'avait appelé ses confrères en consultation, qu'alors que le moment où leur intervention aurait pu être utile était passé. Ils avaient constaté un état; ils le couvraient de leur autorité et ce serait tout : Valérien mourrait empoisonné par son beau-père, avec le laisser-passer de la Faculté, représentée par deux de ses noms les plus sonores, qui avaient été choisis parce qu'ils n'étaient probablement que sonores et ne pouvaient pas gêner les machinations de Saniel : plus fort qu'eux, il les avait roulés, comme dans l'assassinat de Caffié et de madame Dammauville il avait roulé la police et le parquet ; c'est une terrible force et une audace irrésistible que donne l'impunité.

Mais il était là, et il veillait.

Il veillait si bien que, depuis les premiers jours de la maladie de Valérien, il travaillait tous les soirs au brouillon de la dénonciation qu'il enverrait au parquet, le jour même de la mort de Valérien : et cette fois, les magistrats ayant un guide-âne, une main ferme pour les mettre sur la bonne piste, ne pourraient pas faire fausse route, éblouis par les prestigieux rayons dont Saniel s'était habilement cuirassé.

Enfin, il tenait le monstre, et cette fois toutes ses préparations, toutes ses habiletés ne serviraient de rien : il faudrait qu'il payât sa dette.

Et, pour s'excuser d'avoir attendu jusque-là, Florentin se disait qu'il aurait au moins la satisfaction de sauver la vie de la mère et peut-être celle du jeune enfant, s'il n'avait pas pu sauver celle des deux beaux-fils, condamnés, les malheureux, par la fatalité.

— Normand, vous ne manquerez pas de demander des nouvelles ; c'est maintenant que ça devient intéressant, dit Sophronyme, en se levant pour retourner chez lui.

Elles ne furent pas meilleures, ces nouvelles, mais

pires : la fièvre augmentait, la faiblesse aussi. Saniel n'allait plus à Paris et ne quittait Valérien que pour s'enfermer dans son laboratoire ou faire une rapide promenade dans le jardin. Florentin, qui s'arrangeait alors pour se trouver sur son passage, remarqua qu'il était plus sombre qu'il ne l'avait jamais vu, écrasé quelquefois ou bien agité, jamais le même; et, comme il ne pouvait pas admettre la douleur chez lui, il croyait à l'angoisse du criminel qui suit la marche de son crime.

La sœur Renée se promenait aussi quelquefois, quand elle était libre, et venait, à l'abri d'un mur exposé au midi, prendre quelques rayons de soleil pour se réchauffer, par le temps froid qu'il faisait, le printemps étant en retard, sec et dur, comme rarement on le voit à cette saison. Il l'avait abordée respectueusement, et pour justifier l'intérêt qu'il montrait pour Valérien, il lui avait dit qu'il était son jardinier comme il avait été celui de Calixte, et il lui avait montré leurs jardins.

— Si ma sœur voulait raconter à M. Valérien qu'elle a vu son jardin et celui de son frère en bon état, lui avait-il dit, je suis sûr qu'il en serait content.

— Hélas ! le pauvre jeune homme, il ne s'intéresse plus à rien.

— Tout de même, si ma sœur voulait lui porter quelques fleurs, j'ai dans l'idée que ça lui ferait plaisir; des fleurs qui ne sentent rien.

La sœur Renée était une âme tendre que cette attention avait touchée, et elle avait consenti à monter dans la chambre du malade une terrine que Florentin avait préparée en posant sur un lit de sable mouillé un gazon de lycopodes coupés dans la serre, et en piquant dedans des fleurs rouges d'hépatiques mêlées à des scilles de Sibérie d'un beau bleu d'azur cueillies dans le jardin de Calixte.

Le lendemain, elle avait dit à Florentin que les yeux de Valérien s'étaient animés quand il avait su que ces fleurs venaient du jardin de son frère, et qu'il avait voulu qu'on les plaçât près de son lit, mais c'était tout : il ne parlait plus, et probablement il n'avait qu'une conscience vague de ce qui se passait autour de lui.

Puis, les nouvelles qu'elle lui donnait étaient devenues de plus en plus mauvaises : des complications s'étaient présentées ; il souffrait de violentes coliques ; on craignait une péritonite ; il s'affaissait de plus en plus, ne se plaignait plus ; en dix-huit heures il était mort.

Quelle stupéfaction pour la tribu des Ranson! Car Sophronyme avait vu plusieurs de ses parents et, en leur racontant sa démarche, il les avait convaincus que Valérien, soigné par de grands médecins de Paris qu'on ne trompait pas, était sauvé.

— Qu'est-ce donc que vous me racontiez, que c'étaient de grands médecins? dit-il à Florentin le soir de la mort. Mais, patience, ça ne se passera pas comme ça ; il n'en sera pas du jeune ce qu'il en a été de l'aîné !

Ce mot avait dicté la conduite de Florentin. Pendant la maladie de Valérien, il avait balancé s'il euverrait sa dénonciation au parquet de Senlis le soir même de la mort, ou s'il n'attendrait pas quelques jours. Les menaces de Sophronyme qui, assurément, n'étaient pas des propos en l'air, lui disaient qu'il fallait laisser à l'opinion publique le temps de se former : soufflée par le vieux maquignon et par quelques-uns des autres membres de la famille Ranson, il allait s'élever une clameur qui, vite, grandirait toute seule, s'enflerait, envelopperait Saniel, pénétrerait partout et deviendrait un cri universel dans le pays ; ce serait alors qu'il conviendrait d'avertir le parquet par une dénonciation formelle qui, non seulement fît connaître les crimes de Venette, mais encore ceux de la rue Sainte-Anne, et montrât comment l'assassin de Caffié et de madame Dammauville était aussi celui de ses beaux-fils.

Cette dénonciation, il l'avait longuement travaillée, et en avait fait une sorte de mémoire qui aurait pu être un acte d'accusation devant les assises ; ajoutant chaque jour un fait nouveau pour donner plus de poids et rendre plus probants ceux qu'il avait groupés ; et après l'avoir achevée, il l'avait relue avec la joie du triomphe : enfin il ne lui échapperait pas !

Mais, à la réflexion, il s'était demandé si ce mémoire, qui ne remplissait pas moins de dix-huit pages de grand papier, serait lu jusqu'au bout par le procureur de la République ou le substitut paresseux entre les mains de qui il arriverait ; et quoi qu'il lui en coûtât, le soir même de la mort de Valérien, enfermé dans son grenier de la taverne du Sport, il l'avait réduit à des dimensions moins effrayantes en supprimant tout ce qui ne lui paraissait pas indispensable aux premières recherches de la justice :

« Monsieur le procureur de la République.

» L'objet de cette lettre est de vous dénoncer un
» double crime commis à Venette et de vous faire
» connaître le coupable.

» Ce double crime est celui qui a tué l'aîné des fils
» Ranson il y a moins d'un an, et celui qui vient de
» tuer le jeune.

» Ce coupable est le docteur Saniel, leur beau-
» père.

» Que cette accusation et ce nom ne vous fassent
» pas jeter cette lettre au panier ; vous allez trouver
» ci-dessous les preuves de ce que j'avance, avec les
» noms des témoins que vous pouvez interroger.

» La mort de ces deux jeunes gens fait passer
» leur fortune, évaluée à plus de dix millions, sur
» la tête de leur mère, qui, en secondes noces, a
» épousé le docteur Saniel, et sur celle de leur
» jeune sœur utérine née de ce second mariage,
» c'est-à-dire qu'elle la met tout entière entre les
» mains du docteur Saniel, le plus jeune des frères,
» héritier pour une part de son aîné, étant mort un
» peu avant d'atteindre ses seize ans, juste en temps
» pour ne pas pouvoir tester ; ce qui est un point à
» retenir. »

Dans le premier mémoire, l'histoire des durs travaux imposés aux enfants pour leur faire gagner quelque maladie grave dont ils mourraient « na-
» turellement » tenait une place importante, chaque

petit fait étant relevé, il la résuma aussi brièvement que possible, et nomma comme témoins à entendre : M. Sophronyme Ranson, qui était intervenu en leur faveur, et le jardinier Antoine Prentout, qui les aidait ; puis il reprit :

« La façon dont le docteur Saniel les traitait était
» telle, qu'ils étaient convaincus que leur vie était
» menacée, et que l'aîné, à peine arrivé à ses seize
» ans, faisait son testament devant M⁰ Héline, notaire
» à Senlis, et que le jeune déclarait qu'il ne serait
» pas plus en retard que son aîné quand la loi lui
» permettrait de tester : on peut entendre sur ce
» point M⁰ Héline, son confrère et les témoins qui
» l'ont assisté pour ce testament.

» Cette frayeur de leur beau-père était si forte
» chez eux, qu'ils cherchaient à se faire soigner par
» un autre médecin que lui, et demandaient le doc-
» teur Morche, de Senlis, qui malheureusement re-
» fusait : cette demande si caractéristique peut être
» confirmée par le docteur Morche et par M. Désiré
» Bautru, de Senlis, qui a assisté à cette demande,
» et en a été frappé au point qu'il a fait la remarque
» que ces jeunes gens tenaient à n'être pas soignés
» par leur beau-père.

» Leurs appréhensions n'étaient que trop fondées :
» moins de trois semaines après, l'aîné succombait
» à une maladie mystérieuse innomée, dont on fai-
» sait disparaître les traces en plongeant les linges
» qui servaient au malade dans des mélanges chi-
» miques, ainsi que cela sera attesté par tous les do-

» mestiques du château. Saniel était le seul méde-
» cin qui le soignât.

» Il s'éleva alors une clameur dans toute la con-
» trée, mais qui, sans doute, ne parvint pas jusqu'à
» la justice, puisque celle-ci laissa l'assassin libre
» de continuer ses crimes.

» Et il les continua : neuf mois après la mort de
» l'aîné, le jeune, au moment où il allait pouvoir
» réaliser sa menace de tester, tombait malade,
» d'une maladie qui ressemblait à celle de son
» frère, et était aussi soigné par son beau-père. Sur
» cette maladie l'enquête est facile : elle révélera
» que la sœur Eudoxie, dont la compétence est
» connue de tous, a été effrayée par les énormes
» quantités de calomel administrées au malade, et a
» communiqué ses craintes à plusieurs personnes :
» Baptiste, le valet de chambre; Rose, la cuisinière.
» Elle révélera aussi que, s'il y a eu une consulta-
» tion *in-extremis*, elle a été provoquée par M. So-
» phronyme Ranson, poussé par la responsabilité
» qu'il encourait en ne venant pas au secours de son
» jeune cousin, dont la vie, au dire de tous, était
» menacée par celui-là même qui aurait dû la dé-
» fendre.

» Tels sont ces crimes, et si patents qu'ils soient,
» si vive que soit l'indignation publique dans le
» pays où l'on a pu en suivre la marche jour par
» jour, on admet jusqu'à un certain point que la
» justice ne soit pas encore intervenue, tant est
» haute la situation de l'assassin; mais les scru-
» pules qu'elle peut conserver encore tomberont

» lorsqu'on lui aura fait connaître cet assassin; ce
» qui sera le sujet de la seconde partie de cette
lettre.

» Il y a onze ans, rue Sainte-Anne, un homme
» d'affaires appelé Caffié était assassiné et un de ses
» anciens clercs, Florentin Cormier, était accusé de
» ce crime; la seule charge contre lui était un bou-
» ton lui appartenant, trouvé dans le cabinet de
» Caffié et arraché, disait l'accusation dans la lutte
» soutenue par la victime contre l'assassin. Cepen-
» dant le clerc était innocent et le coupable était le
» docteur Saniel, en ce moment réduit aux derniers
» expédients, poursuivi par tous ses créanciers,
» ainsi qu'il sera facile d'en avoir la preuve, notam-
» ment en interrogeant le tapissier Jardine, demeu-
» rant boulevard Haussmann. Bien que Saniel ait
» commis ce crime avec une grande habileté, il avait
» été vu par une dame paralysée, madame Dammau-
» ville, dont les fenêtres donnaient sur le cabinet où
» le drame s'était passé : appelé en consultation au-
» près de cette dame, quelques jours avant que
» l'affaire vînt aux assises, il avait été reconnu par
» elle; en comprenant qu'il était perdu, il n'hésita
» pas, et sa décision, dans cette circonstance, prouve
» quel homme il est.

» Le soir même de la consultation, vers dix
» heures, il revint chez madame Dammauville,
» couchée dans une chambre que chauffait un
» poêle mobile, et boucha le tuyau de tirage de ce
» poêle : le lendemain matin, on trouvait madame
» Dammauville asphyxiée dans son lit, et quelques

» jours après Florentin Cormier était condamné à
» vingt ans de travaux forcés. Les témoins à interro-
» ger sur ces faits sont: la veuve Bouchu, concierge
» de la maison, demeurant actuellement à Palaiseau
» chez son fils, marchand de vins; — Sophie Aubry,
» femme de chambre, demeurant chez son père à
» Plailly; — madame Thézard, amie de madame
» Dammauville, demeurant avec son mari, consul
» de France à Smyrne; — et enfin madame Philis
» Cormier, demeurant aux Ternes, impasse Félicie,
» épouse divorcée du docteur Saniel, qui fera con-
» naître les causes pour lesquelles elle s'est séparée
» de son mari.

» Tel est l'homme qui, pour voler trente-cinq
» mille francs, a assassiné Caffié, et qui pour cacher
» son premier crime a assassiné madame Dammau-
» ville; cela connu, qui dira qu'il n'a pas assassiné
» ses beaux-fils pour dix millions? »

X

Florentin avait eu raison de croire que la mort de Valérien, expliquée par les Ranson, provoquerait une clameur qui serait la plus forte des accusations contre Saniel.

Ce qu'il avait entendu pendant la cérémonie funèbre — au château, à la levée du corps; dans le convoi; au cimetière; dans le retour au village, en écoutant les groupes qu'il avait pu approcher, — prouvait que la dénonciation qu'il portait dans sa poche, et dont il tâtait de temps en temps la large enveloppe, pouvait être maintenant glissée dans une boîte aux lettres : remise au parquet de Senlis, les noms de Venette et de Saniel, qu'il ava.t eu soin d'écrire en tête de son mémoire, le feraient lire. Le terrain était préparé.

Parmi les Ranson et le plus grand nombre des gens du pays, ce n'était pas de la surprise, mais bien de l'indignation.

— Qu'est-ce que je vous disais ? répétait Sophronyme allant des uns aux autres ; trouvez-vous que ça sente bon, maintenant ?

Dans les groupes des gens de Corcy, le mot qui revenait et se répétait était toujours le même :

— Il paraît qu'on lui a donné du caramel, et que la sœur a dit qu'elle n'avait jamais vu le donner comme ça.

Répété, crié sur tous les tons, colporté de groupe en groupe, le mot était arrivé aux oreilles de Morche, qui suivait le convoi en compagnie d'Héline.

— Qu'est-ce donc que vous dites ? demanda-t-il en se retournant vers ceux qui le suivaient et parlaient de « caramel ».

Un des Ranson ainsi interpellé, et qui était en état de comprendre ce qu'il disait, répéta sa phrase :

— La sœur a dit qu'elle n'avait jamais vu donner le calomel comme ça.

— Croyez-vous qu'ils sont bêtes ! dit Morche en s'adressant à Héline et à ceux qui l'accompagnaient ;

ils croient que Saniel a donné du calomel à ce pauvre garçon.

— Pourquoi ne lui en aurait-il pas donné ?

— Parce qu'on ne donne pas du calomel à un garçon qui a eu la fièvre scarlatine avec hématurie et convulsions témoignant d'une complication vers les reins.

— Et pourquoi donc?

Mais Morche qui avait lâché cette réponse sans réflexion, avait eu le temps de se reconnaître et de tourner plusieurs fois sa langue dans sa bouche :

— Parce qu'on ne lui en donne pas, dit-il.

Quand Florentin, après l'enterrement, quitta la taverne du Sport, il la laissa pleine de membres de la famille Ranson et de gens du pays qui discutaient la mort de Calixte et de Valérien ; il n'avait plus à les mettre d'un mot dans la bonne voie, et, sans perdre de temps, il avait affaire ailleurs : à Chantilly d'abord, pour jeter à la poste la lettre adressée au procureur de la République, et ensuite à Paris.

Bien qu'il crût que sa lettre, en tombant au parquet, dût arracher les magistrats à leurs hésitations et les forcer à agir, il avait décidé de ne pas s'en fier à elle et à la clameur soulevée par les accusations des Ranson. C'était, à ses yeux, un homme si fort que Saniel, si puissamment défendu par sa position et sa réputation, que ce n'était pas trop de tous les moyens d'attaque contre lui.

Ce qu'étaient les magistrats du parquet de Senlis, il n'en savait rien ; des amis de Saniel peut-être, ou du notaire Héline, ou du médecin Morche. Qu'ils lussent sa plainte, il n'en doutait pas. Mais qu'ils la crussent entièrement, c'était autre chose; et il fallait admettre qu'ils pouvaient se laisser influencer par la position de celui qu'elle dénonçait. Interroger cet homme comme un assassin, commencer une instruction judiciaire, décerner contre lui un mandat d'arrêt ou de dépôt était une grosse affaire qui demandait réflexion. Et pendant que les magistrats réfléchiraient en s'entourant de toutes les précautions que conseille la prudence, le temps pour faire une autopsie dans les délais qui permettraient de retrouver le poison, s'il en avait été administré un, s'écoulerait.

Il fallait donc que les magistrats fussent forcés à ne pas s'enfermer dans de sages lenteurs, et pour cela il n'avait pas trouvé d'autre moyen, lui misérable, seul et sans appui, que de faire exercer sur eux une pression à laquelle rien ne résiste — celle des journaux. Les raisons qui, à son retour, l'avaient empêché de se faire reconnaître de son ami le reporter n'existaient plus, ou plutôt il y en avait de déterminantes qui l'emportaient maintenant sur celles-là, et ce serait à lui maintenant qu'il recourrait pour lui demander son concours : l'affaire était assez curieuse, semblait-il, pour qu'un journaliste ne la refusât pas, alors surtout qu'on lui en apportait la primeur ; et, si Ramonet n'était point sensible à des considérations d'amitié, il le serait sans doute à des raisons de métier.

Arrivé à Paris, il se rendit immédiatement aux bureaux du *Boulevard*, qui était le journal où son ancien camarade travaillait. Comme ce n'était point la première fois qu'il se présentait dans un journal, il savait l'art de forcer les consignes données pour tenir à distance les gêneurs ; après quelques minutes d'attente, il fut introduit dans un petit cabinet, où, le dos au feu, son ami, penché sous un bec de gaz qui brûlait à toute volée au-dessus de sa tête, écrivait rapidement. Quelques instants s'écoulèrent sans que Ramonet s'interrompît ; puis, ayant sonné un garçon pour envoyer sa copie à la composition, il leva les yeux sur celui qui venait d'entrer dans son bureau.

Florentin attendait, le chapeau à la main, éclairé en plein visage par la lumière du gaz ; durant quelques secondes, ils restèrent face à face :

— Tu ne me reconnais pas ? dit Florentin.

Le son de sa voix fit tressaillir Ramonet.

— C'est impossible !

— Cela est cependant.

— Florentin Cor...

— Ne prononce pas le nom, interrompit Florentin, cela pourrait être dangereux.

— Tu n'es pas mort ?

— Tu vois. Si tu as quelques instants à me donner, je t'expliquerai comment je suis encore en vie, et je pense que l'histoire t'intéressera.

— Peux-tu te promener dans les rues sans rien craindre ?

— Parfaitement.

— Eh bien ! sortons ; nous serons mieux qu'ici, où les murs ont des oreilles.

C'était l'heure où Paris dîne; il n'y avait que peu de monde dans les rues, où l'on pouvait circuler et s'entretenir librement; d'ailleurs, ils prirent les plus désertes, la rue Chauchat, la rue Rossini, tournant toujours dans le même cercle, et Florentin fit le récit de son histoire, du commencement à la fin.

Quand il fut arrivé à la mort de madame Dammauville, Ramonet lui passa la main sous le bras et s'appuya sur lui; jusque-là ils avaient marché côte à côte, comme deux étrangers, et Florentin ne s'était pas étonné de cette réserve chez son ancien camarade, pas plus qu'il n'avait été blessé qu'il ne lui eût pas tendu la main lorsqu'il l'avait reconnu : n'était-il pas un forçat ? Mais ce mouvement lui prouva qu'il avait retrouvé son ami et gagné sa cause.

Ramonet écoutait sans interrompre, ne manifestant de surprise pour rien, ni pour les choses, ni pour les personnes; mais, quand Florentin en vint à raconter comment il était entré garçon jardinier chez Saniel, il lui prit la main et la lui serra :

— Tu as fait cela ?

— Tu vois.

— Tu es un homme !

— La lutte m'a fortifié, mais la force qu'elle m'a donnée, je t'assure que je l'ai payée cher.

Il reprit son récit.

— Et maintenant que veux-tu de moi? demanda Ramonet, quand Florentin se tut.

— Ton concours pour imprimer au parquet de Senlis une poussée à laquelle il ne puisse plus résister; et aussi le secret le plus rigoureux, sur moi et sur le rôle que j'ai joué, car ma tâche n'est pas finie.

— Il faut convenir que tu as de la chance que je sois au *Boulevard*, qui a pour spécialité de tirer des coups de pistolet, car il y a dix autres journaux où je ne pourrais rien pour toi; mais, si je mets le feu à ce pétard qui va faire un bruit de tous les diables, encore faut-il qu'il ne nous parte pas dans les mains.

— Tu arrangeras les choses comme tu voudras, en les enveloppant de toutes les formes dubitatives, de toutes les obscurités que tu jugeras utiles. Tout ce que je te demande, c'est que ton article d'aujourd'hui ne porte que sur le crime de Venette et laisse de côté les antécédents de Saniel. Accusé de la mort de ses beaux-fils, il se croira assez fort certainement pour se défendre en faisant tête: accusé en même temps de la mort de Caffié et de madame Dammauville, il pourrait très bien, pris de peur, en se voyant perdu, vouloir se sauver, et je ne veux pas que cela arrive : tu comprends qu'il me faut son procès. Quand il sera arrêté, tu feras ton second article et diras ce qu'est Saniel, l'assassin de Caffié et de madame Dammauville : comme cela, tu auras deux articles à sensation au lieu d'un, et, dès maintenant, tu ne préciseras pas ton accusation en désignant trop clairement l'assassin.

— Viens au journal; nous allons soumettre la chose au patron.

— Tu veux...

— Ne crains rien : tu es un habitant de Senlis qui m'apporte les éléments de mon article.

Il fut vivement écrit, cet article, et dans la forme prudente dont Florentin avait parlé : le lieu était un village d'un des départements joignant celui de Seine-et-Oise ; les victimes étaient les fils d'un riche ingénieur ; l'assassin que désignait la clameur publique, était un personnage qui occupait une haute situation dans la science ; et ainsi jusqu'à la fin, dans ce style de rébus, en apparence obscur, mais facile à deviner cependant pour qui avait lu, deux jours auparavant, le fait-divers annonçant le malheur qui venait d'atteindre l'éminent professeur de la Faculté de médecine, le docteur Saniel dans ses plus chères affections.

— C'est parfait, dit Florentin ; cependant il y a encore une ligne qui serait indispensable. « Une plainte a été déposée au parquet, et nous croyons savoir qu'à l'heure où paraîtra ce journal l'exhumation des victimes a été ordonnée. » Tu comprends que cette prompte exhumation est le point essentiel.

— Va pour ta ligne.

Et bientôt Ramonet vint annoncer à Florentin que le patron qui avait lu l'article, consentait à ce qu'il passât le soir même.

— Achète dix numéros demain, dit-il en lui serrant la main, et distribue-les d'une façon intelligente ; tu jugeras de l'influence de l'imprimé.

En sortant du *Boulevard*, Florentin alla rue des Capucines demander des nouvelles de madame Thézard. En l'indiquant comme un témoin qu'on pouvait interroger, il s'était aventuré, puisqu'il ignorait lui-même ce qu'elle savait; mais il ne doutait pas que son témoignage, quel qu'il fût, ne portât-il que sur l'agitation de madame Dammauville, dût être important. On lui répondit qu'elle était attendue à la fin d'avril, et, bien qu'il eût préféré qu'elle fût à Paris pour répondre immédiatement aux questions du juge d'instruction, il eut la satisfaction de se dire qu'elle arriverait encore à temps pour déposer contre Saniel et l'achever.

Quand il sonna à la porte de l'atelier de l'impasse Félicie, ce fut Philis elle-même qui vint lui ouvrir.

— As-tu lu les journaux? dit-il.

— Oui.

— Alors, tu as vu ?

— Quel terrible malheur !

— Ah! c'est un malheur à tes yeux aveugles. Eh bien, ce malheur est un crime pour tout le monde. Et ce crime va le conduire en cour d'assises, puis à l'échafaud ; son heure a sonné; la mienne aussi, enfin !

Au lieu de s'exprimer à mi-voix, prudemment, comme à l'ordinaire, il jetait ses paroles, la tête haute, d'un air de triomphe.

— J'ai saisi la justice par une plainte, en donnant la liste des témoins à entendre, et d'ici à quelques jours tu seras interrogée.

— Moi !

— Assurément : ainsi je t'épargne les luttes que que tu aurais à subir, partagée entre ton frère à qui tu dois ton témoignage, et l'homme que tu as aimé, contre qui tu voudrais ne pas témoigner; luttes, angoisses, responsabilité, tout disparaît : tu es citée et, comme tu es la dépositaire de la justice immanente, il faut que tu parles.

Il dit cela avec une gravité solennelle qui la fit frissonner.

— Mais qu'est-ce donc? cria madame Cormier de la salle à manger; est-ce que ce n'est pas toi, Florentin?

— Oui, maman, me voilà.

Précédant Philis, il passa de l'atelier dans la salle à manger.

— Pardonne-moi, mon cher enfant, dit-elle en l'embrassant, d'avoir ainsi prononcé ton nom.

— Rassure-toi; tu n'auras bientôt plus à le taire, pauvre maman, comme moi je n'aurai plus à me cacher : tu pourras la tête haute m'appeler ton fils.

— Que veux-tu dire ?

— Le voilà; aussi bien il y a trop longtemps que nous te trompons...

— La tête haute ! s'écria-t-elle pleurant et tremblant, lorsqu'il fut arrivé au bout de son récit; tous la tête haute, Philis, lui, toi sa sœur, moi sa mère; mes malheurs sont effacés puisque j'ai vécu jusqu'à ce jour !

Mais ce fut la tête basse que Philis écouta ce cri triomphant : si l'homme qu'elle avait aimé était condamné pour le meurtre de ces enfants qu'il n'avait point tués, — ce serait par elle.

XI

Comme les deux express de Paris arrivent à Beauvais l'un à dix heures une minute et l'autre à dix heures six minutes, le président des assises, le conseiller Foloppe, avait fixé l'ouverture de l'audience à onze heures du matin : quand il monterait sur son siège, il n'y aurait plus de brouhaha, plus d'entrées, plus d'allées et venues dans une salle pleine depuis longtemps, et il ne serait pas exposé à être interrompu, ce qui est la chose la plus mortifiante du monde pour un président; d'un autre côté, il aurait été agréable aux journalistes parisiens, qui sauraient lui rendre sans doute les bons procédés qu'il aurait eus pour eux. Le temps n'est plus où les journaux se contentaient de publier un simple compte rendu des affaires criminelles; depuis que certains présidents, aimant l'effet, ont transformé les procès à tapage en représentations théâtrales qui sont de grandes premières, les mœurs en usage au théâtre se sont naturellement transportées et appliquées au Palais; le président s'étant fait impresario et premier rôle, on a parlé de lui comme d'un comédien; on l'a critiqué, applaudi, blâmé, blagué, on a ri de ses mots; toujours prête à faire copie de tout, la chronique s'est emparée de sa personne et l'a mise en vedette ou l'a enfoncée dans le troisième dessous, selon son caprice. Dans de pareilles conditions, ne vaut-il pas mieux être bien plutôt que mal avec ces gens-là, et se concilier leurs sympathies, alors surtout qu'on peut le faire en gardant ses distances et en paraissant simplement leur accorder une haute bienveillance?

Mais, dans la ville, les personnes assez heureuses pour avoir obtenu des cartes n'avaient point attendu onze heures pour se rendre au palais de Justice, car c'était une affaire à sensation que celle du docteur Saniel accusé d'avoir assassiné ses deux beaux-fils, et dont les journaux avaient trop souvent et trop longtemps parlé depuis trois mois pour que la curiosité publique ne fût pas follement surexcitée. Ce n'était pas seulement le drame qui devait se jouer entre l'accusation et la défense qui provoquait l'intérêt, c'était aussi le nom des personnages qui allaient y remplir un rôle : l'accusé lui-même; les médecins qui déposeraient comme témoins ou comme experts; l'avocat Nougarède, l'une des gloires des cours d'assises; le procureur général, arrivé d'Amiens à Beauvais pour soutenir l'accusation contre un adversaire qui, par sa logique serrée, son argumentation entraînante, sa clarté, sa sobriété de parole, son éloquence scientifique ferme et sûre, s'était fait une réputation dont la renommée avait dépassé le cercle des professeurs et des élèves. On était curieux de voir si sur le banc des accusés il saurait garder quelques-unes de ces qualités, ou si le poids de ses crimes ne l'écraserait point; s'il serait un loup qui fait tête ou un mouton qui se laisse égorger. Là-dessus des discussions physiologiques étaient engagées; mais, bien entendu, tout le monde, même ceux qui croyaient au mouton, souhaitait que ce fût le loup qui se montrât : la lutte aurait de l'émotion. A Beauvais, où il avait été procureur de la République, le procureur général Dusablon était estimé, ses preuves n'étaient plus à faire, et l'on espérait bien qu'il soutiendrait victorieusement l'honneur de la province contre l'avocat parisien Nougarède aussi bien que contre Saniel, autre réputation parisienne qu'on allait pouvoir juger à sa juste valeur. Le président Foloppe avait aussi des partisans; et, bien qu'il se perdît trop souvent dans son dossier, dont il lisait les pièces autant avec le bout de son nez qu'avec ses gros yeux ronds de myope, on croyait pouvoir compter sur lui. Certainement, il eut pu être plus décoratif; mais il avait du sang-froid, de la dignité; il ne tenait pas à faire des mots à tort et à travers, on devait espérer qu'il ne se laisserait pas rouler.

Bien qu'à l'avance le président, pour éviter l'encombrement d'une salle tumultueuse par cela seul qu'elle est trop pleine, eût fait répandre le bruit que seules seraient admises les personnes intéressées dans le procès, il n'avait pu résister aux sollicitations qui le poursuivaient de tous côtés, et le choix qu'il devait faire parmi ces demandes n'avait donné que plus de prix aux entrées qu'il signait la main forcée : tout le monde savait que ce serait un public d'illustrations, ce qu'on appelle une belle salle : le persil de Beauvais et des environs.

Aussi, dès neuf heures du matin, les curieux commençaient-ils à affluer à la place du Palais-de-Justice et à se grouper sur les marches du portail méridional de la cathédrale pour voir passer ces privilégiés qui entreraient quand eux resteraient dehors, et aussi les témoins, ainsi que les journalistes de Paris, qui ne devaient arriver qu'à dix heures. D'autres, au contraire, allaient se poster sous les ormes du boulevard, derrière le palais de Justice, dans l'espérance d'apercevoir l'accusé quand, de la prison de la rue Saint-Lucien, il serait transféré au Palais, passerait le petit pont jeté sur un des bras de la rivière, ou traverserait le jardin, pour être introduit dans la salle par les derrières.

Bâti et habité autrefois par les évêques de Beauvais, le palais de Justice, est, avec la cathédrale croulante qui lui fait face, l'édifice le plus curieux de la ville. Son corps principal, orné de trois jolies tourelles, et de hautes fenêtres à écussons sculptés qui montent dans les combles, est séparé de la rue par un jardin dans lequel on ne pénètre qu'en passant sous une porte d'entrée à voûte ogivale, ouverte dans deux grosses tours surmontées de toits en poivrière et de créneaux.

Débordé pour les billets, le président avait voulu au moins mettre son palais à l'abri des assauts du populaire; et une consigne sévère ne laissait passer sous la voûte des tours que les personnes munies de cartes roses ou vertes qui avaient des places réservées dans la salle. En attendant l'ouverture des portes, elles faisaient queue dans le jardin, et du dehors, à travers la grille, on les voyait collées contre le mur du Palais, où elles rôtissaient sous les rayons d'un soleil de juillet déjà haut dans le ciel bleu. Les toilettes des femmes étaient élégantes, quelques-unes même habillées, presque toutes de nuances claires, ainsi que les ombrelles sous lesquelles on s'abritait; et, comme les coudes se touchaient, on ne pouvait faire autrement que de causer.

De toutes les bouches sortait la même question :
— Le connaissiez-vous, ce docteur Saniel?

On parlait de lui au passé, comme s'il était déjà mort.

— Verrons-nous ses femmes?

Mais il semblait qu'on dût être privé de ce spectacle : la première en date, celle qui était peintre, Philis Cormier, était citée, bien que cela parût invraisemblable pour ceux qui connaissaient le Code d'instruction criminelle ; mais on croyait que la seconde, qui ne figurait pas dans le procès, ne viendrait point. On la disait accablée par le désespoir.

Cependant une femme en toilette brillante, ombrelle rose, chapeau rond à plumes, robe de foulard à bouquets, allait de groupe en groupe.

— Direz-vous aujourd'hui que Beauvais manque d'entrain? demandait-elle avec le plus engageant des sourires.

C'était la préfète. Très fière de sa position, s'imaginant de bonne foi que sa préfecture possédait d'incomparables mérites par cela seul qu'elle l'occupait et en faisait les honneurs, elle en voulait à ses administrés de s'en aller à Paris quand ils étaient en disposition de s'amuser, au lieu de se contenter des honnêtes plaisirs que peut donner leur ville, et elle était tout heureuse que ce jour-là Beauvais ne manquât pas d'entrain. Allait-on assez s'amuser! Elle avait organisé des dîners, des soirées : Paris n'était plus dans Paris, il était tout dans Beauvais, exactement comme un jour de courses.

A dix heures, les portes s'ouvrirent, et, en quelques minutes, la salle fut remplie, mais sans désordre et sans confusion : les places données par le président étaient numérotées, et bon gré, mal gré, il fallait occuper celles qui vous appartenaient, sans pouvoir s'établir, par droit de conquête, dans celles qu'on aurait préférées.

On avait une grande heure à passer avant l'ouverture de l'audience ; quand on se fut reconnu, les conversations commencèrent et ne tardèrent pas à s'élever en un brouhaha confus. Sur une table placée devant le bureau de la cour étaient disposés des bocaux portant des étiquettes : quelques femmes quittèrent leur place pour aller les examiner de près, flairant quelques curieuses horreurs ; elles furent satisfaites, et les cris d'émoi, qui leur échappèrent en appelèrent d'autres auprès d'elles : ces bocaux contenaient ce qui, après les expériences des experts, restait des deux victimes

— Mesdames, veuillez ne pas toucher! disaient les huissiers audienciers défendant ces bocaux.

L'entrée des témoins et des journalistes, qui arrivaient de la gare, fit plus que ces objurgations ;

chacun regagna sa place pour n'être pas exposé à ce qu'elle fût prise par des gens avec qui il faudrait parlementer, et aussi pour voir ceux qui envahissaient la salle comme s'ils s'installaient chez eux, criant, causant, s'interpellant, bousculant les huissiers, se plaignant du président, — les journalistes, aussi à leur aise, aussi sans gêne que s'ils avaient pris Beauvais d'assaut, ce qui vraiment n'était guère convenable.

Au banc des témoins, on était plus calme, plus réservé, et là on obéissait docilement aux huissiers qui vérifiaient les citations. Parmi ces témoins, une femme attirait tous les regards et les retenait : elle était de grande taille, très svelte bien qu'elle parût avoir dépassé la trentaine de quatre ou cinq ans ; des cheveux châtains la coiffaient de boucles épaisses jusqu'aux sourcils, sous lesquels de beaux yeux sombres étaient voilés de tristesse. Elle était simplement habillée de couleurs sombres ; on la trouvait jolie et distinguée.

Quelle était-elle ? c'était la question que se posait la curiosité de la salle. Elle fut bientôt satisfaite : un des audienciers, interrogé, répondit que c'était madame Phills Cormier.

— La première femme de Saniel ?

— Mais pourquoi diable divorce-t-on quand on est le mari d'une jolie femme comme celle-là ?

— Pour en épouser une plus riche.

Avant même d'avoir ouvert la bouche, Phills avait porté contre Saniel un terrible témoignage. Pour échapper à la curiosité dont elle se sentait l'objet, elle entra en conversation avec une vieille bonne femme toute voûtée, la mère Bouchu, de qui elle se fit reconnaître.

L'heure avait marché : on entendit un roulement de voiture qui fit taire le tumulte de la salle : c'était l'accusé qui arrivait de la prison au palais de Justice ; mais on ne pouvait rien voir, puisqu'il montait à la chambre des accusés par l'escalier dérobé donnant sur le jardin situé derrière le Palais.

Après que le tirage au sort du jury ont eu lieu dans la chambre du conseil, on entendit un bruit de pas lourds dans le corridor qui longe la salle du côté opposé à celui par où elle est éclairée ; une porte fut ouverte par un gendarme dans le mur de ce corridor, au haut d'un petit escalier qui donne accès au banc des accusés en même temps que dans le prétoire même, et Saniel, suivi de deux autres gendarmes, vint prendre place sur ce banc : tous les regards firent balle sur lui.

Il portait une redingote noire boutonnée qui dessinait sa grande taille ; il avait maigri, et son dos s'était voûté ; dans son visage creux et blême, ses yeux d'un bleu pâle semblaient sans expression : personne, même parmi ceux qui étaient près de lui, ne put deviner ce qu'il éprouvait ; il paraissait être ailleurs et ne pas voir tous ces gens qui épiaient ses sentiments et ses émotions.

Après que le jury se fut installé à ses bancs, la cour, sans se faire attendre, sortit de la chambre du conseil et entra dans la salle.

— Messieurs les jurés, veuillez vous asseoir, dit le président.

Puis, s'adressant à Saniel :

— Accusé, levez-vous ; donnez-nous votre nom, vos prénoms, votre âge, votre profession, votre demeure et votre lieu de naissance.

Saniel répondit d'une voix ferme, sans que l'émotion ou l'accent trahît ce qui se passait en lui.

Alors le président, debout, la tête nue, fit prêter serment aux jurés, et tout de suite il ordonna au greffier de lire l'acte d'accusation.

Florentin avait si bien étudié son affaire dans sa dénonciation adressée au parquet de Senlis, que cette dénonciation avait servi de modèle au magistrat chargé de dresser l'acte, au moins pour la marche générale, qu'il avait suivie dans ses grandes lignes, mais avec des développements nécessaires. La partie neuve était celle relative aux autopsies et aux expériences des experts qui étaient longuement analysées et expliquées. A la vérité, pour l'aîné, autopsie et expériences n'avaient pas donné des résultats absolument concluants, ce qui s'expliquait par le temps qui s'était écoulé entre la mort et l'exhumation ; mais, pour le jeune, les ulcérations intestinales et la péritonite démontraient qu'il avait succombé à l'ingestion de quantités massives de mercure.

« En conséquence, concluait l'acte, Victor Saniel
» est accusé :

» 1° D'avoir, à Venette, par l'effet de substances
» pouvant donner la mort, attenté à la vie de Calixte
» Ranson ;

» 2° D'avoir, au même lieu, par l'effet de subs-
» tances pouvant donner la mort, attenté à la vie de
» Valérien Ranson ;

» Crimes prévus par les articles 301 et 302 du Code
» pénal. »

XII

L'acte d'accusation lu, on avait procédé à l'appel des témoins, et il avait été constaté que la citation n'avait pas touché le jardinier Prentout (Antoine) ; mais la déposition de ce garçon jardinier devant être peu importante, semblait-il, il avait été passé outre, et les témoins s'étaient retirés dans leur chambre.

C'était le moment, croyait-on, où, suivant l'usage, il allait être procédé par le président à l'interrogatoire de l'accusé ; mais, contrairement à l'attente générale, il n'en fut pas ainsi.

— Appelez le premier témoin, dit le président.

Pas d'interrogatoire ? Il y eut un mouvement de surprise et de déception chez ceux qui étaient au courant des procès de cour d'assises. C'était dans cet interrogatoire qu'on espérait voir le président aux prises avec l'accusé. Quel serait le vainqueur de ce duel ? Saniel se montrerait-il le loup qu'on attendait, ou simplement le mouton ? Est-ce que, par hasard, il aurait pour du loup, le conseiller Foloppe. Oh! mais alors on était volé.

Il n'avait pas pour du loup, le président; mais, après avoir, aux termes de la loi, entendu l'accusé lors de son arrivée dans la maison de Justice, il avait cru qu'il n'était pas opportun d'engager l'affaire par un interrogatoire. Dans cette audition sommaire, il avait pu juger Saniel, qu'il ne connaissait jusqu'à ce jour que par son dossier, soit celui de la chambre des mises en accusation, soit celui des journaux, et il avait eu la preuve que plus de trois mois de détention et un long secret ne le mettraient pas en présence d'un pauvre diable accablé et écrasé qui ne saurait pas se défendre. Avec lui, il ne fallait pas compter sur les fatigues et les énervements d'un interrogatoire de deux ou trois audiences qui le livreraient anéanti à l'accusation : ce ne serait pas lui qui, le premier, céderait à la défaillance physique ou morale, qui s'embrouillerait ou s'emporterait, vaincu par la durée de la lutte; très probablement, ce serait le président, et cela devait être évité. D'un autre côté, il y avait un point de l'affaire où le président, qui savait se rendre justice, reconnaissait que l'accusé aurait toujours l'avantage, c'était celui de la question médicale, des autopsies et des expériences des experts ; il ne la connaissait pas, la langue médicale, et ce n'était pas une étude de quelques jours qui pouvait la lui apprendre ; comment la parler avec un adversaire de la force de Saniel, qui le collerait à chaque mot? Dans un interrogatoire suivi, il serait obligé d'aborder ce point, et très probablement, si cassant qu'il pût être, d'engager des discussions avec l'accusé, qui facilement lui tendrait des pièges et finalement aurait le dessus. Au contraire, en procédant par l'audition des témoins, ce serait avec les experts que cette discussion s'engagerait ; ils sauraient répondre à leur confrère, sans se laisser prendre à ses rouerie s ou à ses mensonges. Et puis, à un autre point de vue, n'était-ce pas un plaisir de lâcher les médecins les uns contre les autres ? A supposer que les experts eussent le dessous, cela n'en était pas moins amusant pour un robin : ils ont une si drôle de langue, messieurs les médecins ! D'ailleurs, par ce moyen, l'interrogatoire se ferait tout seul, de lui-même, à condition que le président tirât la leçon qui se dégagerait de chaque témoignage et la commentât pour messieurs les jurés, ce à quoi il ne manquerait pas. La loi qui a dit que le procureur général exposerait le sujet de l'accusation, — ce qui ne se fait presque jamais, — n'a prescrit nulle part que le président interrogerait l'accusé, — ce qui se fait presque toujours.

Le premier témoin avait été introduit, et il se tenait à la barre, attendant.

— Vous vous appelez ? demanda le président.

— Jardine.

— Dites vos prénoms, âge, profession, domicile... Ce n'est pas la première fois que vous paraissez en justice, je pense ?

— Adolphe Jardine, soixante ans, tapissier, boulevard Haussmann.

Sur la demande du président, le tapissier raconta

comment, ayant rencontré le docteur Saniel chez une cliente, alors que celui-ci débutait, il lui avait meublé, rue Louis-le-Grand, un salon magistral et de style, ainsi qu'un cabinet austère et confortable, dont le prix s'élevait à dix mille francs, payables en différents termes longuement espacés : les premiers avaient été acquittés ; pour le dernier, qui était de trois mille francs, il y avait eu des poursuites, mais au moment de la saisie il avait été payé par un mandat télégraphique adressé de Monaco.

Ce témoignage avait paru insignifiant aux jurés, qui, après que le tapissier s'était tu, cherchaient à comprendre, chacun gardant la tenue qu'il avait adoptée et la tête qu'il s'était faite, mais ayant grande envie pourtant d'interroger son voisin pour savoir ce qu'il pensait.

Cependant ce n'était point au hasard que l'accusation avait choisi ce témoin pour être entendu le premier : sur lui reposait tout son système; une fois que serait admise l'impression qu'elle voulait lui faire produire, le reste irait tout seul et s'enchaînerait.

Avant tout, il fallait donc que le jury comprît bien ce qu'il y avait dans cette déposition en apparence banale; ce fut à quoi le président s'appliqua.

— Accusé, levez-vous. Quelles étaient vos ressources lorsque vous vous chargiez de cette dette de dix mille francs, rien que pour meubler votre salon dans un style magistral et votre cabinet d'une façon austère et confortable, comme dit le témoin.

— Celles que me fournissait ma clientèle.

— Tout le monde sait ce que peut rapporter la clientèle d'un jeune médecin... sans clientèle, alors surtout qu'il se trouve sans relations, ce qui était votre cas ; cependant tel était votre besoin de luxe que vous n'avez pas hésité à vous charger de cette dette écrasante. Vous n'avez pas pu la payer ; après vous être libéré des premiers termes, vous avez été poursuivi pour le dernier. Comment vous êtes-vous procuré, — étant si complètement aux abois, — l'argent avec lequel vous avez fini par le payer?

— En jouant à Monaco, d'où j'ai envoyé un mandat télégraphique à mon créancier.

— C'est votre système.

— Il m'aurait été facile de le justifier par de nombreux témoignages, car j'ai été vu jouant et gagnant à Monaco, de même que j'ai été accompagné au télégraphe quand j'ai pris mon mandat, si depuis cette époque jusqu'à ce jour, plus de onze années ne s'étaient pas écoulées.

— Il est évident que vous pouvez invoquer la prescription ; aussi n'êtes-vous pas poursuivi pour les faits qui se sont passés à cette époque, et que l'accusation ne relève que pour faire connaître vos antécédents, montrer l'homme que vous étiez alors et arriver, par des déductions logiques, à l'homme que vous êtes aujourd'hui. Ainsi, du témoignage que vous venez d'entendre, il résulte qu'à votre entrée dans la vie vous étiez déjà dévoré de la soif du luxe, du bien-être, des jouissances matérielles ; comme de votre propre aveu il résulte aussi que poussé par le besoin d'argent, vous n'hésitez pas à le demander aux pires aventures. Messieurs les jurés apprécieront. Avant d'aller à Monaco, vous vous étiez, n'est-ce pas, adressé à l'agent d'affaires Caffié, pour qu'il vous procurât la somme qui vous manquait. Il vous l'a refusée. A ce moment même, il a été assassiné, et trente-cinq mille francs ont été volés dans sa caisse. Par une autre coïncidence, qui doit être notée, vous vous êtes trouvé devant la porte de la victime précisément au moment où la police arrivait pour constater le crime, et c'est vous qui avez dirigé ses premières recherches.

— J'ai constaté la mort.

— Ne discutons pas sur les mots; je ne rappelle ces faits que parce que l'accusation croit qu'ils sont nécessaires à la juste appréciation de ceux qui vous sont reprochés et que la prescription ne couvre pas : messieurs les jurés en tireront les conclusions que leur conscience éclairée leur suggérera. Appelez un autre témoin.

Ce fut la vieille mère Bouchu, l'ancienne concierge de la rue Sainte-Anne, qui s'avança lentement, cahin-caha, toute courbée; mais, une fois devant la barre, elle se redressa et, longuement, en entrant dans les plus petits détails, elle fit le récit, qu'elle répétait si souvent depuis onze ans, de la mort de Caffié et de madame Dammauville, et elle insista sur deux points : le premier démontrant que Florentin ne pouvait pas être l'assassin, puisqu'il ne ressemblait pas à l'homme barbu et chevelu que madame Dammauville avait vu; le second, répétant l'insinuation que Florentin lui avait glissée et qui tendait à prouver que le poêle qui avait produit l'asphyxie de madame Dammauville n'avait pu être dérangé que par l'une des deux personnes dont celle-ci avait reçu la visite dans la soirée : madame Thézard ou le docteur Saniel.

— Avez-vous quelque observation à opposer au témoin ? demanda le président.

— Aucune ; je n'ai pas à discuter des suppositions, répondit Saniel avec indifférence.

Les témoins qui suivirent furent les deux bonnes de madame Dammauville, Sophie Aubry, la femme de chambre, et Julienne, la cuisinière, que sur les indications de son ancienne camarade, on avait retrouvée : ce qui ressortait de leur déposition, c'est qu'après la visite des docteurs Balzajette et Saniel leur maîtresse était dans un état violent de surexcitation et que, lorsqu'elle avait fait appeler dans la soirée le docteur Saniel, elle avait pris des précautions véritablement extraordinaires, comme si elle se sentait sous la menace d'un danger : la cuisinière devant rester dans la cuisine, la femme de chambre dans le salon, à portée de voix. Enfin, Sophie Aubry avait appuyé sur la sortie de Saniel, effaré, la tête rentrée dans les épaules. Puis étaient venues de longues explications sur le poêle mobile.

Ces dépositions terminées, le président avait demandé à Saniel s'il n'avait rien à dire.

— Je ne pourrais que signaler le danger des poêles mobiles, répondit-il ; mais ce serait faire perdre le temps de messieurs les jurés, qui savent tous que ce genre de chauffage est une cause fréquente de mort par asphyxie, sans que personne bouche ou dérange le tuyau de tirage.

— Vous pouvez laisser ces considérations à votre défenseur, dit le président d'un air de bonhomie affectée ; il est certain qu'il les fera valoir avec son talent habituel.

Puis, après une pause significative :

— Appelez madame Thézard, dit-il à l'huissier.

Jusque-là, les témoins n'avaient pas eu de nom, c'étaient des comparses ; celui-là devait jouer un rôle, et on le mettait en vedette. Ce n'était qu'une nuance ; mais, en cour d'assises, tout est nuance, bien souvent, et ceux qui ne savent pas saisir les intonations du président, deviner ce qu'il y a sous ses paroles en apparence insignifiantes, ou qui ne suivent pas les jeux de physionomie de l'accusé, sont exposés à ne rien comprendre à ce qui se passe devant eux : au théâtre, les effets du drame qui se joue sont amenés par l'auteur ou soulignés par le comédien ; au Palais, avec un président qui se respecte, ils doivent être saisis au vol.

Qu'allait être cette déposition ? Saniel n'en savait rien. Car, s'il avait trouvé le nom de madame Thézard dans la liste des témoins produite par le procureur général, comme elle n'avait pas été entendue dans l'instruction, il ignorait ce qui s'était dit entre elle et madame Dammauville. Pour lui, la situation était poignante.

— Madame, veuillez faire votre déposition, dit le président après les formalités d'usage, et racontez à messieurs les jurés ce qui s'est passé dans la dernière visite que vous avez faite à madame Dammauville.

— Au moment de partir pour l'Australie, et très inquiète de la consultation qui avait eu lieu vers sept heures entre MM. Balzajette et Saniel, j'étais venue à neuf heures savoir le résultat de cette consultation. Je trouvai madame Dammauville dans un état d'agitation extraordinaire. Croyant à une aggravation dans sa maladie, je la questionnai. Elle me rassura : les médecins lui promettaient d'être bientôt sur pied, et, pour m'expliquer son trouble, elle me dit qu'il était causé par une découverte terrible qu'elle croyait avoir faite à propos de l'assassinat de Caffié, laquelle allait livrer le vrai coupable à la justice et faire éclater l'innocence du malheureux qu'on avait arrêté à tort. A ce moment, la curiosité était vivement surexcitée par ce crime, qui pour moi était d'autant plus intéressant qu'il avait été commis dans la maison de mon amie, en quelque sorte sous ses yeux, et l'avait impressionnée au point qu'il ne se passait pas d'heure sans qu'elle en parlât. Je la questionnai sur cette découverte. Mais, à mon grand étonnement, elle s'enferma dans une réserve que je compris et dont j'appréciai les raisons lorsqu'elle voulut bien me les donner. « Je me crois certaine de connaître l'assassin de Caffié, me dit-elle; mais quelle que soit cette certitude, je ne veux pas prononcer un nom sans avoir des preuves. C'est là pour moi un scrupule de conscience. Ces preuves, je vais les obtenir ce soir même d'une personne que j'attends. Demain, je vous écrirai. » Le lendemain, elle était morte, emportant son secret, et c'était deux mois après seulement que j'apprenais cette mort qui me stupéfiait en même temps qu'elle me désolait.

— Ne vous inspirait-elle pas des soupçons? demanda le président.

— Il est vrai, mais sans que je pusse les faire porter sur personne... puisque je ne savais pas qui elle attendait.

— Si vous aviez su qui elle attendait, n'auriez-vous pas cru que c'était celui-là même qui, soit en fermant la clef du poêle, soit en bouchant le tuyau de tirage, l'avait tuée pour qu'elle ne pût pas, le lendemain, révéler le secret surpris par elle et qui, divulgué, le perdait?

Elle hésita un moment, puis d'une voix ferme :

— Oui, dit-elle.

— Eh bien, l'accusation croit connaître celui qu'elle attendait, et des témoignages de la femme de chambre, Sophie Aubry, et de la cuisinière, Julienne, il résulte que c'était le docteur Saniel qu'elle avait fait appeler et qui est la seule personne qu'elle ait reçue. Accusé, qu'avez-vous à répondre?

Cette déposition était accablante, non pas telle cependant que Saniel pouvait la craindre, puisqu'il n'y avait pas eu de nom prononcé, le sien, ni par madame Dammauville, ni par cette madame Thézard qu'il avait si souvent vue, dans ses rêves hallucinés, revenir pour l'accabler. C'était la respiration suspendue qu'il l'avait écoutée, les mains inondées de sueur sans oser les essuyer à son mouchoir, gar dant par un suprême effort de volonté une attitude calme, et voilant si complètement son regard qu'il lui donnait une expression d'indifférence.

— Rien, dit-il, répondant au président. Ce sont là des histoires qui ne me touchent pas et auxquelles je ne puis pas répondre, puisque je n'y suis pas mêlé.

— N'êtes-vous pas venu ce soir-là même chez madame Dammauville ? Ne vous attendait-elle pas ?

— Il est vrai.

— N'êtes-vous pas la seule personne qu'elle ait reçue ?

— Je n'en sais rien.

— Que voulait-elle de vous, deux heures à peine après vous avoir vu en consultation ?

— Autant que je m'en souvienne, me soumettre un point relatif à sa maladie dont elle avait oublié de nous parler.

— S'il y avait si grande urgence à parler de ce point de maladie, pourquoi ne s'adressait-elle pas à son médecin ordinaire, plutôt qu'à vous qui n'étiez qu'un médecin consultant qu'elle ne connaissait pas ?

— Peut-être parce qu'elle savait que ce soir-là son médecin ordinaire dînait en ville et devait partir le lendemain matin pour la campagne. D'ailleurs j'étais son voisin.

— L'accusation soutient que, vous ayant vu pour la première fois dans cette consultation, et ayant reconnu en vous l'assassin, elle a voulu obtenir la preuve qu'elle ne se trompait pas et lever ainsi ses scrupules de conscience, suivant l'expression du témoin, qui d'un mot nous fait connaître cette honnête dame ; c'est pour cela qu'elle vous a écrit, c'est pour avoir ces preuves qu'elle vous attendait, et c'est parce que vous n'avez pas pu les lui fournir, dans ce suprême entretien, que vous l'avez — pour qu'elle ne vous dénonce pas le lendemain — asphyxiée au moyen de son poêle mobile. Qu'avez-vous à répondre ?

— Rien, car il m'est impossible de suivre l'accusation sur ce terrain des hypothèses où elle voudrait m'entraîner. Ces histoires me sont étrangères, les discuter serait les admettre. Qu'on me présente des faits sérieux, probants, je me défendrai ; on ne se défend pas contre ce qui n'existe pas.

— Vous allez être satisfait.

Puis, après une courte pause :

— Introduisez madame Philis Cormier ou, pour lui donner ses noms et qualités, madame Saniel, épouse divorcée de M. le docteur Saniel.

Il se produisit dans l'auditoire un vif mouvement de curiosité, et quand Philis, précédée par l'huissier, parut au haut du petit perron d'où par quelques marches elle devait descendre dans le prétoire, tous les yeux étaient ramassés sur elle, car, en dehors de l'intérêt que tant de femmes attachaient à la personne même de cette divorcée, le président lui avait préparé une entrée à sensation.

Lentement elle s'avança jusqu'à la barre, accompagnée par l'huissier.

Nougarède, jusque-là, n'était pas intervenu dans le débat ; les yeux fixés sur les bancs des jurés, il étudiait ces douze têtes graves, se demandant ce qu'il pouvait y avoir dedans, et se répétait : Mon Dieu ! quelles boules ! » Mais, à l'entrée de Philis, il se leva et se tint debout, la toque à la main, prêt à prendre la parole. Le président ne la lui donna pas ; s'adressant à Philis :

— En votre qualité d'épouse divorcée, dit-il, vous êtes, madame, au nombre des personnes dont les dépositions ne peuvent pas être reçues sous la foi du serment, — il se tourna vers Nougarède, — et c'est pourquoi vous n'avez pas été citée à la requête de M. le procureur général ; mais la loi chargeant notre honneur et notre conscience d'employer tous nos efforts pour favoriser la manifestation de la vérité, nous avons jugé que votre audition était utile à cette manifestation : c'est ainsi qu'en vertu de notre pouvoir discrétionnaire, nous vous avons appelée. Vous ne prêterez donc pas serment, mais vous parlerez sans haine et sans crainte ; vous direz toute la vérité, rien que la vérité, comme il convient à une honnête femme.

— C'était pour demander à la cour l'audition de madame que je m'étais levé, dit Nougarède.

— La cour n'en a pas douté un instant, maître Nougarède, répliqua le président, qui savait être ironique dans sa courtoisie.

Si l'angoisse de Saniel avait été poignante en voyant entrer madame Thézard, elle n'était pas moins violente en regardant Philis, immobile à la barre pendant que le président lui adressait son petit discours dont il n'entendait pas un mot, l'esprit, toute son attention, toute son anxiété ailleurs. Qu'allait-elle dire ? Elle pouvait tout dire, puisqu'elle savait tout, la mort de Caffié comme celle de madame Dammauville. Révélerait-elle seulement la cause de son départ après la nuit où il avait parlé ? Ou bien irait-elle jusqu'au bout et, sans scrupules, répéterait-elle l'entretien qu'ils avaient eu dans l'atelier des Ternes, quand il lui avait demandé de reprendre sa place près de lui ? Si elle était encore la femme qu'il avait connue, elle considérerait cet entretien comme une confession et ne la révélerait pas. Mais était-elle toujours cette femme, et la mémoire de son frère comme l'honneur de son nom ne l'emporteraient-ils pas sur toute autre considération ? Elle évitait de tourner les yeux vers lui, et il ne pouvait rien lire sur son visage, qu'il ne voyait que de profil, de ce qui se passait en elle ; seul, le pli de sa lèvre supérieure, agitée par un tremblement, trahissait son émotion.

— Voulez-vous une chaise, madame ? demanda le président.

— Je vous remercie, monsieur.

De sa main gauche crispée, elle s'appuya sur la barre.

— Si ma voix tremble, dit-elle, c'est que terrible est la situation qui me place entre mon frère, dont je dois défendre l'innocence et... l'homme qui a été mon mari.

C'était pour le président l'occasion de faire une politesse aux jurés et de placer une citation :

— Rassurez-vous, madame, messieurs les jurés comprennent toutes les douleurs de votre position ; ils sont hommes, et rien de ce qui est humain ne leur est étranger.

Elle raconta qu'elle était chez Saniel au moment où la femme de chambre de madame Dammauville avait apporté la lettre de celle-ci, et dit dans quel état de trouble la lecture de cette lettre avait jeté Saniel. Puis tout de suite elle passa à son mariage, et dit comment ses doutes étaient nés ; comment ils s'étaient précisés en assistant aux angoisses de son mari et à ses hallucinations ; comment il avait voulu l'hynoptiser ; enfin comment, dans une nuit, il avait murmuré ces paroles : « Phillis, pardonne... ton frère ou moi », qui pour elle avaient été un coup de foudre. Ce jour-là même, elle s'était séparée de lui, et ne l'avait revu qu'au moment du divorce.

Elle s'arrêta. Malgré les lourdes charges de cette déposition, Saniel respira : elle ne disait, elle ne dirait rien de leur entretien, restant jusqu'au bout la femme qu'elle avait toujours été, parlant sans haine, pour que la justice fût rendue à la mémoire de son frère, non pour se venger.

— Vous demandiez des faits sérieux et probants, dit le président ; trouvez-vous que le soient assez ceux qui ressortent de cette déclaration, faite avec une mesure et une réserve si pleines de dignité ?

— Je ne peux ni ne veux discuter cette déposition, et j'espère que messieurs les jurés apprécieront le sentiment auquel j'obéis.

— N'en doutez pas ! Cependant il est un point

sur lequel je dois vous poser une question précise : Niez-vous ces paroles : « Ton frère ou moi ? »

— Je ne les nie ni ne les accepte ; je les ignore, puisqu'elles auraient été prononcées dans le sommeil ; mais fussent-elles vraies qu'il serait facile de les expliquer : c'est un soin que je laisse à mon défenseur.

— Et en temps voulu, s'écria Nougarède d'une voix tonnante, le défenseur prouvera que ce serait un enfantillage de vouloir faire reposer une accusation sur des paroles insignifiantes.

Mais, malgré cette fanfaronnade d'avocat, l'impression produite par le témoignage de Phills resta ce qu'il était : — terrible contre Saniel.

XIII

L'audience levée, les journalistes qui voulaient rentrer à Paris regagnaient la gare, lorsque dans la rue du Chatel ils avaient rencontré une sorte de chaise à porteurs mais dont la caisse, au lieu d'être portée, était montée sur deux roues et traînée par un homme, tandis qu'un autre poussait derrière. Ramonet, toujours aux aguets, avait interrogé l'attelage pour savoir comment s'appelait cette fausse chaise, on lui avait répondu que c'était une vinaigrette ; alors l'idée lui était venue d'employer ce moyen de locomotion. Et le lendemain Beauvais avait eu le spectacle d'une course de vitesse engagée entre les trois vinaigrettes qui lui restent, et qui de la gare portaient messieurs les journalistes au Palais.

C'était le grand jour, celui-là, le jour des experts et des médecins; mais avant de les voir, il fallut subir le défilé des témoins sans panaches : Morche, Héline et son confrère, en habit noir et en cravate blanche, par respect pour la cour; les domestiques du château, la sœur Eudoxie et la sœur Renée, plusieurs paysans de Corcy, enfin le vieux Sophronyme Ranson.

Cependant, plusieurs de ces dépositions avaient de l'intérêt au point de vue du drame; mais ce qui en avait plus encore au point de vue de l'affaire elle-même, c'étaient les conclusions à l'usage des jurés que le président savait en tirer.

Ainsi, pour Morche, il avait longuement insisté sur la scarlatine de Valérien avec complication d'hématurie et de convulsions; pour Héline, il avait rapproché le témoignage du notaire de celui du tapissier Jardine et fait remarquer que, dans les petites comme dans les grandes choses, le caractère de l'accusé, sa nature, sa soif des richesses, son besoin de luxe ne se démentaient pas, aussi bien à l'occasion du mobilier de dix mille francs que de la fortune de vingt millions; pour les sœurs et les domestiques du château, il avait appuyé sur l'étonnement de la vénérable sœur qui s'était manifesté tout haut, d'une façon si spontanée, qu'il était une accusation dans la bouche d'une personne à qui sa compétence aussi bien que son caractère sacré donnaient une autorité incontestable.

Mais, contrairement à ce qui s'était produit la veille, Saniel n'avait rien laissé passer sans se défendre pied à pied, et presque toujours victorieusement. Autant il avait été sobre de paroles le premier jour, en apparence indifférent, dédaigneux ou réservé, pour tout ce qui se rapportait à la mort de Caffié et de madame Dammauville, autant, maintenant, il apportait de fermeté, de passion et même d'éloquence à sa défense, ne laissant rien sans réponse, allant même souvent au-devant des remarques ou des conclusions du président et les réduisant à néant avant qu'elles eussent pris corps. Le mouton qu'il avait été, s'était changé en loup; agressif à son tour, imperturbable, insolent avec politesse, sûr de sa parole, il avait justifié la réputation que ses travaux lui avaient acquise et, plus d'une fois, forcé l'approbation d'un auditoire dont l'hostilité était manifeste, et qui, libre de donner une voix à ses sentiments, eût crié : « Bravo, l'assassin ! » Le changement était si complet, si radical, qu'on se demandait si, la veille, Saniel n'était pas malade, et l'on cherchait sous quelle influence il se trouvait.

— Celle de ses crimes ! dit un de ceux qui agitaient cette question.

— Alors, aujourd'hui, il serait sous celle de son innocence, si votre remarque est juste.

— Je crois plutôt que, se sentant maintenant sur le terrain médical, solide pour lui, il se croit certain de triompher ; de là son assurance. Hier, c'étaient des faits, et ils l'écrasaient ; aujourd'hui, c'est de la discussion et il discute.

De son mariage avec madame Ranson, l'accusation concluait à la soif des richesses et au besoin du luxe : libre à elle ; on sait ce que valent ces conclusions ; mais quelles preuves apportait-elle qu'il fût un homme d'argent ? Depuis dix ans, il avait gagné de grosses sommes, dont elle avait pu faire le compte, puisqu'elle avait eu ses papiers en sa possession et les avait examinés. Comment les avait-il employées, ces grosses sommes ? Où étaient ses placements ? Quelles dépenses de luxe avait-il faites en meubles et en tableaux ? Son salon était aussi banal que celui d'un petit médecin de quartier, et les seuls objets d'art qu'on y trouvât étaient des offrandes de clients reconnaissants. Quels sacrifices avait-il faits au bien-être ? Sa maison se composait d'une bonne, d'un domestique pour ouvrir sa porte, d'un cocher pour conduire sa voiture qui n'était qu'un instrument de travail. Avait-on compté les bouteilles de vin de sa cave ? Sûrement on n'en avait pas trouvé deux cents, et du plus ordinaire. Où étaient les maîtresses pour lesquelles il se serait ruiné ? Couché tous les jours à une heure, levé à six, telle avait été sa vie pendant dix ans, toute d'étude, de travail, du travail le plus dur, le plus dévorant. Où avait passé l'argent gagné ainsi ? Il ne convenait pas de faire de ce banc d'infamie un piédestal et d'énumérer complaisamment les dons, les secours, les encouragements distribués par lui ; mais si l'accusation avait voulu sincèrement s'éclairer, elle avait tous les éléments aux mains pour établir ce compte : on parlait bien haut de la rumeur publique qui l'accusait, pourquoi ne disait-on rien de celle qui le défendait, sinon dans cette enceinte, au moins ailleurs, là où on le connaissait ? S'il était si désintéressé, pourquoi avait-il cherché ce riche mariage ? » c'était l'objection de l'accusation. Il y répondait : parce que ce mariage lui donnait la haute situation à laquelle sa fierté croyait avoir droit. Il pouvait parler aussi des sentiments que, par sa beauté, ses qualités de cœur et d'esprit, la femme qui était devenue la sienne lui avait inspirés ; mais ce n'était point le lieu.

Du mot de la sœur Eudoxie, on faisait un blâme et une accusation contre lui, alors qu'il n'y avait simplement que de la surprise : elle n'avait jamais vu donner le calomel comme ça. Il reconnaissait qu'elle pouvait avoir raison de s'étonner : ce n'était pas, en effet, à cette dose qu'on le prescrit ordinairement ni de cette manière ; mais le cas pour lequel il l'avait ordonné n'était pas un cas ordinaire, et toute la question était de savoir si cette dose et cette manière ne s'appliquaient pas précisément au cas, — ce qu'il discuterait, le moment venu, avec ceux qui seraient compétents.

Mais, de tous ces témoins, c'avait été avec Sophronyme Ranson qu'il s'était montré le plus ardent à la défense.

Arrivé à la barre, le cousin Sophronyme, après avoir levé les deux doigts de sa main droite pour prêter serment, avait fait sa déposition la larme à l'œil :

— Un si grand malheur! Des enfants qu'il aimait comme les siens; ce qui était bien naturel : ceux de son propre cousin. Et puis il avait été leur ami, leur confident! N'ayant personne à qui parler, car ils étaient bien abandonnés, les pauvres chéris, ils s'étaient adressés à lui, leur parent, l'ami de leur père; et ainsi il avait appris comme on les martyrisait.

A ce mot, Saniel voulut interrompre; mais Sophronyme, ordinairement si humble, si cauteleux, avait relevé sa tête courbée et, le regardant en face :

— Taisez-vous, bourreau; je vous défends de me parler! Nous n'avons jamais eu de rapports ensemble, ce n'est pas maintenant que je vas commencer.

Le président, après avoir laissé se manifester ce mouvement d'indignation, qui ne pouvait que produire une salutaire influence sur messieurs les jurés, était intervenu pour l'empêcher de dégénérer en querelle personnelle :

— Témoin, calmez-vous. Les sentiments d'affection que vous inspiraient ces malheureux enfants vous honorent, mais ils ne doivent pas vous entraîner jusqu'à des injures envers l'accusé, que sa position même doit protéger.

— Ce n'est pas l'injurier, monsieur le président, que l'appeler bourreau quand on sait ce qu'il leur a fait supporter, et je le sais, moi, je le sais mieux que personne, puisqu'ils me l'ont dit.

Il avait raconté comment, malgré eux, pour leur santé, disait-on, ils avaient été condamnés aux plus durs travaux ; scier pendant deux heures les bûches les plus coriaces qu'on pouvait trouver; pendant deux heures aussi, arroser, comme des garçons maraîchers, les jambes et les bras dans l'eau glacée, la tête en plein soleil. Si le jardinier Prentout était présent, il pourrait dire ce qu'ils ont souffert, puisque c'était lui qui les aidait, à la dérobée, quand ils étaient morts de fatigue et n'en pouvaient plus. Qu'est-ce qu'on voulait en les faisant travailler ainsi, eux des millionnaires ? Les éreinter, les affaiblir, leur faire contracter des maladies graves pour lesquelles on les soignerait. Et ils étaient devenus malades; et on les avait soignés; et ils étaient morts, « les pauvres chéris ». Tout de suite, il avait deviné le but de l'accusé, ce qui n'était pas difficile, car tout le monde, averti par le martyre qu'on leur imposait, ne parlait que de leurs tortures; et à la mort de Calixte il avait voulu prévenir la justice : que ne l'avait-il fait au lieu de se laisser arrêter par ce qu'on lui disait, qu'il n'y avait pas de preuves ? Les preuves, la justice les aurait trouvées. Mais quand, à son tour, le jeune était devenu malade après l'aîné, il ne s'était laissé arrêter par aucune considération et, s'imaginant que, si le pauvre enfant était soigné par d'autres médecins, on ne pourrait pas le tuer comme son frère, il avait été prévenir la mère, aveuglée par son amour pour son mari, et il lui avait imposé une consultation..., par malheur trop tardive; on ne pouvait plus le sauver.

Pendant que Sophronyme parlait lentement, d'une voix pleurarde, soulignant chaque mot important d'un signe de main du côté des jurés, Saniel, debout dans son banc, faisait deux pas d'un côté, deux pas de l'autre, comme une bête en cage, se cognant aux gendarmes qui, au lieu de s'écarter, se rapprochaient pour qu'il ne leur échappât point. A ce mot, levant le bras, il interrompit violemment :

— Mais, cette consultation, c'est moi qui l'ai arrangée avec MM. Dayous et Aucamp !

Le président s'empressa de réprimer ce manquement aux convenances; mais Sophronyme ne s'était pas troublé :

— Demandez-lui donc, monsieur le président, à quelle heure qu'il l'a arrangée, sa consultation.

— Entre onze heures et midi.

— Eh bien! moi, c'est à neuf heures que j'ai prévenu la mère qu'il en fallait une; le télégraphe va vite.

— Avez-vous des questions à adresser au témoin? demanda le président.

Non des questions, mais des réponses. On prétendait qu'il avait martyrisé ces enfants; mais il les aimait...

A ce mot, une rumeur d'indignation s'éleva de tous les bancs et emplit la salle.

Mais il ne se laissa pas troubler; couvrant l'auditoire d'un regard hautain, il continua de parler de son affection pour ses beaux-fils, et trouva des paroles émues pour dire les espérances qu'il avait fondées sur eux. Oui, il leur avait imposé des travaux pénibles, mais sains, pour les fortifier, non pour les rendre malades. S'il avait voulu leur maladie, n'aurait-il pas eu, lui médecin, mille moyens à sa disposition plutôt que d'employer celui-là, que la bêtise publique pouvait interpréter contre lui? Comment un homme à qui on reconnaissait une certaine intelligence, aurait-il commis l'audacieuse maladresse d'assassiner ses deux beaux-fils de la même manière et dans le même pays? S'il avait tué l'aîné en France, n'aurait-il pas tué le jeune à l'étranger, où l'impunité lui était assurée ?

— Accusé, interrompit le président, vous plaidez, vous ne répondez pas; laissez cette tâche à votre avocat. Aux faits, opposez des faits, non des discours; vous êtes ici pour prouver votre innocence, non votre éloquence.

Enfin on arrivait à l'audition des experts, qui serait suivie de celle des médecins que Saniel avait appelés en consultation auprès de Valérien : Dayous et Aucamp.

Pour le parquet de Senlis, saisi par la plainte de Florentin en même temps que par la rumeur publique, c'avait été une grosse affaire que le choix des experts : s'ils concluaient à l'empoisonnement, il fallait qu'ils fussent de taille à se défendre contre Saniel; si, au contraire, ils concluaient à la mort naturelle, il fallait que le public ne pût pas croire que des considérations de camaraderie ou d'esprit de corps les avaient empêchés d'envoyer aux assises leur confrère, le professeur de la Faculté, ou leur collègue, le membre de l'Académie de médecine. Enfin on s'était arrêté à deux noms qui semblaient offrir des garanties telles d'autorité et d'honorabilité que personne ne pourrait les critiquer : Gaujal, médecin des hôpitaux, et le directeur du laboratoire de chimie à l'École pratique des hautes études : Vandam.

Celui-ci qui logiquement aurait dû être entendu le second, fut appelé le premier.

Sa déposition fut sobre, mais complète cependant : dans aucun organe, l'analyse chimique n'avait trouvé trace d'un poison minéral ; pour les poisons végétaux, les expériences physiologiques n'avaient donné que des résultats négatifs : donc il croyait pouvoir conclure que ni Calixte Ranson ni Valérien n'avaient succombé à un poison connu, la question du mercure étant réservée pour le dernier.

C'était précisément pour que cette question fût traitée sans confusion dans l'esprit des jurés que le président avait voulu faire entendre l'expert chimiste avant l'expert médecin ; ainsi ils ne resteraient pas sous l'impression de conclusions négatives.

Cependant, pour Calixte, les conclusions du médecin furent négatives aussi : l'époque de la mort survenue en une saison chaude et humide ; le long temps qui s'était écoulé depuis l'inhumation ; cette inhumation elle-même dans un terrain exposé aux infiltrations ; la mise en bière dans un simple coffre en bois de chêne, tout s'était trouvé réuni pour que l'autopsie ne pût pas donner des indications précises et formelles sur les causes de la mort.

Mais, si ces conclusions contrariaient le système de l'accusation, elles lui permettaient cependant de reprocher à Saniel un fait qui, aux yeux des jurés, pouvait avoir une importance décisive.

— C'est en attendant la construction d'une chapelle, demanda le président, que le corps de l'aîné de vos beaux-fils a été inhumé dans la terre du cimetière ?

— Oui ; il n'y a pas de caveau provisoire à Corcy.

— Mais il y a partout des cercueils en plomb ; pouvez-vous dire à messieurs les jurés pourquoi, au plomb qui conserve, vous avez préféré le bois, qui ne conserve pas ?

— Parce qu'aux yeux du médecin cette question de prétendue conservation est nulle.

— Pas toujours, alors surtout qu'on peut craindre une exhumation.

— Mais je ne la craignais pas, cette exhumation, puisque je ne la prévoyais pas ! Et d'ailleurs...

Le président lui coupa la parole :

— Je ne vous laisserai pas distraire l'attention de messieurs les jurés par un discours. Au moment où nous sommes, c'est de l'expertise qu'il s'agit : laissez monsieur l'expert continuer sa déposition ; si vous avez des considérations à présenter à propos de cette question des cercueils, votre avocat les mettra en lumière.

Faite trois jours après l'enterrement et moins de cinq jours après la mort, arrivée par un temps sec et de froid vif, l'exhumation du corps du plus jeune des frères avait permis d'obtenir des indications qui manquaient pour l'aîné. Longuement décrites par l'expert, pour l'accusé bien plus que pour les jurés, les constatations de l'autopsie pouvaient se résumer en quelques points caractéristiques : congestion pulmonaire ; pas de tubercules ; de la péritonite ; hypertrophie de la rate ; les reins malades ; ulcération dans le gros intestin ; lésions dans l'intestin grêle, qui, sans prouver exclusivement la fièvre typhoïde et appartenir en propre à cette maladie, avaient beaucoup de la physionomie de la fièvre typhoïde.

— Monsieur le docteur, dit le président, qui tenait à faire valoir l'expert aux yeux des jurés, pour lesquels le nom de Gaujal, malgré sa juste notoriété, était inconnu, — vous avez été avec une remarquable sagacité au-devant des questions que nous aurions pu vous poser ; cependant il en est une, que je soumets à votre haute compétence : les lésions des reins que votre autopsie savante a constatées, étaient-elles antérieures à la maladie à laquelle Valérien Ranson a succombé, ou bien étaient-elles la conséquence de cette maladie ?

Cette question fut posée d'un air ingénu.

— Elles étaient antérieures.

— A quelle époque remontaient-elles, selon vous ?

— A la fièvre scarlatine dont il avait été atteint deux ans auparavant, et qui s'était compliquée d'hématurie et de convulsions.

— Ayant à soigner ce jeune homme et connaissant ces lésions des reins, auriez-vous prescrit le calomel ?

— Assurément non.

— Mais je ne les connaissais pas, ces lésions des reins que l'autopsie a révélées, s'écria Saniel, qui n'était pas dupe de l'ingénuité du président.

— Comment ne les connaissiez-vous pas ? N'aviez-vous pas soigné l'enfant lors de sa fièvre scarlatine ?

— Je l'avais soigné à cette époque et, justement parce que je l'avais soigné, j'avais toujours depuis fait porter mon examen sur ce point, non pas une fois, mais vingt, mais cent ; jamais je n'avais rien trouvé qui fût l'indice de complications rénales scarlatineuses.

— Contestez-vous celles qui ont été révélées par l'autopsie ?

— Non, mais...

— Il suffit ; laissez la parole à l'expert. Vous dites, monsieur le docteur, que vous n'auriez pas prescrit le calomel ; pourquoi ? Je vous prie de répondre à cette question en écartant autant que possible de vos explications si claires celles que messieurs les jurés ne pourraient suivre que difficilement.

— La médication par le calomel eût été parfaitement indiquée et permise avec un enfant qui n'eût pas eu les reins malades : elle a été souvent employée et sans accident ; mais, avec des complications rénales, il n'y avait plus élimination, et dès lors elle devenait offensante, produisant pour son compte des ulcérations intestinales et de la péritonite, — l'autopsie les a révélées — lesquelles ne se seraient peut-être pas montrées avec une médication moins perturbatrice.

Pour la première fois, le procureur général était intervenu dans le débat, car il fallait enfoncer cette déclaration dans l'esprit des jurés, de façon que rien ne pût l'en faire sortir et qu'elle dominât tout.

— L'accusation soutient, dit-il, et prouvera ce

qu'elle veut seulement signaler en ce moment à l'attention de messieurs les jurés, à savoir qu'en admettant la fièvre typhoïde chez ce malheureux enfant ce n'est point d'elle qu'il est mort, mais du fait de la médication employée, et, si cette médication a été prescrite par l'accusé, c'est qu'il savait très bien que, les reins étant malades, l'élimination du calomel n'aurait pas lieu ; il s'accumulerait et produirait la perforation intestinale et la péritonite qui, infailliblement, tueraient sa victime. Qu'il ne nous dise pas aujourd'hui, pour tenter une défense impossible, qu'il ignorait ces complications rénales scarlatineuses; nous appelons de son ignorance voulue à sa science incontestée et proclamée. Il les connaissait, ces complications, et savait qu'elles feraient que ce qu'on ordonnerait avec avantage à tel malade serait, pour son beau-fils, une maladie d'intoxication ajoutée à une maladie d'infection. Dans ses mains, le mercure, pour tout autre malade, devenait une arme défensive; pour son fils, c'était le coup de grâce ; ce qui prouve l'infernale habileté, la préméditation, le raffinement de l'accusé, son crime à la Néron.

Saniel ne pouvait rester sous ce coup d'assommoir ; s'imposant malgré les tentatives du président pour l'arrêter, il avait répondu que, s'il avait employé le mercure, c'était parce que son beau-fils semblait n'avoir rien gardé de sa scarlatine, ainsi que l'examen de ses urines le lui avait démontré, et aussi parce que, sa maladie révélant dès son début sa nature infectieuse et grave, il avait voulu agir plus et mieux dans le sens de l'antisepsie qu'il ne l'avait fait chez l'aîné, et cela pour n'avoir rien à se reprocher. Puis s'animant et quittant le terrain purement scientifique, il avait à grands traits montré quelle poignante situation était celle de ce père médecin, à qui on accordait de la sûreté dans son diagnostic, de l'à-propos dans ses médications, et dont le succès avait plus d'une fois couronné les efforts audacieux, se trouvant en présence de ses beaux-fils qui, pour lui, étaient des fils, quoi qu'on en dît ; il les voit sidérés par la maladie qui revêt chez les deux une forme et une gravité inaccoutumées ; il les soigne, passe par toutes les tortures d'un médecin qui souffre dans son amour-propre, dans sa réputation, dans le doute qui l'assaille, dans son impuissance, et qui, pour comble, se prend à penser que peut-être, ses beaux-fils étant riches, les envieux le traiteront de criminel.

— Que n'appeliez-vous à votre aide, dit le président, quelques-uns de vos confrères ? Il en est qui sont réputés aussi pour la sûreté de leur diagnostic et l'à-propos de leurs médications.

— Je l'ai fait.

— Nous allons voir s'il n'était pas trop tard, dit le président, qui lui aussi, avait de l'à-propos ; introduisez M. le docteur Aucamp.

Précisément Aucamp, dans une déposition faite en style d'oracle, et dont chaque mot était enveloppé de circonlocutions, chaque affirmation corrigée par une réserve ou un doute, arriva à cette conclusion que, lorsqu'il avait été appelé, s'il n'était pas trop tard, comme voulait le lui faire dire le président, au moins était-il un peu tard.

Introduit à son tour, Dayous ne fit que répéter ce qu'avait dit son confrère, avec la même prudence, la même réserve, les mêmes circonlocutions, mais aussi la même conclusion.

Un point important pour l'accusation était d'établir que Saniel n'avait pas parlé de la scarlatine à ses confrères, et ceux-ci, interrogés, ne purent que répondre qu'il ne leur en avait rien dit.

— Si c'est une règle en médecine de s'occuper des antécédents des malades, dit le président, comment se fait-il que vous n'ayez pas signalé cette scarlatine à vos confrères ?

— J'ai déjà expliqué que j'avais obtenu la conviction qu'elle n'avait pas laissé de traces; cependant j'en aurais parlé à mes confrères si leur premier mot n'avait pas été pour proscrire le calomel.

Alors le président voulut faire dire à Dayous et à Aucamp que c'était le calomel qui avait tué Valérien, mais tous ses efforts furent vains : il appela Gaujal et Vandam pour avoir le plaisir de lâcher les médecins les uns sur les autres et d'assister à leur lutte; mais elle ne tourna pas comme il l'espérait, et même, de la discussion confuse qui s'engagea, et à laquelle Saniel prit la part la plus grosse, il resta dans l'esprit de plus d'un juré que la perforation intestinale survenait quelquefois dans la fièvre typhoïde et était sa complication la plus terrible.

En voyant l'effet produit, le président abrégea la lutte :

— Messieurs les jurés apprécieront votre réserve confraternelle, dit-il d'un ton rogue à Dayous et à Aucamp.

Mais celui-ci se fâcha.

— ... Médicale, répondit-il sèchement.

— Je n'aurais pas osé être aussi sévère, répondit le président, qui, pour ne pas rester sous cette riposte, feignit de ne pas comprendre que « médicale » était synonyme de « scientifique ».

La liste des témoins était épuisée, Saniel n'ayant pas voulu en faire citer, et le président allait renvoyer l'audience au lendemain, quand l'huissier le prévint que le jardinier Antoine Prentout demandait à être entendu.

— Faites-le entrer, dit le président.

Et l'on vit descendre dans le prétoire un homme de grande taille, marchant avec fermeté, qui n'avait rien d'un garçon jardinier.

— Vous êtes le jardinier Prentout? demanda le président qui avait pris son lorgnon.

— J'ai été le jardinier Prentout pendant deux ans. Aujourd'hui que je puis lever la tête et me faire connaître, je reprends mon nom : je suis Florentin Cormier.

Il s'éleva une telle rumeur dans la salle que l'audience se trouva suspendue : tout le monde était monté sur les banquettes et sur les chaises.

Debout à la barre, Florentin faisait face à Saniel et le regardait. Enfin, il s'établit un silence relatif :

— Demandez à l'accusé s'il me reconnaît, dit Florentin.

Saniel fit un signe affirmatif.

— Il y a aussi ici, continua Florentin, désignant les bancs des journalistes, une personne qui me connaît ; vous pouvez invoquer son témoignage.

Ramonet se leva et, faisant deux pas en avant, lui tendit la main ; alors des applaudissements éclatèrent que le président ne se hâta pas de réprimer.

— Enfin, interrogez l'avocat qui m'a défendu et qui défend aujourd'hui le vrai coupable.

— Vous ne pouvez pas prêter serment, dit le président quand les huissiers eurent obtenu le silence, mais, en vertu de mon pouvoir discrétionnaire, j'ordonne que vous serez entendu.

— A mon accent, messieurs les jurés sentiront que je n'ai pas besoin de prêter serment pour dire la vérité.

Son récit, depuis le jour où il avait été accusé de l'assassinat de Caffié, jusqu'à la mort de Valérien, dura plus d'une heure.

— Mon but, dit-il était d'obtenir la revision de mon procès et ainsi ma réhabilitation. Je sais que maintenant c'est impossible ; toute-puissante pour faire le mal, la loi ne peut rien pour le réparer ; mais je n'en ai pas moins mis le coupable entre vos mains, et je m'y mets aussi : sa condamnation, c'est mon innocence proclamée.

Le procureur général aurait pu ne pas soutenir l'accusation, l'avocat ne pas présenter la défense : l'affaire, sur le terrain où Florentin l'avait amenée, était entendue.

Le lendemain, à l'ouverture de l'audience, le procureur général commence son réquisitoire : il parle d'une voix froide, calme, monotone, sans gestes, sans accent, les mains pendantes, le buste raide, la tête immobile, les yeux à quinze pas devant lui, ne se fixant sur rien, ni sur personne, ni l'accusé, ni les jurés : et à le regarder, droit dans sa robe aux plis raides, on se demande si l'on n'a pas devant soi une figure hiératique qui psalmodie quelque office liturgique. Mais à l'écouter et à le suivre, on voit que sa dialectique est serrée, et la logique de son discours semble courir sur des rails, sans arrêt, vite à son but. Les charges éparpillées au cours du débat sont recueillies, sans en oublier une seule, condensées et si serrées, si probantes, qu'elles paraissent irréfutables, même là où elles ne le sont pas. Avant tout, c'est un logicien. Il a étiqueté ses arguments, les a classés en bon ordre ; et il les prend les uns après les autres, à commencer par le plus faible, pour finir par le plus fort. Il est supérieur. Mais à certains moments il croit devoir appuyer ; il appelle l'éloquence à son aide : elle ne vient pas ; parce qu'elle résiste, il veut lui faire violence, et alors ce n'est plus que des banalités ampoulées, lieux communs d'un autre âge, fleurs fanées arrachées à tous les herbiers de la rhétorique. Il n'est plus lui-même : il est le défenseur de la société au nom de qui il parle ; et quel pauvre défenseur ! Cependant, après plus de trois heures, il arrive au bout de sa tâche :

— Cet homme a passé sur la terre comme un fléau ; c'est avec épouvante que le cœur le plus dur suit sa route, marque ses étapes sanglantes : partout où il passe, la mort. Les dons les plus enviables semblent le destiner à donner la vie, il les a employés à donner la mort ; il pouvait guérir, il a tué ; ils devaient faire de lui un homme utile, honoré, aimé ; ils en ont fait un assassin méprisé, exécré. La justice doit le frapper, non sans émotion, mais sans faiblesse, et requérir contre lui la peine capitale.

Si Nougarède n'était pas un orateur, au moins avait-il certains côtés de l'orateur : l'émotion, la passion, les larmes, les cris ; avec cela une faconde méridionale et une assurance qui lui permettaient de tout dire sans peur de l'absurde ou du ridicule. Combien parmi les douze jurés qui l'écoutaient étaient intelligents et méritaient une discussion sérieuse et élevée ? Deux ou trois peut-être ; et à l'heure du vote la voix de ceux-là ne pèserait pas d'un poids plus lourd que celles des imbéciles. Il fallait donc qu'il gagnât celles-là comme les autres, et par des arguments à leur portée, niais si c'était la niaiserie qui devait les convaincre ou les toucher. Suivre le procureur général pas à pas était aussi impossible à son esprit désordonné qu'à sa violente parole. Dans l'affaire, il ne prit que les points principaux. On accusait Saniel d'être un homme d'argent : il montra cet homme d'argent épousant par amour une fille pauvre. On cherchait qui avait tué madame Dammauville : pourquoi ne pas reconnaître que c'était son poêle. Et il fit sur les poêles mobiles une leçon tellement terrifiante, que ceux qui en avaient chez eux se jurèrent de les mettre à la ferraille. Il avait promis d'expliquer le mot échappé au sommeil de Saniel et rapporté par Phillis : « Ton frère ou moi. » Quoi de plus facile, sans être savant dans l'art d'interpréter les songes : cet homme passionné, qui s'était marié par amour, était malheureux de voir celle qu'il aimait tourmentée par le souvenir de son frère, et jusqu'à un certain point jaloux aussi de cette tendresse fraternelle, avivée par l'adversité ; de là son mot : « Ton frère ou moi. » Enfin, pour la mort de Valérien, il n'avait pas craint d'aborder les questions médicales les plus difficiles, et c'était sans admettre le plus léger doute qu'il avait affirmé et prouvé, en citant ses auteurs, dont les noms arrivaient sur ses lèvres comme s'il vivait en un commerce habituel avec eux : Liebermeister, Golddammer, Biermer, Louis, Chomel, Lereboullet, Trousseau, que ce malheureux enfant avait succombé à la perforation intestinale causée par la fièvre typhoïde et non par l'emploi du calomel.

Il était ruisselant de sueur quand, à huit heures du soir, la nuit tombant, il s'était enfin assis sur son banc, et l'audience avait été renvoyée au lendemain pour les répliques.

Ce jour-là, Saniel ne laissa pas voir qu'il prenait intérêt à ce qui se disait ou se passait autour de lui ; immobile à son banc, le plus souvent les bras croisés, il semblait qu'il fût ailleurs, les yeux perdus ou bien fixés inconsciemment sur la cathédrale, qui lui apparaissait dans la haute fenêtre ouverte devant lui, et encore sur les abeilles d'or du papier vert de la salle. De temps en temps pourtant, quand, à son tour, Nougarède avait repris la parole, il avait essayé de le suivre ; mais quelle pitié de voir dépenser tant de chaleur factice et d'entendre entasser tant de lieux communs, tant d'arguments faux ou niais pour ces douze bonzes dont la conviction était faite !

Quand, avant de clore les débats, le président lui demanda s'il n'avait rien à ajouter, il promena sur le jury et l'assistance un regard indifférent et, d'une voix dédaigneuse :

— A quoi bon? dit-il.

La délibération du jury fut courte : elle ne dura pas tout à fait vingt minutes. Sur la première question, se rapportant à Calixte, la réponse fut négative ; sur la seconde, Valérien, affirmative.

Au moment où le chef du jury prononça le « oui » fatal, Héline se tenait au haut du petit perron par où les témoins étaient introduits dans le prétoire. Ecartant violemment ceux qui l'entouraient, il traversa les trois pas qui le séparaient de la chambre des accusés ; il donna un fort coup de poing contre cette porte et cria « oui ».

Dans la chambre des accusés, Saniel se promenait de long en large, sa redingote déboutonnée, son gilet ouvert ; deux gendarmes le surveillaient, assis sur des chaises ; au coup frappé dans la porte et au mot « oui » jeté d'une voix claire et tremblée, il tourna le dos aux gendarmes et, tirant de la poche de côté de sa redingote un poignard à lame courte, mais large, il chercha de la main gauche où son cœur battait, et, appuyant le pommeau du poignard contre le mur, il se jeta sur la pointe ; aussitôt, il roula sur le carreau.

Le lendemain, à la première distribution, Philis reçut une lettre dont l'adresse était de la main de Saniel :

Vendredi, 5 heures du matin.

« Avant la fin du jour qui se lève, je vais être
» condamné, et ce sera justice ;
» Condamné pour les crimes que je n'ai pas com-
» mis, mais par ceux que j'ai commis.
» Je tiens à ce que vous sachiez mon innocence
» comme vous avez su mes fautes. Une période d'an-
» nées transforme l'homme : à un état nouveau s'a-
» joute une éducation nouvelle, et rien ne reste plus
» de la créature d'autrefois. Rien ne restait plus en
» moi de l'homme que vous avez connu : dégagé de
» l'influence atavique le crime m'était devenu im-
» possible comme à vous.
» Si je me suis mal défendu, c'est que le crime faux,
» dont je me serais dégagé sans le passé, m'a écrasé
» de tout le poids du crime vrai, et m'a fait com-
» prendre mon sophisme : on ne se rachète pas d'une
» offense envers l'humanité.
» On ne sert pas l'humanité, ni même un homme
» soi, contre l'humanité : Philippe II, brûlant les
» gens pour les sauver, s'est trompé ; de même se

» sont trompés les Conventionnels coupant le cou à
» leurs adversaires pour que la France fût heu-
» reuse.

» Je me suis trompé aussi, mais il y a plus qu'une
» erreur et une déception dans mon cas ; il y a une
» douleur, celle que j'ai causée à des innocents.

» On m'a accablé au nom de la Société, dont je
» n'ai cure ; c'est l'Humanité qui me rejette et me
» tue. »

FIN

NOTICE SUR « JUSTICE »

A propos d'un roman de M. Hector Malot, *Conscience*, nous avons exprimé ici, l'an passé, quelques songeries sur le crime et les criminels et, bien que ces songeries fussent en elles-mêmes assez creuses, nous ne pouvons regretter de nous y être livré, puisqu'elles nous ont valu l'honneur d'être repris par le premier des philosophes contemporains. M. Renouvier a daigné relever, dans la *Critique philosophique*, les fautes de notre fantaisie. Il l'a fait avec une bienveillance que sa supériorité rend infiniment précieuse. Grâce à lui, j'ai su une fois de plus que les juges les plus éclairés sont aussi les plus indulgents. Je veux taire ce que ses jugements ont de trop favorable pour moi, mais il m'est impossible de dissimuler le contentement que j'en ai reçu. Quant à ses censures, qui me sont également précieuses, je saisis pour les reproduire l'occasion que me fournit M. Hector Malot lui-même en publiant *Justice*, qui est la suite de *Conscience*. Par une réserve qu'on approuvera sans doute, je m'abstiendrai d'apprécier au point de vue de son mérite propre un roman publié dans le journal où j'écris. Mais ce roman a une portée morale et c'est un beau prétexte à philosopher. D'ailleurs, M. Hector Malot est fort engagé pour sa part, ainsi que le criminaliste Lombroso, dans cette mêlée où votre chroniqueur littéraire, comme un guerrier d'Homère qu'attaque un dieu de l'Olympe, a vu tout à coup M. Renouvier tout armé devant lui. Je suis bien forcé de remettre sous les yeux du lecteur le passage justement incriminé. Le voici :

« Comment ne pas le reconnaître ? C'est la nature elle-même qui enseigne le crime. Les animaux tuent leurs semblables pour les dévorer, ou par fureur jalouse, ou sans aucun motif. Il y a beaucoup de criminels parmi eux. La férocité des fourmis est effroyable ; les femelles des lapins dévorent souvent leurs petits ; les loups, quoi qu'on dise, se mangent entre eux ; on a vu des femelles d'orangs-outangs tuer une rivale. Ce sont là des crimes, et si les pauvres bêtes qui les commettent n'en sont pas responsables, c'est donc la nature qu'il faut accuser ; elle a attaché vraiment trop de misères à la condition des hommes et des animaux.

» Mais aussi comme il est sublime cet effort victorieux de l'homme pour s'affranchir des vieux liens du crime ! Qu'elle est auguste cette lente édification de la morale ! Les hommes ont peu à peu constitué la justice. La violence, qui était la règle, est aujourd'hui l'exception. Le crime est devenu une sorte d'anomalie, quelque chose d'inconciliable avec la vie nouvelle, telle que l'homme l'a faite à force de patience et de courage. Entré dans une existence, le crime la ronge et la dévore : il est désormais un vice radical, un germe morbide. C'était le vieux nourricier des hommes des cavernes. Maintenant il empoisonne les misérables qui lui demandent la vie. »

M. Hector Malot écrivait à quelques jours de là : « Ainsi que M. A. France, je crois que le crime est naturel, ou, comme il le dit, que c'est la nature qui enseigne le crime. » Et il faisait la promesse, qu'il a tenue depuis en écrivant *Justice*, de montrer le criminel proclamant lui-même la souveraineté absolue de la loi morale qu'il a violée.

C'est alors qu'intervient M. Renouvier. Il prend acte de l'engagement pris par le romancier, et il ajoute :

« Il ne suffira pas alors, pour faire apparaître la justice dans une âme où n'étaient jusque-là que le calcul et les peines cruelles qui résultent d'une action à laquelle on ne les savait pas si fatalement et si mortellement attachées, de dire (avec M. Hector Malot) que le crime « a fait disparaître l'homme primitif pour ne laisser vivant et malheureux que l'homme affiné par l'éducation », et, avec M. A. France, que le crime « vieux nourricier des hommes des cavernes, empoisonne maintenant les misérables qui lui demandent la vie » ; il sera bon de dire pourquoi, et d'où ce poison... il faudra expliquer, définir ce quelque chose de nouveau, que l'on dit être dans l'homme actuel, que l'on croit n'avoir pas été dans l'homme des cavernes et qui s'appelle justice et loi morale, et dont le sentiment d'abord, la violation ensuite, révèlent cette conscience que l'homme primitif, paraît-il, ne connaissait pas encore. Mais on sera peut-être, en ce cas, forcé de s'avouer que le crime, en très commun et non équivoque langage, est exclusivement l'acte d'un homme qui possède cette conscience et viole cette justice, *telle que lui-même la connaît*, et on s'apercevra qu'on ne peut plus, sans tomber dans une contradiction pitoyable, appliquer ce même nom de *crime* à des actes purement *naturels* ou *que la nature enseigne*, et à ceux mêmes des animaux... et le nom d' « homme criminel » à l'homme à qui par hypothèse sa conscience ne serait pas révélée et à qui rien encore n'aurait appris à distinguer le juste de l'injuste, parmi les actes qu'il peut faire et qui sont diversement utiles ou nuisibles à lui-même et à son prochain. Le crime n'a pu commencer qu'avec cette distinction où, quand et comment que cette distinction se soit introduite dans l'humanité. N'est-il pas bien étrange qu'on oublie une vérité si élémentaire ? »

Ainsi argumente M. Renouvier. Il y aurait quelque inconvenance de ma part et assurément un grand ridicule à tenter une dispute en règle avec celui que je tiens pour le plus profond penseur de ce temps. Aussi tel n'est pas mon dessein. Je désire seulement m'expliquer et compléter ma pensée. Cela, du moins, me sera permis. Je dirai donc que je n'avais pas peut-être commis l'étrange oubli de cette vérité élémentaire et que j'avais songé à l'apparition de la loi morale en ce monde. (Je dis en ce monde et non dans l'homme, et l'on va voir pourquoi.) Bien plus, c'est l'idée même de cette loi morale qui m'avait conduit à dire qu'il y avait des criminels parmi les animaux. Je faisais sans doute une grande rêverie. Mais il faut considérer que j'aime beaucoup les bêtes et que je m'entends très bien avec les chiens et les chats. Or, je me disais : Les bêtes qui vivent ensemble dans l'état de nature ont des mœurs, que les naturalistes décrivent. Elles ont surtout des mœurs que les naturalistes ignorent. Or, ces mœurs sont soumises à des lois, qui sont des lois morales. Si, comme l'enseigne M. Renouvier, l'homme a pour premier caractère la volonté, comment ne pas admettre que les bêtes qui lui ressemblent le plus, le singe, par exemple, possèdent quelques rudiments de volonté ? Et s'il est vrai que la conscience éclaire l'homme moral d'une lumière de plus en plus éclatante, pourquoi ne pas croire qu'elle répande quelques lueurs incertaines et comme une obscure clarté dans l'âme de nos frères inférieurs, les pauvres animaux ? Il me semble qu'entre eux et nous beaucoup de facultés sont communes et qu'une société comme celle des abeilles ou des fourmis n'est pas dépourvue de toute moralité. J'ai connu des chiens qui m'ont laissé l'idée qu'ils étaient d'honnêtes chiens et qu'ils le savaient et qu'ils en goûtaient une joie paisible et profonde. Qu'on me pardonne cette illusion. Nous ne voyons que nous dans l'univers et nous ne connaissons des choses que leur humanité. Ces lueurs pâlissent à mesure que nous descendons dans l'échelle des êtres, et j'ignore absolument, je l'avoue, ce que peut-être le crime d'une méduse ou d'une éponge. S'il s'agit de juger la moralité d'un amphioxus, qui pourtant a presque une moelle épinière, je me récuse décidément. Quant à croire que les plantes carnivores sont criminelles parce qu'elles étouffent les insectes dans leur corolle parfumée, c'est une imagination que j'ai toujours laissée à M. Lombroso. S'il fallait à toute force découvrir les torts d'un rosier, je dirais que c'est de ne pas fleurir.

Il est clair, après cela, que je ne puis refuser à l'homme primitif et à l'homme sauvage ce que j'accorde au chien et à l'éléphant. Les hommes des cavernes étaient déjà sous l'empire de la loi morale. Sans doute, ils étaient violents et féroces et menaient durement une dure vie. Mais, autant qu'on peut croire, ils se faisaient déjà quelque image de la beauté morale. Si j'ai dit que chez eux la violence était la règle, cela ne doit pas être pris à la lettre ; une société, fût-ce une société de castors, ne subsiste pas sans justice. Je trouve, à cet égard, dans un livre récent de M. Henri Joly, des remarques fort sensées. Ce savant dit, en parlant des hommes préhistoriques :

« Il est à peu près certain qu'ils avaient une industrie, puisqu'on trouve sur des surfaces considérables de véritables ateliers et comme des magasins d'armes, de poteries, d'ustensiles de toute espèce, remontant certainement à l'époque quaternaire. Ces premiers hommes connaissaient aussi le commerce ; on trouve au Midi des squelettes parés d'objets venus du Nord, et réciproquement. On retrouve en Suisse du corail rouge de la Méditerranée. On trouve l'ambre jaune de la Baltique dans les cités lacustres des Alpes, dans les grottes des Pyrénées et dans les dolmens de la Lozère. On relève en maint endroit de l'Europe des perles et des pierres précieuses dont on ne connaît aucun gisement dans l'ancien continent. Tout cela est acquis. Or, pouvait-il y avoir industrie, échange et commerce sans quelque respect des conventions et sans une probité au moins rudimentaire ? Et si la probité était nécessaire, le vol ou la tromperie ne devaient-ils point passer pour des délits ?

» Venons à la pitié : On voit par l'examen des ossements que l'homme survivait souvent à de graves blessures. Les os portent la marque de l'inflammation, de la suture, du travail de cicatrisation et de réparation. Le blessé avait dû être soigné et nourri pendant tout le temps de la maladie. La pitié n'était donc pas inconnue ; mais, si elle inspirait de tels actes, les cruautés de ceux qui la méconnaissaient inutilement ne devaient-elles point passer pour condamnables ?

» Certainement, tous ces hommes commettaient des crimes comme nous, — plus ou moins, je l'ignore, ou du moins je ne pense pas qu'on soit à même de le déterminer avec une suffisante exactitude. Mais il est absolument téméraire et même faux de prétendre que le crime était, pour ainsi dire, leur habitude ou leur récréation et leur passe-temps. »

• Ainsi s'exprime M. Henri Joly dans son *Etude spéciale sur le crime*. C'est à quoi, sans doute, je n'avais pas assez pris garde. Il n'en est pas moins vrai que l'idéal moral de ces troglodytes était une idole grossière. Les hommes depuis l'ont tant sculptée et si bien ornée pendant des milliers de siècles que d'un informe tronc d'arbre, auquel pendaient des guenilles sanglantes, ils ont fait une déesse revêtue d'ivoire et d'or. Les violents d'aujourd'hui retournent à l'antique idole. C'est sans doute en ce sens que M. Hector Malot parle dans *Justice* de « l'influence atavique du crime». Mais il faut convenir que c'est là une formule très vague.

Quant aux divers codes qui sont la règle écrite ou coutumière des sociétés, je persiste à croire qu'ils s'accordent en général assez mal avec l'idéal moral des hommes qui y sont soumis. Je n'entrerai pas dans une discussion pour laquelle tout me manque en ce moment ; mais il m'est impossible de ne pas faire remarquer la définition du crime telle que notre Code pénal la donne. « Le crime, y est-il dit, est un acte que la loi punit de peines afflictives et infamantes. » En d'autres termes, aux yeux de la loi, ce qui fait le crime c'est le châtiment. On conviendra qu'en rédigeant cette définition le législateur s'est fort peu inquiété des grands problèmes de la liberté et de la responsabilité humaines. Si je rappelle ces idées, c'est que je les ai indiquées ici, l'an passé, dans un sentiment déterministe contre lequel M. Renouvier s'est élevé avec force. On sait que le système qui admet l'influence irrésistible des motifs n'a pas d'adversaire plus constant, plus généreux, plus redoutable que le chef du « criticisme » et du néo-kantisme.

A cet égard, je dois faire à M. Renouvier une confession entière. Les livres de Darwin que nous lisions à vingt ans, mes camarades et moi, ont laissé une profonde empreinte dans nos esprits, et à l'instant même, quand je parlais de l'évolution du sentiment moral à travers l'animalité et l'humanité, je crois bien que je restais encore déterministe. Il n'est pas facile de dépouiller le vieil homme, surtout quand le vieil homme est celui qui, plein de jeunesse, recevait de l'univers des impressions magnifiques et charmantes. Si vous saviez, maître, ce que Darwin apporta d'images à notre adolescence enthousiaste ! Je me rappelle encore en frémissant nos promenades au Muséum et nos longues causeries devant ces monuments de la nature classés par le génie de l'homme et pour ainsi dire anthropomorphisés. En contemplant ces prodigieux témoignages des vertus de l'univers et des progrès de la vie, ces ammonites des mers encore chaudes, ces débris des grands sauriens, puis les premiers mammifères qui annonçaient déjà les temps nouveaux, et toute cette faune innombrable s'avançant du fond du passé jusqu'à nos jours comme une formidable et divine armée, nous demeurions étonnés, abîmés, perdus dans un sentiment religieux dont le souvenir gonfle encore mon cœur. Pardonnez-nous. Nous adorions la nature. Et c'est ce grand Darwin qui nous la révélait. Révélation divine, puisque nous avions la foi ! Hélas ! nous avons reconnu depuis que ce n'était qu'une hypothèse immense. Mais sait-on jamais ce que laissent de racines au cœur les croyances qu'on en a arrachées ? Dans ce vieux Muséum, où j'ai tant rêvé pendant les belles heures oisives et douces de ma vie, un jour, après avoir, mon Darwin dans l'esprit, examiné les formes animales depuis les plus rudimentaires jusqu'aux plus complexes et aux plus nobles, j'entrai par hasard — il m'en souviendra toujours — dans une salle pleine d'œufs et de nids d'oiseaux. Au milieu s'élevait une statue de marbre, une Vénus, *hominum divumque voluptas*. A ce moment je crus comprendre le sens de la création. Je crus sentir, je crus voir comment Dieu s'était si longtemps et si laborieusement cherché pour se connaître enfin et s'achever dans l'intelligence et dans la beauté humaine. Mais ne me croyez pas à ce point perverti que j'aie persévéré dans mon erreur. Je sais bien aujourd'hui que ce n'était qu'illusion, mirage, prestiges de l'âme et des sens. Je sais bien que le plus grand des naturalistes n'est qu'un montreur de lanterne magique. Permettez-moi de vous le dire : Si j'avais encore de la foi à donner, maître, c'est à vous peut-être, à votre doctrine que je demanderais aujourd'hui des forces et des espérances. Je voudrais apprendre de vous à mettre la certitude dans la croyance, à sentir ma volonté libre, à connaître ma destination morale. Et qui sait ? Sous votre conduite, je verrais peut-être l'humanité s'acheminer vers la vie indéfinie. Vous inclinez à croire que nous sommes des consciences destinées à durer toujours en nous éclairant sans cesse. Les disciples vont plus loin que les maîtres. Je le croirais peut-être tout à fait et ce me serait une grande douceur. Vous n'êtes pas éloigné de penser qu'il existe des êtres d'un ordre supérieur au nôtre qui furent jadis ce que nous sommes aujourd'hui. Ce sont des petits dieux. J'en suis ravi, car je vous avoue que j'aime mieux les petits dieux que les grands. On s'entend plus facilement avec eux. N'est-il pas vrai qu'à l'aide du temps, qui ne nous manquera pas, nous deviendrons peut-être des petits dieux, nous aussi ? O joie ! notre destinée remplira nos désirs. Oui, je voudrais, blotti dans le coin le plus obscur de votre école, vous écouter, vous croire et procéder humblement de votre riante austérité. Mais pour cela, il faudrait d'abord, comme votre cher Pillon, être un grand savant et un grand sage, et c'est très difficile.

ANATOLE FRANCE.

(*Temps*, 17 mars 1889.)

www.ingramcontent.com/pod-product-compliance
Lightning Source LLC
Chambersburg PA
CBHW071115230426
43666CB00009B/1971